"中央高校建设世界一流大学（学科）和特色发展引导专项"资助
中央民族大学哲学宗教学文库（乙种） 第二册

DANGDAI ZHONGGUO TESE
ZONGJIAOXUE SHIER LUN

当代中国特色
宗教学十二论

牟钟鉴／著

人民出版社

总　序

　　"中央民族大学'985 工程'哲学宗教学文库"（甲种 12 册），是本校哲学与宗教学学院 11 位教学科研人员的一点儿奉献。任教于我校哈萨克语系的耿世民先生，因在西域宗教研究方面的卓越贡献，其文集也一并收入本文库。中央民族大学哲学与宗教学学院不是很大，目前只有 20 位专职教师；这个院（系）成立的时间也不长，1986 年独立建系，2008 年更名为学院。但在吕大吉、牟钟鉴、佟德富等前辈的组建和带领下，经过二十多年的砥砺磋磨，如今已经成长为中央民族大学一个充满生机活力的教学科研团队。他们秉承"进德修业"的古训，广泛吸收国内外各高校新生力量，逐渐形成了生活上随缘任运、学术上追求卓越的优良学风。此次集中出版的这批研究成果，有 7 种是初版，5 种是再版。有些是前辈大家早年出版的重要作品，比如牟钟鉴先生的《〈吕氏春秋〉与〈淮南子〉思想研究》、班班多杰先生的《藏传佛教思想史纲》、赵士林先生的《心学与美学》等，出版多年，图书市场上早已难觅踪影；有些是前辈多年研究的重要成果，比如著名的世界厥语专家耿世民先生的《西域宗教研究》，虽然是一个文集，但主题十分集中，学术价值极高。其他 8 种，大多是在他们博士论文的基础上进一步修改而成的，既有对传统哲学问题的深入研究，也有对当代重大问题的深刻思考。现在汇编、出版这套文库的目的，主要是借此积累学术成果，表达对我们所生活的这个时代、这个家园"感恩的心"。

　　我们这个群体，不自觉地遇上了一个伟大的时代！近现代的中国，置身于"数千年未有之大变局"中，表现为"剧烈的社会转型"。进入 21 世纪以来，随着全球化、信息化的进一步加快，文明冲突与文明对话联袂上演；随着改革开放的深入推进，难以回避的各种深层次矛盾日益凸显。当前，如何完整、准确地表述"中华民族共有精神家园"？如何完整、准确地理解中国特色社会主义的核心价值观？在"中国特色"与"普世价值"的纠结中，能不能找到真正的"中国价值观"的标签，在推进社会保障与婚姻立法、家庭伦理建设的过程中，面对家庭本位与个体本位的艰难抉择，社会改革的"顶层设计"究竟应该何去何从？剧烈的社会变革，无疑是激发思想原创的最直接动力。广泛而深刻变革的社会舞台，为理论工作者提供了可以充分施展身手的广阔天地。生活在这样时代的哲学社会科学理论工作者，无疑是幸运的！理论工作者未必能够完全承担起"修身、齐家、治国、平天下"的社会实践，但本着求真、务实的态度，积极推进哲学社会科学的"大发展、大繁荣"，本来就是理论工作者义不容辞的光荣使命。

　　我们这个群体，非常幸运地生活在一个温馨的大家庭里！中华民族是一个伟大的民族，之所以说她"伟大"，除了勤劳勇敢、自尊自信之外，开放、包容，更能彰显出她的美德。"五十六个民族，五十六枝花"，共同构成了一个温馨和谐的多民族共存共荣的大家庭。中央民族大学得天独厚，是国内极少的 56 个民族聚集最为齐全的单位之一。在这里，无论是节日饮食，还是宗教信仰，都呈现出"多元通和"的良好氛围。民族、宗教方面的研究，也一直是这个国家级民族教育机构、"985 工程"院校教书育人、科学研究的核心任务，它也始终扮演着民族、宗教等方面国家级智库的重要职能。费孝通先生所说的"中华民族多元一体格局"的历史与现实，构成了中央民族大学哲学、宗教学研究的基本对象；费孝通先生提出的"各美其美，美人之美，美美与共，天下大同"的文化自觉，也奠定了新时期中央民族大学哲学、宗教学研究的基本方向。新校训"美美与共，知行合一"，准确、深刻地概括出了中央民族大学独特的精神风貌和办学理念。

实际上，中央民族大学高度关注民族、宗教、哲学问题的"文脉"，完全可以向前溯源到中央民族大学的前身——延安民族学院，乃至蒙藏学校教学和研究的重点。诞生于 1913 年的蒙藏学堂（不久即更名为蒙藏学校），初办时只有中学班，后来又增设专科。增设了专科以后，说明蒙藏学校就具有了大学的性质。在历史上，蒙藏学校不仅培养了一批民族革命干部，而且也造就了一部分了解民族宗教问题的知识精英。乌兰夫、奎璧、多松年、朱实夫、佛鼎等，都出自蒙藏学校。1941 年，由于边区建设的需要，中国共产党在陕北公学民族部的基础上，成立了独立的延安民族学院，当时担任教学和研究任务的人员有孔飞、克力更、牙含章、马寅、高鲁峰（董英）、关起义（刘元复）、海明等人。当时出版的《回回民族问题》等，都是极有代表性的研究民族宗教问题的力作。在蒙藏学校和延安民族学院的基础上，1951 年新中国中央人民政府正式批准成立了中央民族学院，中国民族宗教问题的研究，才开始进入到了一个新的历史时期。

我们深知，学术需要创新，而学术创新的不断累积，才能使学术变得更加厚重，更加具有历史的穿透力！"中央民族大学'985 工程'哲学宗教学文库"（甲种 12 册）的出版，既体现着我们每个研究个体"进德修业"的具体内容，也寄托着我们这个学术团队对中央民族大学"晖光日增"的美好愿望。希望这套文库的出版，能够对新时期中国的新文化建设发挥一点儿积极的作用。

刘成有

2012 年 11 月于中央民族大学

附记：

中央民族大学"985 工程"哲学宗教学文库（甲种 12 册）陆续出版以来，产生了很好的社会反响。与此同时，我的同事们程程以求，不断推出新的科研成果，出版中央民族大学哲学宗教教学文库（乙种 12 册）的条件已经具备。鉴于国家相关政策的调整，文库中的"985 工程"一词，也就顺势替换成了"中央高校建设世界一流大学（学科）和特色发展引导专项"。

刘成有

2018 年 4 月 5 日

目 录

自 序

这本书所述十二论，是我十余年来探讨中国特色社会主义宗教理论积累起来的专题系列，表达了我的主要思考，形成相对稳定的一些基本观点。其中有九论在报刊上登载过，也曾收入文集，现在作了很多修改，又新撰三论，合而结集为此书，目的是让读者全面了解我的理论要点，便于参与相关学术讨论。习近平总书记向政界学界提出不断丰富和发展中国特色社会主义宗教理论的任务。这是一项文化战略工程，它关系到马克思主义宗教观的中国化和党的宗教工作基本方针的贯彻执行，一定要做好。

中国自古以来就是多民族多宗教的统一国家，历代政治家、思想家都十分关注民族宗教问题，用中华传统文化的精神加以对待和处理，逐渐积累起相关的理念和实施的体制与政策，形成行之有效的"神道设教"方针与"多元通和"的中国模式，促进了国家统一、民族团结、社会稳定、道德进步，当然也有曲折和教训。当代中国，民族宗教的多元一体格局并没有根本性改变，但由于建立了社会主义制度，政治与经济体制经历了历史性革新，民族宗教关系便出现一系列重大的变化。例如：过去是儒家主导社会，现在是社会主义主导社会；过去存在过民族压迫和歧视，现在各民族一律平等，相互亲如一家；过去发生过帝国主义利用基督教侵华，现在中国宗教独立自主、自办爱国教会；过去各教之间、教派之间在某些政治势力操控下发生过一些激烈的冲突，现在宗教关系中的矛盾可以随时有效化解，能够维持宗教和睦，还能相互学习。因此，中国历史上的"多元通

1

和"传统可以并且正在新的时代条件下发扬光大。

近代以来，由于中国落后，遭受西方列强和日本帝国主义的侵略欺压，一些先进的中国人急于向西方学习来救危存亡、争取民族独立与解放，来不及深入反思和区分中华传统文化的精华与糟粕，认为中国落后是传统文化落后造成的，一律加以否定，于是提出"打倒孔家店"、"废除汉字"等激进口号，把传统美德统统视为"封建道德"。在西方科学主义思潮影响下，民国时期学界主流视宗教为迷信和愚昧，提出各种"取代宗教"的方案，认为未来中国新文化中没有宗教的地位。于是，中国人形成很浓厚的文化自卑心理，看不起儒、道、佛三家及其铸造的中华传统文化。

新中国成立以后，中国共产党人把马克思主义与中国实际相结合，从中国的历史和国情出发，明确实行宗教信仰自由政策，将宗教界人士作为统一战线对象予以团结和帮助，取得成功的业绩。但不可否认，中国人近代形成的反对儒学和歧视宗教的过激思想成见仍然存在，再加上受苏联模式"与宗教作斗争"的直接影响，中国社会主义者后来又不断强调阶级斗争，主流社会对待宗教的态度越来越偏"左"，视之为异己的力量，及至"文化大革命"中，宗教及宗教界人士被作为"牛鬼蛇神"加以横扫，党的正确的民族宗教统一战线理论与政策被作为"修正主义路线"加以否定，于是造成一场灾难。历史的这一深刻教训不可忘记。

改革开放以来，经过拨乱反正，党的宗教理论与政策重新回到马克思主义的轨道上，接续中华文化和党的优良传统，并不断向前发展。以1982年"十九号文件"为标志，中国特色社会主义宗教理论开始确立。20世纪90年代，中国共产党在强调贯彻宗教信仰自由政策、依法管理宗教事务、坚持独立自主自办原则的基础上，提出"积极引导宗教与社会主义社会相适应"，在马克思主义宗教观发展史上第一次正确解决了社会主义社会与宗教的关系：两者不是敌对的，经过引导，宗教能长期适应社会主义社会。正确的理论必然产生巨大的正能量，此后宗教工作日新月异，为推进宗教和睦、民族团结、社会和谐、文化繁荣、祖国统一、世界和平作出了积极贡献，这是大家有目共睹的。

宗教学在中国是一门新兴学科。1963 年毛泽东批示要研究世界三大宗教，为中国宗教学的诞生播下了种子。1979 年全国宗教学研究规划会议在昆明召开，正式启动了全国性宗教研究工程。"十九号文件"指出："建设一支用马克思主义武装起来的宗教理论研究工作队伍，努力办好用马克思主义研究宗教问题的研究机构和大学的有关专业，是党的理论队伍建设的一个不可缺少的重要方面。"三十多年来，在党的宗教工作基本方针指引下，中国特色宗教学学术研究一直在蓬勃发展，研究机构遍布中央与地方，研究队伍迅速成长，研究刊物所在多有，研究成果大量涌现，内外学术交流十分活跃，一大批有影响力的大学设立了宗教学专业，宗教学成为我国人文社会科学领域的一门显学，在为宗教工作提供理论咨询、活跃人文学术研究、帮助国人善待宗教并与之和谐相处、推动海内外文化交流等方面，都发挥了重要作用。我国宗教学从起步到今日，我见证了它的全过程，并参与其中，一边学习一边研究。按照周总理关于研究宗教要研究它的历史、理论与现状的指示，依托当初在北大学习马克思主义和中国哲学的基础，我先是从道教史研究扩展到中国宗教发展史全方位研究，同时重新学习马克思主义宗教观，努力加以准确理解，又吸收西方宗教学成果，并与中国实际相结合，逐渐进入中国特色社会主义宗教理论探讨，重点在总结和阐扬中国经验和模式。最近十年，我与中央民族大学宗教学学科的同事们一起探索将宗教学与民族学结合起来的道路，创建了民族宗教学，企望对民族与宗教之间多层面、相交叉的关系作出理论说明，其核心理念是：族教和谐，多元互补。

习近平总书记近些年多次强调要大力继承弘扬中华优秀传统文化，指出它是中华民族的"精神命脉"，是"我们民族的'根'和'魂'"，并且将以儒家为主导的中华文化的核心价值提炼为："讲仁爱，重民本，守诚信，崇正义，尚和合，求大同"，这就彻底扭转了近百年以来文化上反孔批儒的去中国化的错误思潮，有力地拨正了中华民族通往文化自信和自觉的路向。儒学不是宗教，但它的仁爱中和之道在历史上一直主导着佛教、道教和其他宗教发展的总态势，使中国宗教很早就走上道德宗教的道路，具有较强包容性，因而形成政教关系与宗教关系的主旋律：多元和谐。研究中国宗教不能不研究儒学，它关系到各种宗教走中国化道路的问题。因此，这些年我研究中国宗教模式时，花很大气力研究儒家的宗教观和它在历史上的作用以及给予我们的启示。习近平总书记在 2016 年 4 月全国宗教工作会议上强调指出：积极引导宗教与社会主义社会相适应，一个重要的任务就是支持我国宗教坚持中国化方向。我认为非常重要，它是中国特色社会主义宗教理论、方针、政策的精华之所在，是我国宗教发展的康庄大道。而宗教坚持中国化方向必须与儒学主导的中华优秀传统文化相融合。我运用上述观点对以往的理论学术成果进行了补充、加强和提高。

中国特色社会主义宗教理论研究要借鉴历史经验，更要开拓创新。我们面对的是社会主义现代化过程中的中国宗教，是正在推进依法治国和以德治国相结合中的中国宗教，是国际关系空前紧密又空前复杂条件下的中国宗教，研究必须要有时代高度，凸显中国社会主义者在实践中的理论创造。这里起决定作用的是要以马克思主义为指南，从中国实际出发，正确阐释社会主义与宗教的关系，并用以指导宗教工作。党中央提出了"积极引导宗教与社会主义社会相适应"的宗教适应论，习近平总书记强调了"要在'导'上想得深、看得透、把得准"的引导工作重要性。适应论是中国特色社会主义宗教理论的核心，宗教学学者应加以系统阐发，来充分说明中国社会主义者对宗教应有的态度和政策。

本书的十二论就是围绕宗教适应论和引导工作来作较系统理论说明的。中国人大多数不是正式宗教信徒，宗教学又起步较晚，长期以来形成的忽视和歧视宗教的观念至今仍有影响，很多人对宗教既无知识又有偏见，这种情况的完全改变需要一定时间。中国宗教学学者有责任用自己的研究成果向社会传布中国特色社会主义宗教理论的基本观点和宗教基础知识，为全面贯彻党的宗教工作基本方针，营造良好的社会文化氛围，提供正能量，这是我写十二论的初衷。中国特色社会主义宗教理论的丰富和完善是一项长期的任务，需要继续开拓的空间很大。我的十二论只是初步的探讨，算作一家之言，供有兴趣者参考。全书没有严密逻辑结构，写作时间有先有后，虽然近期作了一次系统修改与调整，各论在各有自己鲜明主题的同时，彼此之间仍然有交叉重复之处，篇幅也长短不一，只能算是当代宗教理论的若干专论，错误与疏漏在所难免，欢迎读者批评指教。

2017 年春

第一章　宗教社会论

一、理论基础是唯物史观与宗教社会学的结合

宗教社会论是唯物史观关于宗教根源、本质、属性、功能、关系和变迁的理论，重点在论述宗教与社会的关系。其基本原理如马克思所说："物质生活的生产方式制约着整个社会生活、政治生活和精神生活的过程。不是人们的意识决定人们的存在，相反，是人们的社会存在决定人们的意识。"[①] 又说："宗教里的苦难既是现实的苦难的表现，又是对这种现实的苦难的抗议。"[②] 恩格斯进一步指出："一切宗教都不过是支配着人们日常生活的外部力量在人们头脑中的幻想的反映，在这种反映中，人间的力量采取了超人间的力量的形式。"[③] 他还说明："政治、法、哲学、宗教、文学、艺术等等的发展是以经济发展为基础的。但是，它们又都互相作用并对经济基础发生作用。"[④] 又具体说明："更高的即更远离物质经济基础的意识形态，采取了哲学和宗教的形式。"[⑤] 这就超出了法国战斗无神论者视

[①] 马克思：《〈政治经济学批判〉序言》，《马克思恩格斯选集》第 2 卷，人民出版社 2012 年版，第 2 页。

[②] 马克思：《〈黑格尔法哲学批判〉导言》，《马克思恩格斯选集》第 1 卷，人民出版社 2012 年版，第 2 页。

[③] 恩格斯：《反杜林论》，《马克思恩格斯选集》第 3 卷，人民出版社 2012 年版，第 703 页。

[④] 《恩格斯致瓦尔特·博尔吉乌斯》，《马克思恩格斯选集》第 4 卷，人民出版社 2012 年版，第 649 页。

[⑤] 恩格斯：《路德维希·费尔巴哈和德国古典哲学的终结》，《马克思恩格斯选集》第 4 卷，人民出版社 2012 年版，第 260 页。

宗教为"傻瓜遇到骗子"的产物的肤浅见解，抓住了宗教的深层本质，解决了宗教信仰虽然具有虚幻性却不能仅靠科学和教育就会消除并长期为大批社会精英与民众所信奉的难题，也为社会主义者包容宗教并致力于消除现实苦难而不是向宗教宣战提供了理论依据。既然宗教是社会的组成部分，是人间力量的特殊反映，它必然会随着社会的发展而演变，"随着每一次社会制度的巨大变革，人们的观点和观念也会发生变革，这就是说，人们的宗教观念也要发生变革"①。马克思和恩格斯还阐明了宗教作为社会上层建筑的一些特点，如：宗教、哲学与社会物质经济基础之间有一系列中间环节，它的传统是一种巨大的保守力量，"神"的本源是人类永恒本性的曲折反映等，这有益于人们把握宗教的特殊性，以便更好地处理宗教问题。宗教与社会主义社会又是何种关系呢？这对于革命成功的社会主义国家而言是一个有待开拓的理论领域和需要积累实践经验的新问题。列宁提出了"社会主义和宗教"这个大题目，但苏联人却没有做好这篇大文章，一方面提出许多正确的理念，另一方面又把社会主义与宗教对立起来，以为社会主义社会可以很快消除宗教存在的现实根源，因而以人为手段促其尽快消亡，看不到宗教的长期性及其与社会主义社会的协调性。中国社会主义者虽然也因受苏联模式的影响，在宗教问题上发生过"左"倾的偏向，特别是有过"文化大革命"那样把宗教作为"牛鬼蛇神"加以横扫的惨痛教训，但经历曲折后终于能够依凭中华文化的智慧作深刻反思，在实行改革开放中勇敢拨乱反正，回归唯物史观，又从中国历史与现实出发，推动马克思主义宗教理论的中国化事业，不断创新中国特色社会主义宗教理论，取得巨大成功。

宗教社会论也吸纳已有的外国宗教社会学成果，以充实自身的内涵。宗教社会学与唯物史观都是从社会生活说明宗教，但着力点各有侧重。

---

① 《马克思恩格斯全集》第 7 卷，人民出版社 1959 年版，第 240 页。

如：进化论学派贝拉认为宗教随着社会发展而进化，已前后经历过五种形态，现代宗教出现了个体化、多元化、世俗化的特点。功能论学派迪尔克姆认为社会结构特征决定宗教文化，宗教是社会群体的集体观念和特定社会的旗帜，有社会整合与稳定的功能；奥戴认为宗教有调解、认同、教化等六种正功能，也有阻碍改革、压抑个体等六种负功能；施特劳斯认为社会需要秩序，秩序要用符号表达，宗教就是一种象征符号体系；马林诺夫斯基认为宗教使人摆脱精神冲突，克服人生苦恼，使人类的生活和行为神圣化，从而成为一种强有力的社会控制；韦伯认为宗教不仅仅是一种人生困境的消极反映，它的伦理（主要是基督新教伦理）可以积极推动市场经济的发展。冲突论学派莫顿指出，宗教利益往往在社会冲突、变革中扮演主要角色。世俗论学派贝格尔认为宗教是用神圣的方式进行社会的秩序化，而当代宗教加快了世俗化的过程。[1]还有费尔巴哈的人本主义宗教观，把神的本质归结为人的本质的对象化。[2]宗教社会论在强调经济基础的巨大作用的同时，也参照宗教社会学各家的观点，吸收其有益成分，多角度立体化地分析宗教与社会的互动关系，尤其是宗教与当代社会主义现代化进程中的中国社会的关系，说明宗教在其中的地位和作用。

中国传统社会发展的轨迹与西方有很大差异，宗教状况及其与社会的关系也有明显不同；中国现代化进程有中西融合的特点，宗教的现代演化也相应地表现出鲜明的中国特色。中国古代宗教生态是多元和谐的，没有一教独尊与政教合一的传统，宗教主要以道德教化的方式服务社会。在近现代社会变革中，宗教界主流是促进社会发展的。中国古代思想界提出许多关于宗教社会功能的说法，表现出高度的理性智慧。如《论语·学而》讲到丧祭，"慎终追远，民德归厚"；《易传·观卦·彖辞》有"神道设教"

---

① 参见孙尚扬：《宗教社会学》，北京大学出版社 2001 年版；又见张志刚主编：《宗教研究指要》，北京大学出版社 2005 年版。

② 参见恩格斯：《路德维希·费尔巴哈和德国古典哲学的终结》，《马克思恩格斯选集》第 4 卷，人民出版社 2012 年版。

之说；《礼记》认为郊社宗庙之礼是治国之道的组成部分，尊天敬祖可以使人不忘根本，祭祀可以教化人心，显扬忠孝之道，因此"祭为教本"（《礼记·祭统》）。中国儒家的主流学说有很强的人文理性，既不使自己溺于神道，又不陷于反神道，而是以人道为主，纳神道入人道，把神道看成人道的组成部分。如孔子认为孝道的完整过程是对父母"生，事之以礼；死，葬之以礼，祭之以礼"（《论语·为政》），"祭思敬，丧思哀"（《论语·子张》），丧祭是培养人们孝心所必需的。荀子不信鬼神之道，但他主张"事死如事生，事亡如事存"，而"祭者，志意思慕之情也，忠信爱敬之至矣，礼节文貌之盛矣"，祭祀有表达情意、增强礼义的功能，"官人以为守，百姓以成俗"（以上见《荀子·礼论》），祭祀是社会治理的一种方式。可见，儒家的宗教观已经包含与后来宗教社会学相一致的理念，着重从社会人生的需要看待宗教的功用。宗教社会论的理论建设一方面探讨人类宗教的普遍性，另一方面也必然体现"中国经验"、"中国模式"，以适应中国社会文化建设的需要。多年以来，中国的政界和学界已经在这一领域提出了一系列重要的理论观点，积累了丰富的实践经验，我们应当进一步加以概括和总结。

二、宗教的现实根源

马克思主义者分析历史上的宗教根源时，指出人们受自然界与社会的盲目的异己力量的支配，而无法摆脱，特别是剥削制度造成民众巨大苦难使民众寻求宗教安慰和剥削阶级利用宗教控制民众反抗，由此宗教得以存在和发展。那么在社会主义制度建立以后，宗教是否仍有它存在的根源因而要长期延续呢？这就有分歧产生了。曾经有一种"宗教残余论"，认为随着宗教阶级压迫根源的消失，宗教作为旧社会残余文化将很快走向衰亡。实践证明这是错误的预言。1982 年党的"十九号文件"批评了"宗教很快消亡"的想法，指出：由于社会生产力的极大提高，高度社会主义民主的建立，教育、文化、科学、技术的高度发达，需要长期的奋斗；由于天灾人祸带来的种种困苦还不能在短期内摆脱，再加上一定范围内的阶级斗争和复杂的国际环境，宗教在社会主义社会不可避免地还会长期存在。"十九号文件"分析了宗教继续存在的自然根源、社会根源，也讲到了认识根源（原始人对自然现象的神秘感），指明了社会根源包括阶级根源又包括更加丰富的内容。① 实际生活告诉我们，人对自然力量包括对地球生态、自然灾害、疾病防治的掌控，还处在低水平上，自然力在很大程度上仍然是人的异己力量；社会主义制度与改革开放为合理解决各种社会问题创造了基础和条件，但贫富不均、权力膨胀、就业困难、住房欠缺、教育不足、缺医少药、违法犯罪、人口失调、家庭危机等一系列问题的根本解决，要靠经济社会与文化教育长期健康发展和各种制度的建立与完善；市场经济激活了生产力，也释放了人的求利欲望，加剧了生存竞争，使道德受到冲击，人的生活道路增添了更多的不确定性；人类对自然与社会规律的认识，在宏观上、中观上、微观上，未知之谜远远多于已知之识，如地震无法近期预报，核能量仍不能有效掌控，生命与若干病理深层机制仍在探索之中，经济危机与许多社会突发事件，社会科学尚难以精确预知，这些都给宗教留下了很大的活动空间。以上种种问题具有世界性，中国也不例外。

　　近些年来，中国社会主义者特别强调了宗教的心理根源。人在宇宙中是有智慧又软弱的生命群体，人能时刻意识到生存的艰难而有人生的困惑与焦虑：一是命运强大而多变，人远不能自控，并经常受它的捉弄；二是个体生命有限却又向往无限，产生对死亡的恐惧。人从心理上希望有一种超世的信仰解答他对宇宙人生的"穷根究底"的追问，并能提供精神支

---

① 参见《关于我国社会主义时期宗教问题的基本观点和基本政策》，载《新时期宗教工作文献选编》，宗教文化出版社 1995 年版。

撑，使他得以"安身立命"，满足他对无限生命的向往，寄托对未来的希望，以增加生存的信心。命运难制与生死忧虑成为人们信仰宗教的两大主因。并非只有底层大众承受命运的种种打击，就是上层人士也不能对抗命运和死亡，因此宗教信仰遍布于社会各阶层。宗教以神灵的崇高与威力使人敬畏和依赖，以来世和天国满足人们对死后的期望，这是科学所不能替代的；在一定意义上，宗教是人类借助于丰富的想象力而创造的心理自我治疗方式，可以称为信仰心理学。如周总理所说："只要人们还有一些不能从思想上解释和解决的问题，就难以避免会有宗教信仰现象。"① 当社会尚不能全面提供给民众有效消除痛苦、获得幸福的现实力量时，应当理解和尊重群众寻求一种弥补实际生活缺陷的精神力量，以减轻心灵的痛楚，社会主义者要具有这种心理学的认知和对教徒的同情。

宗教现实根源的存在，决定了宗教存在的必然性。但这不等于说宗教对于人类是全覆盖的。自古就有无神论者。在中国，儒家和道家有大量追随者，它们却是以人道为主，而与神道保持距离。人类需要理想，理想可以寄托在宗教信仰里，也可以寄托在非宗教的信仰里。"信仰等于宗教"乃是一种偏见。近代以来，随着人本主义思潮的兴起和科学的发展，许多人脱离宗教，到人文主义哲学和社会思想里寻求人生的意义和心灵的安顿，成为社会进步的促进派。例如：欧洲启蒙思想拥护者信奉理性主义哲学，追求平等、自由、人权；社会主义者信奉辩证唯物主义与历史唯物主义哲学，追求社会公正和共同富裕。随着人文主义和科学的发展，宗教自身也在发生变化，从早期的神性宗教向道德宗教、哲学宗教演变，成为一种有理想的人生态度和道德生活方式，淡化了神学的意味。在中国，社会主义成为主导社会的思想。同时，在各民族民众中有大量的宗教信徒。在社会主义引导下，不信教者与信教者、无神论者与有神论者长期和平共

---

① 周恩来：《关于我国民族政策的几个问题》，《周恩来选集》（下），人民出版社 1984 年版，第 267 页。

处、各种信仰长期友好并存，是社会的常态，符合精神文化多元和谐的发展趋势。

三、宗教的社会属性

从宗教神学的观点看，世界是神创和神主的；从宗教社会论的观点看，神和神灵世界都是人与社会按照自身的需要和想象而创造的，因此宗教是人类社会生活的组成部分，宗教在本质上是社会性的。宗教教义在神的光环背后包含着人间性的内容；宗教教职人员和信徒是生活在现实世界中的社会群体；宗教组织生存、发展于特定的社会、民族、国家之中；宗教活动要有一定的物质经济基础并且与社会公共生活规则相衔接。总之，宗教是内在于社会，与社会不可分离的事物。当然，宗教既有它作为社会群体的普遍性，也有它作为信仰群体的特殊性；宗教是以超世信仰为纽带的社会群体，因而有它特定的生活方式、活动方式。

宗教是一种独特的社会子系统，它的特殊属性在于有若干两重性：既有超世性（神圣性），又有人间性（世俗性）；既有神秘性，又有现实性；既有私人性，又有公共性。

1. 关于超世性与人间性。宗教的神灵权威和天国追求是超世的，以解救苦难人类，到达至善境地的神圣性吸引教徒，凝聚教群，这是宗教不同于其他文化形态的地方。宗教与文艺有同有异：宗教的天国与文学艺术的美境都是人类想象力和形象思维的产物，但前者要求教众信以为真、坚信不疑，后者只希望读者或观者认可情理上的真实而不必认同情节的实有与否。同时，宗教的教义乃是为了满足社会精神需求，表现了人们摆脱苦难、向往幸福的愿望，在神的符号下面是活生生的现实。例如，神灵权威体现命运对人的主宰，美好生活是天堂的由来，悲惨生活是地狱的原型，教戒教理是社会公共生活规则的特殊形态。宗教信仰向往天国，而宗教组

7

织与活动却在人间，离不开自然环境和社会生活。宗教行为乃是一种社会行为，宗教事业乃是一种人间的事业。

2．关于神秘性与现实性。宗教体验有其神秘性和内在性，只属于信仰者，教外人无法拥有，也不必去评判是非。例如：罪恶感和获救感，与神相通或合一感，见性成佛、炼虚合道等。同时，宗教为了体现其救世情怀，教团自身要做公益慈善事业，要引导大众去恶从善，实行道德教化，改良社会风气，这些都是现实的社会行为，人人都看得到，感受得真切。如果做得好，会得到社会的赞扬；做得不好，就会受到社会的批评。

3．关于私人性与公共性。宗教信仰属于人的内心精神世界，虽然受环境和传统的影响，最终还是取决于个人自由地和真诚地选择，"被信仰"绝不是真信仰。近现代越来越多的国家实行政教分离，使宗教信仰成为私人的事情，成为别人不得干预的基本人权，信仰选择的个性化和多元化就更加突出了。但是，各种宗教信仰从开始就具有群体性，建立各自统一的宗教组织和制度，进行各自的宗教活动，并与社会发生多方面的联系，形成宗教的公共性。宗教信徒具有教徒和公民双重身份，教团组织具有宗教组织与社会团体双重属性，宗教活动兼有内部事务和涉俗事务双重内容。宗教的私人性质和内部事务，其他团体和个人不得干预；宗教的公共性与涉俗性使宗教的社会活动必须与社会公共生活准则相协调，并纳入社会公共管理系统。

四、宗教的社会功能

宗教的社会功能在不同历史时期、不同国家和地区是有差别的，这决定于宗教在特定社会结构与形态中的地位和它与社会互动的方式。但各种宗教发挥社会作用也有共同点，常常是通过其神圣性的展示向大众提供宇宙社会的终极答案和人生意义的价值真理，使人们得以安顿心灵，从而成为维系社会秩序、社会群体、社会道德的重要精神力量；宗教与一定社会阶层、族群、集团的利益的结合，也可以成为它们生存发展的精神旗帜，成为彼此接近的渠道或者彼此争斗的手段；宗教对人生的善与美的领悟及其天国世界，也成为人类进行文化创造的重要资源。

（一）从历时性角度考察宗教社会功能的消长变化

1. 在原始社会与古代社会即民族国家早期，原生型宗教系统与社会系统高度一体化，宗教具有管理社会、规范道德、安排生产、发展文化的全方位功能，马克思称宗教为"包罗万象的纲领"[①]，它是后来各种文化门类如哲学、伦理、文学、艺术、科学等最早的母胎。它对早期族群维持生存的重要性可与军事并列，故《左传·成公十三年》说："国之大事，在祀与戎"。

2. 在中古近古社会即中世纪，宗教在东方与西方出现了不同进路。中国兴起了强大的人文主义思潮，孔子儒家的人学和老子道家的道学成为两千年社会文化主流；古代宗教、后起宗教、外来宗教，同儒道两家互动，形成人文与宗教互补的态势，宗教失去全方位功能，弱化其政治意识形态属性，更多地在道德与文化领域发挥作用。西方欧洲兴起的古希腊人文主义文化，不久被创生型基督一神教所取代，形成基督教全方位覆盖社会的中世纪，实行国教统治，社会生活各领域都在基督教导控之中。

3. 近代以来，随着公民社会的兴起和宗教改革的推进，宗教与国家政权分离，宗教与国民教育分离，已成为现代文明发展的大趋势。在政府、市场、社会这三大社会系统并存的西方社会，基督宗教发挥作用的主阵地在社会民间及其思想文化。由于世俗文化蓬勃发展，基督宗教在文化领域也缩小了活动空间，更多地以观念形态的方式影响人群。在伊斯兰国家和

---

① 马克思：《〈黑格尔法哲学批判〉导言》，《马克思恩格斯选集》第 1 卷，人民出版社 2012 年版，第 42 页。

地区，世俗政权日益增多，但国教形态仍普遍存在，伊斯兰教对社会政治、经济、文化有全方位影响。在近现代中国，多元宗教退居汉族社会边缘地带，部分宗教与若干少数民族传统结合深久，仍保持较大社会作用。

4. 在后冷战和全球化时代，意识形态矛盾下降，民族与国家矛盾上升，经济的全球化也增加了民族国家利益的相关性与摩擦，宗教作为民族的要素，它在国际关系中的地位和作用也明显增大。一方面是强势基督教国家和族群的政治领袖，怀着"上帝拣选民族"和"耶稣以外无拯救"①的宗教情结，以"民主、自由"的幌子实行对外扩张、价值输出；另一方面是弱势伊斯兰国家和族群，用伊斯兰民族主义凝聚力量，进行反抗，维护民族国家的利益，形成世界矛盾的焦点。其他地区的民族宗教矛盾所在多有。与此同时，正义的信仰正在联合，宗教对话推动着文明对话，各国宗教界有识之士努力化解族群的冲突，探讨全球伦理实现之路。

（二）从共时性角度考察宗教社会功能的多种样态

1. 心理功能。人生遇到命运的摆布和生死的困惑而产生焦虑，吉凶福祸的无常使人迷茫。宗教信仰给信教者提供终极性答案，以神灵超绝回答宇宙人生之谜，用灵魂不死与善恶报应解释人间的苦难，并展示天堂的前景给人以信心，描绘地狱的恐怖给人以警示；从而抚慰人的心灵，调适心理的平衡，增强生活的勇气，减少贪欲的追求。宗教以信仰安抚心理的功能是宗教特有的第一位的社会功能，可以看作是信仰治疗，这是科学与无神论和一般心理治疗所不能取代的。现代许多科学家同时信仰宗教，科学是认知工具，宗教是心灵安抚，两者可以集于一身。从负面说，宗教容易使人安于现状，听从命运的摆布，减弱正义抗争的勇气。

2. 道德功能。社会要稳定祥和，外靠法律惩恶，内靠道德劝善。而良

---

① ［美］保罗·尼特：《全球责任与基督信仰》，王志成译，宗教文化出版社 2007 年版。

好的道德风气必须有一定的健康信仰加以支撑，否则不能持久。中国人看宗教，首要一点是认为它能够劝化人心，使人们产生对神灵的敬畏感和依赖感，而神灵都是赏善罚恶的，冥冥之中监视着人的行为，因此人要为善去恶，多做好事，为自身、家庭和子孙求福。中国的敬天法祖教和佛教道教，都以做功德行善事为立教第一要务。西方亚伯拉罕系三大一神教在崇信上帝或真主的前提下彼此相爱、爱人如己，倡导关心人间疾苦，多做公益慈善事业。中国基督教神学家倡导伦理神学，主张"上帝是爱"，爱要超越民族和宗教的界域，普施于全人类，避免由于信仰不同而互相敌对。当然宗教道德是有时代性的，它在现实生活中的作用是积极还是消极，要作具体分析。

3. 政治功能。历史上权贵阶级利用宗教弱化下层民众的反抗意识，稳定社会等级秩序，是普遍存在的；而下层民众以宗教为旗帜或"外衣"进行反抗运动或起义，也是常见现象。在社会公共管理上，宗教对于该社会公共生活规则和社区日常运行，都有维护作用。在社会转型时期，宗教可以成为保守势力的护身符，也能够为革新运动服务，如韦伯所说，基督新教伦理推动了资本主义的发展。从族群的生存发展看，宗教能够起整合、凝聚的作用；也往往成为分裂族群的力量。在当今世界，宗教可以被利益集团或极端势力所绑架，破坏和平与安康；同时宗教也可以成为一种社会正义力量，为和谐社会、和谐世界的建设做贡献。宗教政治功能的进步与否，取决于教派的进步与保守，也取决于宗教精英对人类正义事业的态度。

4. 经济功能。历史上宗教在社会经济发展与民众经济活动中的作用有两重性。一方面，教团经济是国民经济的组成部分，宗教道德约束教徒的经济行为，使之合乎法律和正义的规范，宗教界的经营所得常用于救灾、济贫的事业。另一方面，宗教禁欲主义不利于生产的发展，宗教消费的过度又妨害社会经济的发展和民众生活的改善，与世俗政权财政收入发生冲突，引起社会对教界的批评。教团经济来源，除日常捐赠外，在古代主要靠土地，在当代主要靠企业；在古代，生产由教团直接经营，在当代生产多由企业界信士经营。中国允许教团兴办自养经济，不以营利为目的；信士独立兴办企业，以功德捐赠回馈教团。教团经济不能追逐利润，过度商业化会消解宗教的神圣性，从而使宗教自身变质。

5. 文化功能。历史上基督教与欧洲文化、伊斯兰教与阿拉伯文化、印度教与印度文化、佛道教与中华文化，都密不可分。宗教的文化功能是宗教展示给社会各界的最具正面形象的性能，也是其他文化最易于吸收、借鉴的地方。宗教善于沉思，富于同情心，具有非凡的想象力和形象思维能力，与哲学、伦理、文艺有着天然联系。宗教哲学启迪人们的人生智慧，宗教道德规范人们的社会行为，宗教语言丰富人们的信息交流，宗教文学艺术陶冶人们的审美情趣，宗教建筑与景观增强人们对神圣事物的向往，宗教民俗充实人们的日常生活。在这些方面，宗教文化与世俗文化能够密切合作，相得相益，跨越信仰的局限，面向整个社会。人们不必认同某宗教的教义，却能够赞赏它的小说、绘画、雕塑、音乐、舞蹈、建筑艺术等。宗教典籍同时又是历史文化典籍，是属于全社会的珍贵文化遗产。凡文化功能强大的宗教，其生命力也强盛；而文化功能弱小的宗教，其生命力也弱小。所以宗教界要努力提高自身的文化素养，为社会文化发展繁荣多做贡献。

6. 公益功能。凡正信的宗教都以拯救世人脱离苦难为己任，不仅在信仰上给人以前行的目标，而且在行动上给人以实际的帮助，因此都热心社会公益慈善事业，经验丰富且有较高的公信力，这是宗教界发挥积极作用的重要领域。主要事项：一是赈灾救难；二是济贫帮弱；三是养老育孤；四是助医助学。宗教界从事公益慈善事业，既可激发人们的善心，弥补政府管理之不及，使大众受益，也有助于宗教的健康发展，践行救世的精神，把主要精力财力用于民众急需的事情上，从而获得社会的赞誉，形成宗教与社会之间的良性互动。当然，宗教公益慈善事业的开展要依法进行，加强管理，注重诚信公信，不被用于政治和传教的目的。我国已公布了《关于鼓励和规范宗教界从事公益慈善活动的意见》（国宗发〔2012〕6号）[①]，从而使宗教界发挥公益慈善功能有章可循。

7. 交往功能。个人是孤独的，家庭是狭小的，人需要有社群归属和人际交往才能过得充实又能享有互助之益。宗教教团及其活动为信众提供了精神与生活的依托，也建立起以信仰为纽带的人际交往平台，把不同性别、年龄、民族、职业、阶层的人们聚集在一起，交流感情，互相鼓励，一起克服遇到的种种困难。宗教历来又是各民族间交往的重要渠道，尤其世界三大宗教在跨民族跨地区传布中推动了民族间的社会文化交流。世界历史上也发生过宗教战争和武力传教的事件，现实国际生活中还存在民族宗教的对抗冲突，但宗教促进文明的交往与合作还是一条主线并且正在加强。东方宗教有深厚的和平交往的传统。玄奘法师西去印度取经，鉴真和尚东渡日本，皆是和平之旅，推动了中、印、日之间的文化交流。今天宗教承载着各族间文明对话和友好来往的重要功能，它不同于政治外交和商贸交易，而具有民间文化交流的特质，需要大力加以推动。就中国而言，通过佛教和道教加强两岸文化交流，加强中国同东亚、东南亚国家的友好来往，通过基督教推动与西方世界的沟通接近，通过伊斯兰教增进与伊斯兰国家的友谊合作，都有益于世界和平事业。

宗教的社会功能有正负两重性。公平、和谐的社会主义制度的建立，消除了少数权贵利用宗教巩固不合理秩序的社会环境；科学发展观所阐释的人本、和谐、兼容的治国方略，使得宗教实存的美好理想与人生智慧得以充分展现，为宗教发挥正功能、消解负功能创造了空前良好的条件。而宗教界自身的进步，成为宗教发挥积极作用的直接的内在的动力。

---

① 发表于《中国宗教》2012 年第 2 期。

五、宗教的社会关系

宗教信仰以敬神为主轴，在教义神学和礼拜活动上，围绕着神与人的关系和人对神的崇拜而展开。可是在实际生活中，教团是由人组成的，存在于社会人际网络之中，宗教的生存与活动时刻面临着人与人之间的许多问题需要应对，这就衍生出宗教的社会关系。

（一）宗教的内部关系

1.不同宗教之间的关系。每种宗教的信奉者都自认为本教掌握了终极真理，从而愿意无条件加以崇信。然而世界上有多种宗教，各有不同的经典、教义和活动方式，当一教与他教相遇时，便出现了如何对待他教的问题。历史经验告诉我们，教团处理与信仰他者的关系，大致有三种态度。一种是视本教为唯一绝对真理，视其他信仰为异端邪说，这就是保守的原教旨主义。如果发展到敌视他教，必欲打击之、消除之，那就成为宗教极端主义，必然引起冲突，甚至流血，走向宗教的反面。 另一种是视本教为最好的宗教，同时承认他教有真理的成分而予以包容，但不愿与之沟通、合作，且持有种种成见，这种态度可以使多种宗教之间并存共处，基本相安，但不能相知联合，如同陌生的邻居，难免不发生误会和摩擦。第三种是主张平等对话，相互尊重，把大爱给予一切人包括他族他教的人，并加强彼此间的学习与合作，做亲密的邻居，共同致力于和谐社会的建设。我们反对第一种态度，改进第二种态度，提倡第三种态度。

2.同一宗教内部的关系。包括教派或教区之间的关系，教职人员与信众之间的关系，同一宗教不同民族信仰群体之间的关系。历史上，同一宗教内部教派之间的矛盾与冲突，往往超出该教与其他宗教的矛盾，如西方基督教史上罗马公教与君士坦丁堡正教之间的冲突，中国伊斯兰教史上老教与新教的冲突，当今中东地区伊斯兰教逊尼派与什叶派的冲突，往往会发生流血事件。相对于一神教内部教派关系紧张状况而言，多神教的佛教与道教内部各教派之间的关系较为和缓，有摩擦而极少对抗。有教团即有教权，神职人员良莠不齐，行施教权有好有坏，于是发生上层与下层之间的种种矛盾，这要靠教团制度的改善来解决。同一宗教不同民族之间的关系，由于信仰的一致而较为亲密，由于利益的矛盾也会导致敌对，这取决于民族关系是否良好。

3.国内宗教与国外宗教的关系。信仰可以没有国界，但信教者却是有国籍的，教民作为一国公民享有该国法律规定的权利，也承担公民应有的责任；教团组织既是宗教组织又是社会组织，必须遵守所在国相关的法律法规，世界三大宗教也不例外。爱国与爱教必须和能够统一。我们不赞成狭隘排外的民族国家观念，也反对外国势力以宗教为名干预国内教团事务。各国宗教一律平等，在彼此尊重的前提下友好往来，这是现代文明的体现。

（二）宗教的外部关系

1.教团与政权的关系。流行话语中的政教关系，并非广义的政治与宗教的关系，而是特指政权系统与教团组织的关系，这是宗教与社会之间最重要的一种关系。自古及今，其类型有四。一曰政教合一，即政权与教权在组织体系与运作方式上一体化，宗教领袖同时是政府首脑，或称为神权政治。如历史上穆罕默德创立的哈里发国家，霍梅尼时代的伊朗，我国民主改革以前的西藏，都属于政教合一类型。二曰政教并立，宗教力量强大，但国家由世俗政权管理，政府首脑不兼宗教领袖，却是虔诚教徒，宗教是国家政治意识形态，教团与教主在国家有崇高地位，或称为国教统治。如中世纪的欧洲基督教共同体，现今伊朗、巴基斯坦、埃及等国皆属此类型。三曰政主教辅，世俗政权力量强大，以人文思想立国，容纳宗教作为辅助，教团依赖政权而生存，又保持相对独立性，并协助政府进行道德教化。中国传统社会君权主导，人本儒学为治国之指导思想，佛教、道教辅翼，其他宗教同时并存，是政主教辅的典型。四曰政教分离，政权系统及其运作与教团相分离，教团不干预国家立法、司法、行政和国民教育，而且宗教活动要在法律允许的范围内进行，同时国家不得运用权力支持或损害某种宗教。当代美国和西方发达国家都把政教分离列入宪法。不过许多西方国家的政教分离并不彻底，国教现象仍然存在。从历史发展轨迹看，政教分离是主流。中国当代政教关系类型，应是政教分离与政主教辅相结合，宗教不介入政权系统，不进入政治意识形态，而接受政府依法管理和引导，为社会和谐与发展起辅助作用。

2. 有神论者与无神论者的关系。在世界观上两者是不同的，自古及今，一直有争论，属正常文化现象，如南北朝"神灭与神不灭"的讨论。（参见《梁书·儒林·范缜传》）从唯物史观看，有神与无神的差异是次要的，其背后蕴含的社会问题是最应予以关注的。人为扩大有神与无神的矛盾，不利于民众在推动正义事业上的联合。正确的态度应是信仰上互相尊重，政治上团结合作。在中国，儒家主流是温和的人本主义，又能包纳劝善的神道；道家的自然主义与道教的多神崇拜同时并存，又能交叉互渗；佛教的有神论与佛学的无神论分工合作，分别面向社会大众与知识精英。儒、道、佛三教合流乃是人道主义与神道主义的互动会通。在西方历史上，基督教神学与战斗无神论之间有过不可调和的对抗，也表现为宗教与科学之间的激烈冲突，发生过政治势力介入后造成的宗教迫害。随着人文理性的发展和科学知识的进步，无神论者会越来越多，同时有神论群体也将长期拥有巨大的人口数量；只要无神论是温和的，有神论也是温和的，两大群体之间便可以和谐共处。

3. 宗教与社会主义社会的关系。宗教是社会的一个子系统，宗教适应社会，社会容纳宗教，这是一般规律。所谓适应，就是宗教与它生存其中的社会形态相协调、相配合，成为社会结构的有机组成部分。适应是动态的并伴有矛盾和张力，但通过社会调整的机制，不会导致对抗。适应并不意味着宗教对社会的单向顺从，而是和而不同，是双向的良性互动，包括彼此善意的批评，保持着温和的张力。不适应是指宗教与特定社会形态的关系进入对立和不稳定状态，不能正常协调。其原因或者由于社会不给宗教提供正常生存空间，或者由于宗教过于保守而不认同社会的新变化，或者由于宗教被某种社会势力利用，冲击到主流社会秩序。经过社会体制上的变革或宗教自身改革，也通过宗教与社会的重新磨合，宗教从不适应走向新的适应。

宗教能否适应社会主义社会，过去流行的一种看法是：宗教只能适应私有制社会，不能长期适应新的社会主义制度。中国共产党人提出"积极引导宗教与社会主义社会相适应"，是中国特色社会主义宗教理论的重要成果，它明确肯定了宗教与社会主义社会之间有相通、契合之处，局部的不适应可以通过引导达到彼此协调。适应论更新了主流社会对宗教与社会主义社会两者的属性、关系的看法，较多地从正面看到宗教推动社会进步的功能，也认识到社会主义社会的文化在核心价值指引下的多样性，宗教是一种正常社会文化体系，可以成为新的社会形态结构的有机组成部分。社会管理部门的责任不是与宗教作斗争，而是保护宗教信仰自由、依法管理宗教涉俗事务，引导宗教健康发展，及时处理与宗教相关的各种问题，发挥宗教促进经济发展、文化繁荣、社会和谐的积极作用。宗教界也要主动适应社会主义制度，找准自己的位置，明确自身的责任，适时调整与社会发生的矛盾，加强教团的建设，服务社会，利益大众，争取社会普遍的认可。本土生长的道教和已经中国化的佛教，面临着创新义理和活动方式，以适应急速现代化过程中的中国社会。天主教和基督教面临着认同中华文化、适应中国国情、成为中国宗教生态的有机组成部分。伊斯兰教面临着更好地推动国家认同、民族认同、宗教认同三者的高度统一，在维护国家统一、民族团结中发挥积极作用。

六、宗教与社会变迁

按照唯物史观的基本原理，结合人类社会史与宗教史的实际，关于宗教与社会变革的相互关系，可以看到这样几点：当经济基础和与之相应的社会制度发生重大变更时，宗教也要或快或慢地发生变革，因此中国和欧洲近现代宗教形态的变化，其深层原因在于近现代社会经济基础的深刻变动；宗教与政治、法律、哲学、文学、艺术关系密切，因此宗教的变迁要与政治史、哲学史、文艺史结合起来考察，其中，政治对宗教的影响最大；宗教具有较强的相对独立性，它可以跨越不同的社会形态，而每一次跨越，都有因有革，有新质出现。

当我们具体考察中国宗教与中国社会之间的动态关系时，就会发现，每一次社会重大变革都引起文化上宗教上的一系列变动，形成宗教发展的不同阶段，并给予中华文明史以重要影响；当代中国处在空前深广的经济和社会转型期，包括宗教在内的各种观念形态的文化也处在重新组合、调整创新之中。宗教在社会主义社会长期存在的过程里，其具体形态也将是不断变更的。

（一）宗教与古代社会的变革

1.宗教与上古时代到夏、商、周三代社会的演变。早期中国社会有三大发展趋势影响宗教：一是较早由狩猎畜牧经济为主走向农耕兼畜牧经济为主，即传说中神农氏开启的时代；二是从氏族演变为早期民族的过程中族群以融合为主，同时保留内部的多样性，初步形成多元一体的格局，即传说中五帝时代；三是从氏族社会走向民族国家的过程中氏族血缘纽带被保留下来，成为古邦国的宗族制度，到周代形成发达的宗族国家。在这三大社会变迁的基础上，原始宗教演化出敬天尊祖重社稷的礼教，给予农业经济以精神依托，用以巩固早期中华民族共同体，维系宗族国家的社会秩序。天既是君权的合法性根据，又被视为保佑族群的最高神灵。祖先是宗族团结的象征，尊祖可以维护宗族伦理道德。社稷是农业祭祀的高级形态，代表中国以农业立国，民以食为天。此外，还有日月、星辰、山川、湖海、圣贤、物灵之祭，作为早期宗教的补充，以满足不同地区民众的多样性精神需求。周代体制，政权与礼教合一。周以后的中国传统社会，政教有所分离，但敬天法祖的礼教长期延续，维系着中华民族的基础性信仰。

2. 宗教与秦汉至清末社会的演进。从周代起，社会出现重人事轻鬼神的倾向，如《礼记·表记》所说："周人尊礼尚施，事鬼敬神而远之，近人而忠焉。"在治国方略上，强调民为邦本，重视民生民信，拉近尊天与惠民的距离，提出"皇天无亲，惟德是辅"（《尚书·蔡仲之命》），"民之所欲，天必从之"（《尚书·泰誓上》），从此中国宗教走上了神道与人道相结合的道德宗教的道路，天神以其公正性成为各民族共信的最高权威。在社会体制上，周人致力于建设以男性血缘关系为轴心的宗法等级制度，把诸侯分封制度、财产与权力继承制度、刑法赏罚制度、民俗生活规则皆纳入其中，形成完整的礼治体系。经过春秋战国土地私有制度的建立和诸子百家人文主义的洗礼，至秦汉帝国的建立，以地域为行政区划、以中央集权和各民族异俗共存为特色、以宗法等级制度为基础、以个体家庭为社会细胞的统一大帝国正式形成，在意识形态上以孔子儒学的仁礼人文之学为指导思想，同时重建郊社宗庙制度，形成人文为主导、宗教为基础的社会文化格局。各种有独立教团的本土宗教如道教、外来宗教如佛教都在政主教辅的体制中发挥作用。在孔子儒学"和而不同"、"神道设教"思想的指导下，在农业文明和家族社会求稳定、重现实、讲和谐的传统熏习下，中华文化包括宗教文化形成了多元通和生态模式，成为中华民族共有精神家园，中国宗教呈现出与西方不同的多样性、通和性、人文性、开放性的东方特色，适合于多民族多地区多信仰又相连为文化共同体、命运共同体的中国社会，当然，也适合于宗法等级制度和帝制社会秩序的长期稳固。佛教从印度传入后，逐渐融入中国社会，形成中国化佛教，是外来宗教适应中国国情的成功范例。以儒学为主干，以儒道互补为底色，以儒、道、佛三教共生为核心，以多种宗教为辅翼的多元通和模式从汉末一直延续到清代后期。其间有曲折损益，有干扰摩擦，但大的方向、大的格局未有根本变化。

（二）宗教与近现代社会的转型

1. 宗教与清后期至民国社会的大变动。自鸦片战争以后，中国沦为半殖民地半封建社会，社会生产增添了外国资本、官僚资本和民族资本的因素，商品经济加快发展，以自给农业为基石的社会经济体系开始动摇，民族矛盾与阶级矛盾空前尖锐，社会革命风起云涌。辛亥革命推翻了清王朝，建立民国，结束了长达两千余年的帝制社会，宗法等级制度崩溃，其官僚制度、礼乐仪轨、明经科举皆被废止，中国开始向现代公民社会过渡。然而中国半殖民地半封建的社会性质未有改变，内部有军阀混战，外部有西方帝国主义控制和日本法西斯侵略，中国社会充满了内忧外患，引起抗日战争和新民主主义革命，直到新中国成立，中国才获得了独立与新生。

在这种时代大背景下，西方文化猛烈冲击中华传统文化，主导了中国的文化路向，单线进化论和科学主义盛行，"宗教取代论"[①]成为主流思潮。中华文化面临前所未有的挑战，走到一个生死关头。文化领域发生的重大变革主要有：第一，儒学自身开始更新与转型，于是民国年间有当代新儒家兴起，梁漱溟、熊十力、冯友兰、钱穆、贺麟等人是其代表人物。[②] 同时，在西方文化影响下出现的激进主义主导了中国文化的潮流，

---

① 参见牟钟鉴主编：《民族宗教学导论》，宗教文化出版社 2009 年版。
② 参见牟钟鉴：《涵泳儒学》，中央民族大学出版社 2011 年版。

主张用社会革命的方式进行文化革命，"打倒孔家店"成为流行口号，儒学不仅丧失其主位性，还被妖魔化成封建保守文化的代表，成为文化革命的主要对象。第二，佛教、道教从文化中心区退到边缘地带，开始探索与时俱新的道路，于是有太虚法师"人间佛教"[①]和陈撄宁大师"新仙学"[②]的提出。第三，伊斯兰教出现新文化运动，适应时代进步，创办报刊，翻译经典，著书立说，从传统经堂教育发展出新式教育，形成新的穆斯林学术群体。第四，基督教在鸦片战争之后一度成为西方帝国主义侵华的工具，而一些友好的传教士也给中国带来西方许多文明成果并在中国兴办公益慈善事业。进入民国以后，基督教在快速发展的同时受到"非基运动"的批判，一些教界爱国有识之士发起"本色化运动"，实行教会自立，开辟了基督教新路向。

民国年间由于社会变动剧烈，由于"欧风美雨"强劲和中华文化趋于守旧，原有的以儒学为主导的多元通和模式已经被打破，文化的民族主体性逐渐丧失，宗教文化生态暂时失衡，有待在新的历史条件下进行重建。

2. 宗教与新中国成立至今日中国社会的急剧转型。新中国成立的前三十年，中国社会的特点：第一，经济上仿效苏联，推行国有化、集体化和计划经济，发展重工业和国防工业；第二，政治上实行高度集中统一的国家管理，维护主权，巩固独立，对抗外来威胁；第三，思想文化上强调"兴无灭资"，革命意识形态全覆盖，对传统文化和西方文化开展否定性的批判。"文化大革命"则是极左思想与行为带来的一场全国性灾难。

在这种大气候中，原有文化境遇各有不同，总体上处在剧烈变动之中并趋于衰落。儒学继续作为封建文化遭到简单化的批判。各种宗教在法律上有信仰自由，并一度正常活动，受到保护。但后来逐渐强调"以阶级斗

---

① 参见陈兵、邓子美：《二十世纪中国佛教》，民族出版社2000年版。
② 参见李养正主编：《当代道教》，东方出版社2000年版。

争为纲","宗教鸦片论"①流行，宗教的生存空间被挤压。天主教、基督教开展反帝爱国运动，切断与外国势力的联系。伊斯兰教与藏传佛教先后进行宗教制度的民主改革。汉传佛教和道教也进行了体制上的重大改革。组织化的民间宗教被取缔，民俗性的民间宗教作为"封建迷信"而不断遭到破除。在正常情况下，爱国宗教界人士作为统一战线的对象受到保护和尊重；在政治运动中，有些人则遭受冲击。总之，各种传统宗教失去了赖以运行的原有的经济基础和社会制度，对于全新的社会尚不能适应，同时还不得不在各种非正常的偏激的社会批判运动中接受考验和洗礼，还一度在"文化大革命"中遭到取缔，景况是艰难的。

新中国成立的后三十多年，国家实行改革开放，社会由于"十年浩劫"的结束而进入全面建设小康社会的轨道，真正开始了新中国成立以来最为深刻的社会大转型时期。经济发展方式上，从取消私有制的趋势改变为公有制为主体、公私兼存的综合所有制；从单纯的计划经济转变为国家宏观调控与市场经济并存的运行模式；从封闭式独立发展改变为引入外资，加入 WTO，参与经济全球化进程；从农业为主体、农民为多数的社会改变为工商业发达、城市化迅猛的流动性社会。政治思想指导上，抛弃"以阶级斗争为纲"的"左"倾路线，确立"以人为本"、"建设和谐社会"的治国方略，团结一切可以团结的社会力量，调动一切积极因素，为推进社会主义现代化事业、实现中华民族的伟大复兴而奋斗。社会管理体制上，由原来政府全方位包办体制，改变为政府、市场、社会三大系统共处而以政府为主导的体制，并正在由"大政府—小社会"向"强政府—大社会"发展，民间社团增多，公民社会在构建中。科技进步与应用上，从落后状态转变为跨越式发展，飞速进入信息社会与互联网时代，极大地改变了人们的生活方式和联络方式，使信息封闭成为不可能，从而加快了经济社会发展、

---

① 参见列宁：《论工人政党对宗教的态度》，《列宁选集》第 2 卷，人民出版社 2012 年版。

公共管理模式的转变和公民参与国家生活的进程。文化发展与路向上，由批判"封、资、修"，转变为以中国特色社会主义为指导，以中华优秀文化为根基，以外国文明成果为营养，建设具有现代性、民族性的新文化体系，尊重差异，包容多样，推进文化的大发展大繁荣，推动中华文化的重建与复兴。

正在进行中的历史性的社会转型，给中国信仰文化带来多重影响。第一，政府尊重人民、保护人权的治国理念和稳定的宗教信仰自由政策，多元社会对信仰的包容与公民社会的发育，为儒、佛、道三教的复兴开拓了生存发展的空间，也为伊斯兰教和基督教、天主教的正常活动提供了宽松的社会环境，而对外开放和现代信息技术也为宗教的传播提供了便捷的途径。其中，孔子恢复了中华文化代表者的地位，儒学以正面的新的形象展现在世人面前。第二，市场经济的积累为宗教的发展创造出丰厚的物质基础，同时其负面冲击造成的风险增大，信仰缺失、心理失衡和道德滑坡引起社会对儒家普遍伦理和各种宗教的渴求，形成大规模的信仰市场。第三，市场经济带来的功利主义的蔓延和国际上拜金主义风气的侵入，也在腐蚀宗教的机体，使其面临神圣性丧失、道德性弱化的危险；教团和信众利益主体多元化和权益意识的增强也容易引发民族宗教关系的矛盾。第四，民众精神领域的空缺和国内外交流的频繁，给传教意识强烈、传教方式灵便的基督教提供了快速发展的机会，也促使民间宗教重生，新兴宗教流行，一些邪教趁机滋生，宗教关系的状况日趋复杂，宗教生态结构正处在不断调整组合的过程之中。第五，国际环境复杂多变，"地球村"虽已形成，维系"地球村"的普世规则却难以建立；人类彼此走近，冲突却未见减少。强权主义利用宗教进行恶意渗透，民族分裂主义利用宗教进行分裂活动，宗教极端主义利用宗教进行恐怖活动，都会影响到国家的统一、安全与稳定，给中国宗教适应当代社会并发挥积极作用，增添了复杂的外部因素。第六，社会的快速变化，知识的急剧积累，信众的开阔眼界，迫使各宗教的教理教规、组织制度、活动方式不能不与时俱新，加快转型，以便跟上时代的步伐；也督促当代教团尽快培养人才，建设一支政治、宗教、道德、文化素养很高的青年教团队伍，既有中国情怀，又有世界视野，为优化宗教、服务社会奉献力量。历史经验告诉我们，宗教界人士的综合素质决定宗教健康化的状态，宗教思想的开明进步决定宗教发挥积极作用的程度，人能弘教，事在人为，这是颠扑不破的真理。

中国的社会大转型为宗教的更新进步与发挥积极作用创造了条件和机遇，也向新时期的宗教工作与教团建设提出了严峻的挑战和更高的要求。社会管理部门要为宗教的健康发展提供合理的空间；中国宗教要及时把握时代精神，跟上时代节奏，回应时代呼唤，做文明建设的促进派，并使中国经验走向世界，积极参与文明对话，为化解族群冲突，反对野蛮与战争，为人类社会的和谐发展作出应有的贡献。

第二章　宗教五性论

20世纪50年代，时任中央统战部部长的李维汉提出宗教"五性论"，即宗教有长期性、群众性、复杂性、民族性、国际性。① 它代表着中央对宗教认识的新高度，认为宗教不仅仅是一种世界观和精神信仰，而且还是一种活生生的影响很大的社会力量与社会文化，具有诸多社会属性，因此，我国的宗教工作必须慎重稳进，避免简单急躁。宗教"五性论"是中国特色社会主义宗教理论第一个伟大创造，是新中国成立以后十多年时间里宗教工作的思想基础，造就了新中国宗教工作一个黄金时期。1963年李维汉遭到批判，"五性论"被否定。"文化大革命"期间，新中国成立以来的民族宗教统战工作被全盘否定，李维汉更成为重点批斗对象。改革开放以后，经过拨乱反正，民族宗教统战工作重新回到马克思主义正确轨道上，"五性论"再次被肯定，又流行起来。事实证明，它是有生命力的，宗教工作离不开宗教"五性论"的理论指导。

一、宗教的长期性

根据唯物史观，只要人们尚不能摆脱自然力压迫和社会力压迫，就存在着把这种人间的异己的力量在头脑里反映为超人间力量的神并加以崇拜

---

① 参见李维汉：《统一战线问题与民族问题》，人民出版社1981年版。

的根源，宗教便会长期存在。从原始社会到现在，宗教已有上万年的历史，这种长期性是人们公认的。近代以来，法国启蒙运动中的战斗无神论者梅叶、霍尔巴赫等认为宗教是"傻瓜遇到骗子"的产物，是科学与教育不够发达而形成的一种愚昧无知现象。因此，只要现代社会经济发达、科技腾飞、教育普及，宗教便会很快消亡。恩格斯批评道："从中世纪的自由思想者到18世纪的启蒙学者中间，一直流行着这样一种观点，即认为一切宗教，包括基督教在内，都是骗子的捏造。但是，自从黑格尔向哲学提出了说明世界历史中的理性发展的任务之后，上述观点便再也不能令人满意了。"① 列宁也曾批判激进派把宗教归结为"人民的愚昧无知"，提出"打倒宗教，无神论万岁，传播无神论观点是我们的主要任务"，他指出："这是一种肤浅的、资产阶级狭隘的文化主义观点"，因为它抹杀了宗教存在的"主要是社会的根源"，"现代宗教的根源就是对资本的捉摸不定的力量的恐惧"。② 当代社会生活实践证明，在全球化、现代化的时代，在科技与教育高度发达的今天，启蒙思想家所预言的宗教将因脱愚而被取代的情况并未发生，因为它存在的深刻根源仍然未能铲除，信教者依然占全人类总人口80%以上。那么，在社会主义制度已经建立、人们不再受资本盲目势力支配的中国，宗教是否还会长期存在呢？这就有分歧发生了。有一种"宗教残余论"，认为宗教在新社会的延续只是旧文化旧传统的残余，它必将随着社会主义制度的完善而很快归于消亡。但是，新中国成立已经大半个世纪，宗教并未出现消亡的势头，反而在某些地区有所发展。这是为什么呢？社会主义制度的建立虽然基本上消除了阶级压迫和阶级剥削，驱逐了帝国主义势力在中国的统治，但它并没有克服宗教存在的全部根源，包括自然根源、社会根源、认识根源、心理根源，这些根源将长期

---

① 恩格斯：《东鲁诺·鲍威尔和原始基督教》，《马克思恩格斯文集》第3卷，人民出版社2009年版，第591页。

② 列宁：《论工人政党对宗教的态度》，《列宁选集》第2卷，人民出版社2012年版，第250—251页。

存在，比我们想象的时间要长得多，目前尚难以预期，距离马克思所说的
"只有当实际日常生活的关系，在人们面前表现为人与人之间和人与自然
之间极明白而合理的关系的时候，现实世界的宗教反映才会消失"[①]，和恩
格斯所说的"当谋事在人，成事也在人的时候，现在还在宗教中反映出来
的最后的异己力量才会消失，因而宗教反映本身也就会随着消失"[②]的目
标有着遥远的距离。

　　1982年"十九号文件"系统阐述了宗教在社会主义时期存在的长期
性，说："在社会主义社会中，随着剥削制度和剥削阶级的消灭，宗教存
在的阶级根源已经基本上消失。但是，由于人们的意识的发展总是落后于
社会存在，旧社会遗留下来的旧思想、旧习惯不可能在短期内彻底消除；
由于社会生产力的极大提高，物质财富的极大丰富，高度的社会主义民主
的建立，以及教育、文化、科学、技术的高度发达，还需要长久的奋斗过
程；由于某些严重的天灾人祸所带来的种种困苦，还不可能在短期内彻底
摆脱；由于还存在着一定范围内的阶级斗争和复杂的国际环境，因而宗教
在社会主义社会一部分人中的影响，也就不可避免地还会长期存在。在人
类历史上，宗教终究是要消亡的，但是只有经过社会主义、共产主义的长
期发展，在一切客观条件具备的时候，才会自然消亡。对于社会主义条件
下宗教问题的长期性，全党同志务必要有足够的清醒的认识。那种认为随
着社会主义制度的建立和经济文化的一定程度的发展，宗教很快就会消亡
的想法，是不现实的。那种认为依靠行政命令或其他强制手段，可以一举
消灭宗教的想法和做法，更是背离马克思主义关于宗教问题的基本观点
的，是完全错误和非常有害的。"上述关于宗教长期性的论述，指出了宗
教作为习惯力量的惯性，社会生产力与各项事业高度发达所需时间的长久
性，各种人间灾难困苦的继续存在，一定范围内阶级斗争与复杂国际环境

---

① 《马克思恩格斯文集》第5卷，人民出版社2009年版，第97页。
② 《马克思恩格斯文集》第9卷，人民出版社2009年版，第334页。

的影响，涉及宗教存在的自然根源、社会根源、认识根源、心理根源，强调宗教在社会主义时期长期存在的必然性，目的在于防止执政党成员在处理宗教问题时犯急性病和简单粗暴的错误。后来江泽民同志在 2001 年《论宗教问题》中更明确地指出："宗教走向最终消亡可能比阶级、国家的消亡还要久远。"①因此，社会主义者要有充分思想准备，学会与宗教长期共处。重视宗教的长期性，就是尊重宗教在新条件下的发展规律。各届中央领导不止一次地强调宗教将长期存在的四大根源，我们就此可以多说上几句。

在自然根源和认识根源方面，我们的生产力水平在快速提高，对自然规律的认识与古代不可同日而语，但自然力量无论在宏观、中观还是微观上与已为人类认知的真相和未知的领域相比都是微不足道的。例如宇宙如何发生，生命如何出现，基本粒子如何运转，科学的认识还刚刚开始。大爆炸宇宙说仍然是一种科学假设，科学家发现宇宙黑洞与暗物质仍缺少充分论证。无始无终、无边无沿的浩瀚宇宙，它的深层奥秘是渺小的人类难以探明的，神秘主义的存在不可避免。这就给宗教的想象提供了驰骋的空间。人类长期对经济发展与环境保护的关系缺乏清醒认知，过度向自然索取，造成全球性生态危机，威胁人类生存与可持续发展，于是激发了人们敬畏大自然之心，一些宗教也加入了环保队伍。到目前为止，各国还不能准确预报地震，大地震一直在给人类造成巨大破坏。拥有最发达科技力量的国家仍不能有效应对飓风、海啸、严重水旱灾和各种致命的疾病。

在社会根源和心理根源方面，社会主义社会仍然面临着大量社会问题有待稳步长期解决，如就业、医疗、婚恋、家庭、教育、养老、扶贫、公正、犯罪、城乡差别、地区不平衡等，需要通过长期经济社会发展和制度建设逐一解决。其中有两个根源是难以消除的：一是人对命运的掌控，二是人对生死的安顺。宿命论是错误的，人应当发挥主观能动性，成为自己命

---

① 《江泽民文选》第三卷，人民出版社 2006 年版，第 380 页。

运的主人。但人的一生只能部分掌控自己的命运，其中有些是外部的不确定的因素，无法预测和支配。例如：天灾人祸的突然爆发，大病的患染，上学、就业的机会是好是差，家庭成员是否和谐，所在地区、机构的环境是优是劣等。人只能"尽人事而后听天命（命运）"。那么，就会有人把不能掌控的社会异己力量视为超人间的神灵，到宗教里寻找安慰。人生是短暂的，但人都向往长生，恐惧死亡，因而有灵魂不死、来世转生、天堂地狱之说，给人以心理的满足，并有劝善抑恶的作用。科学和无神论可以给人以确实的知识，使很多人不把人生幸福寄望于神灵和来世，而树立起在现实中追求自我完善和建设人间天堂的人文主义信仰，如社会主义者那样献身于民族复兴事业。但对于更多的民众而言，他们拥护社会主义制度，却难以建立科学与无神论世界观，只能在宗教里找到心理慰藉，以减轻精神的痛苦，社会主义者应当加以体谅和尊重。如周恩来总理所说："只要人们还有一些不能从思想上解释和解决的问题，就难以避免会有宗教信仰现象。"①

二、宗教的群众性

宗教和哲学的不同，除了宗教偏重情感、哲学偏重理智以外，宗教教团的基本队伍是一般民众，而哲学学派的信奉者主要是社会精英。从古到今，大的宗教拥有成千上万的信徒。例如世界三大宗教，基督教（包括天主教、基督新教、东正教）教徒约 22 亿，伊斯兰教教徒约 14 亿，佛教教徒近 4 亿。印度教教徒近 9 亿。一般民众有哲理智慧，但难以树立系统的哲学世界观。无论是古希腊、古罗马哲学，还是德国康德、黑格尔古典哲学，抑或是中国程朱理学、陆王心学，其学派成员主要是学者，只是能将其思想不同程度地传播给大众而已。中国佛道二教正式出家人不算多，但

---

① 周恩来：《关于我国民族政策的几个问题》，《周恩来选集》（下），人民出版社 1984 年版，第 267 页。

加上在家居士与信众，以及民间信仰中佛道兼信的人，也是一个上亿人的庞大数量。宗教有教职人员，掌握系统教义教规，但一般信众只要相信核心教义，遵守教规教法，适时参加敬神祈祷活动就可以了。中国社会主义者强调为人民服务、走群众路线。在宗教问题上，社会管理者的着眼点是"信教群众"，而不是宗教本身，它的宗教观是它的群众观在宗教工作上的体现，宗教工作所以重要，是因为事关党同人民群众的血肉联系，宗教工作的成效以是否得到信教和不信教群众的拥护为准绳。毛泽东在 1961 年同十世班禅谈话时指出："我赞成有一些共产主义者研究各种宗教的经典，研究佛教、伊斯兰教、耶稣教等等的经典。因为这是个群众的问题，群众中有那样多人信教，我们要做群众工作，我们却不懂得宗教，只红不专"①。中国社会主义者认为对待宗教的态度首先是对待信教群众的态度，认真执行宗教信仰自由政策，是尊重信教群众的信仰、维护他们的正当权益，把信教群众与不信教群众团结起来，调动他们的积极性，共同致力于社会主义现代化建设的大问题。不适当夸大群众中精神上信教与不信教、有神与无神的差别，把它置于共同政治目标之上，使信教群众对党和政府产生疏离感，甚至在工作上把信教群众当作异己力量，推到社会主义对立面上去，这是极其愚蠢而又危险的举动，会严重损害社会主义事业，必须坚决加以反对和制止。江泽民指出："宗教工作，最根本的是做信教群众的工作，是要团结和教育信教群众为祖国富强和民族振兴积极贡献力量。如果不深入信教群众，只是在上面发指示、定计划，宗教工作肯定做不好。"② 胡锦涛在 2007 年底中央政治局第二次集体学习时指出：全面贯彻党的宗教工作基本方针，发挥宗教界人士和信教群众在促进经济社会发展中的积极作用，是做好宗教工作的根本要求，做好信教群众工作是宗教工作的根本任务。

宗教的群众性是宗教具有的普遍社会属性之一，又是中国社会主义宗

---

① 《毛泽东西藏工作文选》，中央文献出版社、中国藏学出版社 2001 年版，第 216 页。
② 《江泽民文选》第三卷，人民出版社 2006 年版，第 393 页。

教工作应遵循的基本出发点，它的工作重心在通过贯彻宗教信仰自由政策调动信教群众维护祖国统一和民族团结、参加民族复兴伟大事业的积极性，它体现了社会主义制度以人为本的巨大优越性。

三、宗教的复杂性

宗教是一种社会文化现象，历史悠久，覆盖面广，与社会处在不停的互动之中。它内部有复杂的结构，外部与社会生活许多领域交错相渗，其心理情感层面具有微妙敏锐性，其社会功能有多重性并随着社会变迁而变化，所以宗教具有特殊的复杂性。

（一）宗教与单纯理论形态的哲学不同，它具有复合型的内在多重结构

吕大吉先生提出"宗教四要素"说，即：宗教观念、宗教体验、宗教行为、宗教体制。我提出"宗教四层次"说，即：宗教信仰、宗教理论、宗教实体、宗教文化。王雷泉提出"宗教三层面"说，即：宗教的精神层面、社会层面、文化层面。以上三说分层方法不同，但都认为现实宗教具有自身立体化结构，由观念和体验形成的信仰是核心，同时又向外扩展而成为社会力量，并与社会文化相通。我们考察宗教必须打破仅仅视其为神学世界观的单层视野，还要考察宗教团体、宗教场所、宗教活动、宗教组织制度和其文化成果，才能完整地把握宗教。

（二）宗教与社会政治、经济、文化、民族、外交等许多领域相交织

宗教与政治的关系主要体现在政教关系上。宗教与经济的关系主要体现在寺院自养经济、旅游经济和市场伦理建设上。宗教与文化的关系主要

体现在与社会道德慈善、哲学、文学、艺术的相互影响上。宗教与民族的关系主要体现在民族问题与宗教问题相交织、民族工作与宗教工作相互依赖上。宗教与外交的关系主要体现在国内宗教与国际宗教相交织、宗教交往成为外事组成部分、宗教问题成为外交斗争的组成部分上。在中国和许多国家实行宗教与国民教育相分离，但宗教有自身内部院校，需要社会教育资源的支持，国民教育中的学生尤其大学生有因家庭与民族背景而信教者，也需要妥善处理。在市场经济和社会人口流动情况下，外出打工宗教信众的宗教信仰如何满足以及信教群体的管理问题，是社会管理需要面对的新问题。对中国而言，宗教是两岸四地交往的重要渠道，也要认真处理好。在当代社会，几乎没有一个领域与宗教无关，问题只在于是直接相关还是间接相关，是以何种方式相关的问题。

（三）宗教领域大量是人民内部非对抗性矛盾，在一定条件下也会转化为对抗性矛盾

历史上统治阶级常常利用宗教维系社会正常秩序，也在阶级矛盾激化时用以麻痹人民的反抗意志，被统治阶级有时用宗教作为旗帜与外衣发动武装起义。中国进入社会主义时期以后，我国宗教的状况已发生根本变化，宗教问题上的矛盾主要是属于人民内部矛盾，应该运用和风细雨的方法加以处理。宗教界主流是爱国爱教的，宗教在法律范围内活动对于社会和谐、民族团结、祖国统一能起积极作用。但宗教社会作用的两重性依然存在，宗教依然有使信众沉醉于天国世界而不思进取的消极作用。在国内非法势力和国外敌对势力操纵、利用、扭曲下，宗教会被异化为违法犯罪的工具，破坏社会主义事业。例如极端主义和邪教犯罪不是宗教问题而是政治与法律问题，但它们却利用宗教做幌子，因而有一定迷惑性，必须将其与宗教加以切割，予以遏制和打击。社会主义者要通过依法管理和积极引导，最大限度发挥宗教的积极作用，最大限度缩小宗教的消极作用，这

将是一个长期的历史过程。

（四）宗教是一种群体性的心理情感上的神圣性追求和依靠，因而有特殊的敏锐性

胡锦涛要求我们要全面认识宗教因素在人民内部矛盾中的特殊地位。依我的理解，宗教因素的特殊地位之一是指它关涉信教群众的情感世界和心理依赖，具有敏感性，处理不当容易引起强烈反应，造成群发事件。有的部门和地方干部不学宗教学，不懂心理学，把宗教问题当作一般问题加以简单处理，伤害了信教群众的宗教感情，使本来不大的问题变成群体性的大问题，应当引以为戒。我们当然不应使宗教问题过度敏感化，但必须承认它一定的敏感性，如列宁再三强调的那样："注意避免对信教者的感情有丝毫伤害，避免加剧宗教狂。"①

四、宗教的民族性

民族与宗教之间既有差异，又相交织，需要从历时性与共时性两个方面加以说明。

（一）从发生学的角度看，先有宗教，后有民族。以中国而论，原始社会的宗教是氏族社会的意识形态和文化形态

氏族是纯血缘共同体。后来氏族扩展为部落，部落成长为邦国，邦国形成最早的民族与国家。在此过程中，氏族的图腾，突破近亲血缘，放大自身，认同拓宽地域的远祖英雄，成为民族文化的共同符号，并出现天神崇拜，为民族国家树立宗教根据。在原始宗教基础上形成的天神崇拜和五

---

① 列宁：《俄共纲领草案初稿》，《列宁选集》第 3 卷，人民出版社 2012 年版，第 725 页。

帝崇拜是中国最早的民族华夏族的精神支柱，华夏族已经是血缘加地域加文化的共同体。

（二）从文明史的中后期发展看，宗教开始突破民族，民族也陆续突破宗教，但两者又互相依存

一是出现了跨越单个民族的世界三大宗教：佛教、基督教、伊斯兰教，它们广泛流行于许多民族。二是欧洲文艺复兴和第一次民族主义运动以后，统一的基督教共同体，分裂为数十个民族国家。可是世界三大宗教不等于全人类的宗教，它们流布的中心地区有明显的民族族群差异，而且在流布过程中三大宗教不断被民族化、本土化，形成不同国家的民族特色。欧洲在分裂为诸多民族国家之后，仍然以基督教作为共同的文化基石。在经济全球化的今天，基督教依然是美国的文化底色，伊斯兰教则是阿拉伯民族的精神支柱，佛教则是东南亚许多民族的宗教，犹太教、印度教、道教分别是犹太民族、印度民族、中华民族的民族宗教。今日世界不仅宗教的民族性没有消失，而且西方霸权主义与中东伊斯兰诸国的政治军事对抗，其背后西方强势族群的基督教情结与穆斯林民族的伊斯兰教情结之间的历史恩怨与当代冲突是重要的因素。

（三）中国一向是多民族多宗教的国家。敬天法祖的宗教是以汉族为主体的大多数单元民族的基础性信仰

相比而言，宗教在少数民族中的影响要比汉族大得多，许多少数民族基本上是全民信仰一种宗教（少数人例外），如藏族、蒙古族、门巴族、普米族等民族信仰藏传佛教，傣族、德昂族等民族信仰南传佛教，回族、维吾尔族、哈萨克族、撒拉族等十个民族信仰伊斯兰教，一些北方少数民族信仰萨满教，一些南方少数民族信仰各种巫教，景颇族、傈僳族等民族信仰基督教。宗教的民族性在这些少数民族中是明显的，宗教是它们

精神文化的核心支柱，对于该地区的政治、道德、习俗乃至经济都有广泛
而深刻的影响。由此而言，宗教问题对于少数民族有特殊重要性，历代执
政者都高度加以关注，把民族政策、民族机构与宗教政策、宗教管理连接
在一起。当然在历史上，宗教既是民族间沟通的桥梁，也曾成为民族隔阂
和冲突的因素。中国共产党一向注意把民族问题与宗教问题结合起来加以
处理。1950 年中央在一份文件中指出："少数民族的宗教问题，是一个历
史性民族性的群众思想信仰问题"，"对于少数民族宗教问题的态度应该十
分慎审，切忌急躁。必须毫不动摇的坚持信教自由政策"。[1]1951 年中央
一份文件谈到藏传佛教时指出：对待宗教，"应当与民族问题相联系，当
作民族问题的一部分来处理"。

（四）民族与宗教的区别和联系

民族是宗教的社会载体，宗教是民族的精神家园，有些民族用宗教与
人文共同组成精神家园。民族是人们在长期历史共同生活中形成的以血缘
和地缘为基础、以特色文化为尺度的命运共同体，它属于社会实体范畴。
宗教是以超世的信仰为核心而形成的心灵世界，它属于精神文化。一个民
族可以在不同时期不同人群中有不同的宗教，一种宗教可以在不同的民族
中流行。因此民族与宗教并不严格对应。但两者又总是交织在一起。民族
性有体质性、心理性、习俗性等综合属性，而其中必有宗教性；宗教性有
神圣性、神秘性、情感性等综合属性，而其中必有民族性。世界上无神论
者到处都有，但没有一个民族是没有宗教的，只是各民族的宗教各有特
点；世界上宗教的存在是普遍的，但没有一种宗教为整个人类所共信而不
具有民族特点。宗教文化的存在与发展总是与民族文化相伴随，彼此形成
多层面的互动关系。当前宗教问题与民族问题相交织，是全球化时代文明

---

① 《建国以来重要文献选编》第一册，中央文献出版社 1992 年版，第 277 页。

发展的一个普遍而又显著的特色。

五、宗教的国际性

人类的早期文明古国开始时各自独立发展，但很快就彼此交往，而且交往规模不断扩大。从公元前 5 世纪以来，随着大的帝国的建立与对外交流的拓展，具有一定普适教义的佛教，而后是基督教，再后是伊斯兰教，成为跨民族国家、跨地域的三大世界性宗教，由于人口迁移和经贸往来，世界宗教、民族宗教和各种新兴宗教都在不同民族国家中流播。随着全球化速度的加快和地球变小，宗教的国际性也在不断增强之中。

（一）世界三大宗教的力量与影响增加最快

三大宗教信众已有四十多亿，占人类总人口的大半，而且已分布在各大洲各个国家。其中尤其是基督教（天主教、基督新教、东正教）和伊斯兰教不仅信众人数居第一、第二位，而且是所有现存宗教中占据中心位置、对于当代国际关系影响最大最直接的两大宗教，形成国际政治的热点和焦点。佛教虽然也在全世界传布，但全球性较弱，地区性较强。

（二）传统的民族宗教与新兴宗教也在人口大规模流动和文化交流中走向世界

如犹太教和印度教随着犹太人和印度人的西迁而走进美国和欧洲，道教在东南亚华族中不断复兴。犹太教与伊斯兰教、印度教与伊斯兰教之间常常发生冲突，造成国际地区性民族关系紧张。新兴宗教，如巴哈伊教、摩门教、天德教、一贯道等在当代比之传统宗教更能适应快速变化的时代、化解当代人类的生存焦虑，因而有较大的发展，并成为一种世界现象。其中也有某些膜拜团体成为邪教而为法治国家所禁止和取缔。

（三）中国诸多宗教的重要特性是国内宗教与国际宗教相交织

佛教从印度和平传入，在中国发达兴旺，形成巅峰崭新格局，又和平传向东亚与世界，被赵朴初称为中、日、韩文化黄金纽带。藏传佛教在蒙古，南传佛教在南亚，均与国内有来往。中国伊斯兰教既是民族性较强的宗教，又是国际性很强的宗教，它与世界伊斯兰地区的伊斯兰教一直存在着千丝万缕的互动关系。基督教在中国的汉族与若干少数民族地区均有流传，与国际基督教保持着各种来往，形成复杂的关系。若干民间宗教（习称民间信仰）也具有跨国流传的属性，如福建三一教和妈祖信仰、广西布洛陀信仰在周边国家均有传布，北方萨满教在域外也有延伸。

当今人类是一个经济全球化、政治多极化、文化多元化的世界。宗教的多样性是国际文化多元化的重要组成部分，它的发展总趋势既不是趋同，也不是冲突，而应是多元对话与和谐。随着人类命运共同体的形成，多元宗教之间应当消减排异、增大包容、加强对话、渐行渐近，成为文明纽带，共同为化解冲突、防止战争、维护和平多做贡献。

赵朴初在宗教五性之外，提出宗教的第六性，即文化性，认为它也是宗教的重要社会属性之一，并得到社会的广泛认同。它将在《宗教文化论》中得到阐释，此处不赘。

总起来说，宗教"五性论"或"六性论"揭示了宗教在社会层面的主要特征，它对于中国社会主义者和执政党有特别的重要意义。党和政府依法管理宗教事务，而宗教事务不涉及信众内心世界和纯宗教行为，只涉及宗教群体的社会行为和宗教在社会公共生活中与国家、其他群体相关的事务。充分认识宗教的社会属性，掌握宗教的演化规律，对宗教采取特别慎重、十分严谨、周密思考的态度，防止粗心大意、主观急躁、狭隘偏颇等弊病，是管理干部做好宗教工作的基础功夫，也是中国特色社会主义宗教理论的重要组成部分。

第三章　宗教法治论

一、马克思主义的宗教法治观

　　中世纪的欧洲，是基督教的一统天下，教权掌控政权，政治、文化、教育都隶属于教会和神学。近代资产阶级革命和 18 世纪启蒙运动打破了中世纪封建制度和教会统治，开启了欧洲资本主义兴起的历史新纪元，在社会思想文化上提出宗教信仰自由和政教分离的原则，标志着人类文明的一大进步。马克思、恩格斯和列宁对此加以肯定，继承了这份文明成果。马克思、恩格斯在《神圣家族》中说："人权并不是使人摆脱宗教，而是使人有信仰宗教的自由"①。《共产党宣言》进而指出了宗教信仰自由是新的社会存在的反映："当基督教思想在 18 世纪被启蒙思想击败的时候，封建社会正在同当时革命的资产阶级进行殊死的斗争。信仰自由和宗教自由的思想，不过表明自由竞争在信仰领域里占统治地位罢了。""彻底实行政教分离"②。列宁对于宗教信仰作为公民权利应受到法律保护及政教关系有很明确而完整的表述："宗教信仰自由，所有民族一律平等"③，"社会民主党人要求每人都有充分的信仰自由的权利。……每个人不仅应该有相信随便哪种宗教的完全自由，而且应该有传布随便哪种宗教和改信宗教的完

---

① 《马克思恩格斯文集》第 1 卷，人民出版社 2009 年版，第 312 页。
② 《马克思恩格斯选集》第 1 卷，人民出版社 2012 年版，第 420 页。
③ 列宁：《党纲草案》，《列宁全集》第 2 卷，人民出版社 1984 年版，第 71 页。

全自由。……不应该有什么'占统治地位的'宗教和教会。一切信教，一切教会，在法律上都应该是平等的。各种宗教的僧侣可以由信那种教的信徒来供养，国家不应该用公款来帮助任何一种宗教，来供养任何僧侣，不管它是正教的，分裂教派的，还是其它任何教派的僧侣。社会民主党人就是为了这些在进行斗争。"[1]"党纲草案中规定，全体公民，不分性别、民族、宗教信仰等等，都享有平等权利。"[2]"任何人都有充分自由信仰任何宗教，或者不承认任何宗教，就是说，象通常任何一个社会主义者那样做一个无神论者。在公民中间，完全不允许因为宗教信仰而产生权利不一样的现象。"[3]"教会同国家分离，学校同教会分离。"[4]

我们可以把马克思主义宗教法治观要点概述如下：一是维护宗教信仰自由的公民权利，包括改信、不信的自由，不允许因信仰不同而产生权利不平等；二是实行教会与政权相分离、国民教育与教会相分离，国家对所有宗教不资助不歧视，只依法行政；三是所有宗教及其教会在法律面前一律平等，不同民族的教徒、无神论者与有神论者的公民权利也都是平等的。在宗教问题上，法治、自由、平等的三大观念得到充分体现。

二、中国近现代史上的宗教法治观

中国古代的政教关系既不是政教合一型、国教型的，也不是西方现代的政教分离型，而是政主教辅模式，即政权主导教权，教权辅助政权，一般情况下也无国教，政与教处于不即不离状态。清末民初，随着西方文化

---

① 列宁：《给农村贫民》，《列宁全集》第 6 卷，人民出版社 1959 年版，第 364—365 页。

② 列宁：《关于俄国社会民主党第二次代表大会的报告》，《列宁全集》第 8 卷，人民出版社 1986 年版，第 43—44 页。

③ 列宁：《社会主义和宗教》，《列宁全集》第 10 卷，人民出版社 1958 年版，第 63 页。

④ 列宁：《俄国社会民主工党纲领草案》，《列宁全集》第 6 卷，人民出版社 1986 年版，第 195 页。

的大举进入和帝制的崩溃、民国的建立，现代宗教法治观开始在中国出现并付诸实践。梁启超写有《保教非所以尊孔论》，正式运用"宗教"语汇，主张思想信仰自由，要"划定政治与宗教之权限，使不相侵超"，主张"凡一人之言论行事思想，不致有害他人之自由权者，则政府不得干涉之。我欲信何教，其利害皆我自受之，无损于人者也，故他人与政府皆不得干预"。1912 年《中华民国临时约法》规定："中华民国人民，一律平等，无种族、阶级、宗教的区别。"1931 年《中华民国训政时期约法》和 1945 年《中华民国宪法》都明文规定："中华民国人民，无分男女、宗教、种族、阶级、党派，在法律上一律平等。"但是，由于军阀混战，日寇侵略，文化激进主义干扰，宗教信仰自由和法治管理并未顺利实现。著名学者提出各种"宗教取代论"，如蔡元培"美育取代宗教"、胡适"科学取代宗教"、梁漱溟"伦理取代宗教"、冯友兰"哲学取代宗教"，都不看好宗教在未来中国复兴中的必要位置和作用。政府出台的宗教法规政策在思想上有诸多混乱，在措施上有不当行政干涉。如关于佛道教寺庙财产管理的条例，就有强制剥夺寺庙固有资财的规定，对佛教与道教加以限制和打压。

三、中国共产党的宗教法治观之应用和发展

早在民主革命时期，中国共产党就在解放区实行宗教信仰自由政策，团结爱国宗教界人士和各族广大信教群众参加抗日统一战线和而后的民族独立解放战争。1945 年毛泽东在《论联合政府》中指出："人民的言论、出版、集会、结社、思想、信仰和身体这几项自由，是最重要的自由。在中国境内，只有解放区是彻底地实现了。"[①] 他强调要帮助各少数民族发展，"他们的言语、文字、风俗、习惯和宗教信仰，应被尊重"[②]。又说："根

---

① 《毛泽东选集》第三卷，人民出版社 1991 年版，第 1070 页。
② 《毛泽东选集》第三卷，人民出版社 1991 年版，第 1084 页。

据信教自由的原则,中国解放区容许各派宗教存在。不论是基督教、天主教、回教、佛教及其他宗教,只要教徒们遵守人民政府法律,人民政府就给以保护。信教的和不信教的各有他们的自由,不许加以强迫或歧视。"①马克思主义宗教法治观在中国革命年代就得到应用并收到良好效果。

新中国成立后,革命时期的宗教政策得到发扬光大,尤其在和平解放西藏、进军新疆、实现全国统一(台湾地区除外)过程中,解放军和干部队伍忠实执行民族平等、尊重保护宗教信仰自由政策,得到民族地区广大群众的热烈拥护,起了关键作用。1951 年 5 月,毛泽东对主持西藏工作的张国华说:"你们在西藏考虑任何问题,首先要想到民族和宗教问题这两件事,一切工作必须慎重稳进。"②《十七条协议》明确规定:实行宗教信仰自由政策,保护喇嘛寺庙,尊重西藏人民的宗教信仰自由和风俗习惯。1952 年 10 月毛泽东接见西藏代表团时说:共产党"对宗教采取保护政策","今天对宗教采取保护政策,将来也仍然采取保护政策"。③1957 年毛泽东发表《关于正确处理人民内部矛盾的问题》,指出:"我们不能用行政命令去消灭宗教,不能强制人们不信教"④,这是一个思想问题和人民内部问题。

但是,自 1958 年以后,"左"倾思潮发展,党和政府工作上强调千万不能忘记阶级斗争,经常把人民内部矛盾扩大为敌我矛盾,民族宗教领域正常活动不断受到冲击。1966 年到 1976 年"文化大革命"期间,领导人错误地贯彻以阶级斗争为纲的路线,野心家疯狂地加以利用,造成"十年浩劫"。其中党的宗教理论政策和工作遭到全面破坏,宗教界被当作"牛鬼蛇神"受到横扫和迫害,完全背离了马克思主义宗教观和法治思想,这是新中国成立以来最大的一次曲折,它已经被后来的中央决议所全面否定。

改革开放以来,经过拨乱反正,宗教工作重新回到马克思主义轨道上

---

① 《毛泽东选集》第三卷,人民出版社 1991 年版,第 1092 页。
② 逄先知、冯蕙:《毛泽东年谱》(1949—1976),中央文献出版社 2013 年版,第 346 页。
③ 《毛泽东文集》第七卷,人民出版社 1999 年版,第 239 页。
④ 《毛泽东文集》第七卷,人民出版社 1999 年版,第 209 页。

来，宗教领域的民主与法治建设不断取得新成果。首先是"十九号文件"对宗教工作任务和宪法对宗教信仰自由的确认。1982 年，"十九号文件"明确指出：处理宗教问题的根本出发点和落脚点是使全体信教群众和不信教的群众联合起来，把他们的意志和力量集中到建设现代化的社会主义强国这个共同目标上来。同年，《中华人民共和国宪法》规定："中华人民共和国公民有宗教信仰自由。任何国家机关、社会团体和个人不得强制公民信仰宗教或者不信仰宗教，不得歧视信仰宗教的公民和不信仰宗教的公民。国家保护正常的宗教活动。任何人不得利用宗教进行破坏社会秩序、损害公民身体健康、妨碍国家教育制度的活动。宗教团体和宗教事务不受外国势力的支配。"宪法是国家的根本大法，它为依法保护公民宗教信仰自由和政府依法管理宗教事务提供了最高法律保障。20 世纪 90 年代以来，中央提出积极引导宗教与社会主义社会相适应，并概括出党的宗教工作基本方针四句话：全面贯彻宗教信仰自由政策，依法管理宗教事务，坚持独立自主自办原则，积极引导宗教与社会主义社会相适应。近年中央又提出"发挥宗教界人士和信教群众在促进经济社会发展中的积极作用"[1]，更加重视发挥宗教的正能量、更为尊重宗教界的主体地位。与此相适应，政府相关部门出台了多项宗教事务管理法规章程。2004 年，国务院颁布了《宗教事务条例》，这是我国第一部综合性宗教行政法规。目前，它正在完善之中。2016 年 4 月，习近平总书记在全国宗教工作会议上的讲话，明确提出坚持和发展中国特色社会主义宗教理论，深刻阐述了宗教工作在党和国家工作全局中的特殊重要性，要求我们用马克思主义立场、观点、方法认识和对待宗教，遵循宗教和宗教工作规律，强调在引导宗教与社会主义社会相适应的引导工作中一个重要任务就是支持我国宗教坚持中国化方向，要构建和谐健康的宗教关系，坚持政教分离、教不干政、政府依法管

---

① 《胡锦涛文选》第二卷，人民出版社 2016 年版，第 637 页。

理宗教涉及国家和公共利益的事务，提高宗教工作法治化水平，保护信教群众合法权益。这一讲话依据中国实际，创造性地丰富和发展了马克思主义宗教观和宗教法治观，对于促进社会和谐、民族团结、建设现代文明强国，意义重大。

四、宗教信仰自由是一项基本人权

执行宗教信仰自由政策是依法管理宗教最重要的一条，具有根本法律性质。宗教信仰自由是为当代人类文明普遍认同的基本人权之一，受到国际法和国内法的保护。中国在改革开放以来几十年中不断加大保护包括信教自由的各种人权的力度。欧洲中世纪实行基督教文化专制主义，视不同信仰甚至不同教派为异端，予以迫害。第一次启蒙运动提出"解放自我"、"理性万岁"的口号，打破了思想专制，确立信教自由，使人类在精神上获得一次空前的解放，这是文明的一次巨大进步。马克思向来认为，人类的精神世界是丰富多彩的。信仰的多样性是社会生活的正常状态，它与政治、经济制度不同，本质上是个人自由选择的结果，尽管它也受到民族传统的制约，但必须达到自愿。权力可以迫使人口头上不敢承认某种信仰、表示服从另一种信仰，但是无法真正控制人的内心世界。所以信仰自由，包括宗教信仰和其他人文信仰自由，乃是健康人类文化生态的客观需要。鉴于西方世界亚伯拉罕系三大一神教发达，西方有些人士把信仰等同宗教，对无神论和其他人文信仰如儒学加以歧视，这是他们的局限性。宗教信仰自由，逻辑地必然包含不信教的自由和信仰唯物主义、信仰人文道德、信仰艺术等的自由。只有把信教自由扩大为一切信仰自由，信仰才是彻底自由和平等的。当然，唯物主义不能是旧的战斗无神论式的，因为它对宗教采取激烈否定的态度，没有包容性，是另一类文化专制主义。马克思主义唯物史观，了解宗教存在的根源和发展规律，真心维护群众的权益包括信仰选择的权益，所以能够真正贯彻执行宗教信仰自由政策。

从中华文明的传统看，它讲仁爱忠恕之道，孔子尤其强调"己所不欲，勿施于人"的恕道，主张互相尊重，不把自己的价值观强加于人。《中庸》讲"万物并育而不相害，道并行而不相悖"，承认真理的多样性和平等性。在儒家思想主导下，历代王朝实行多教并奖和因俗而治的政策，除个别情况外，在爱国守法、劝善戒恶的前提下，对于各种宗教和外来宗教都给予合法存在的空间，同时在规模上常有所约束，不致妨碍社会大计。因此，中国历史上没有占统治地位的国教，宗教关系以和谐为主旋律。依中国的经验而言，宗教信仰自由不仅是个人的自主选择，也应该扩大为民族群体的自主选择，即不同民族有信仰各自宗教的自由，外部势力不得粗暴干预。一部分基督教的传教者，在域外势力支持下，进行扩张式传教，硬是在基本信仰伊斯兰教的西北民族地区用各种手段插入宣教，扩充基督教徒，加剧民族宗教矛盾，这是不尊重民族群体宗教信仰自由的表现，也应该加以反对。中国社会主义者提出的"政治上团结合作，信仰上互相尊重"，具有"恕"道精神，真正体现了各种信仰的自由和平等。

五、宗教事务管理要实现两个转变

中国依法管理宗教事务有一个历史发展过程。改革开放以前和初期，民主法治建设水平不高，对宗教事务的管理较多使用行政手段，依赖具体政策的上颁下行，成为习惯，管理机构负担很重，效果却并不理想。随着民主法治意识的提高和法律法规的不断健全，依法管理宗教事务的呼声越来越高，宗教管理工作进入新的阶段，正在实现两个重要转变：由直接行政管理的旧套路向依法间接管理的新格局转变；由被动地防范宗教的消极作用和应对突发事件为工作重心的非常态管理向发挥宗教的积极作用和为宗教群体提供服务为工作重心的常态管理转变。宗教管理部门致力于相关法律法规的完善，培养干部和宗教界人士的法律意识，使之学会依法处理宗教事务和各种矛盾、推广典型经验、提高宗教界自觉遵守国法教规以便为社会大众提供积极服务。这样既可以使宗教管理部门摆脱"消防队"、"急救站"的局面，调动政教两界的主动性，各守其职，各尽所能，避免以政干教和教团官僚的弊端，实现宗教工作"引而不发"的目标，反而会充分发挥宗教的正能量。

国家宗教事务局提出的"保护、管理、引导、服务"是宗教工作的要旨，体现了保护宗教人权、依法间接管理、引导宗教而不包办、常态服务而不居高临下的和谐、敬业、友善、平等的精神。以往有些地方的宗教工作，出现过这样的现象，即：一抓就"死"，一放就"乱"，有人觉得管理工作的尺度和方式很难掌握好分寸，因此有为难心理。其实这个尺度和分寸就在敬畏法律、严格执法上。要使法律具有神圣性，成为一种信仰。宗教在教徒心中是神圣的，法律在全民心中应是神圣性，不可侵犯的。只要我们以法律法规为唯一准绳，缺法必补，有法必依，执法必严，违法必究，保护合法，制止非法，抵御渗透，遏制极端，打击非法，克服行政命令作风和主观随意性，防止简单粗暴和放任自流两种错误倾向，把地方上不符合国家统一法律法规的各种自行其是的规定加以纠正，在熟悉宗教相关法律法规和认真执法上多下功夫，宗教工作的两个转变是能够顺利实现的。中国特色的社会主义制度及其道路在现代化征程上已经取得令世界瞩目的伟大成就，中国宗教领域的多元和谐生态也是国际上民族宗教乱象丛生中少见的奇葩，我们应当有高度的自信，能够使中国依法管理宗教事务达到世界最先进的水平。

六、依法管理与社会管理

宗教界的涉俗事务可分为两大类：一类是与宗教信仰相关又涉及社会

公共事务，另一类是与宗教信仰不相关联，宗教徒作为公民应有的权利和义务。前者如宗教节日集会庆典，宗教场所管理和财务监督，宗教教职人员备案，宗教参与文明小区建设，宗教公益慈善事业，宗教团体之间的来往和各种社会活动，宗教对外交往和国际论坛，境内外国人宗教活动管理等，这些活动都需要遵守宗教管理相关规章制度和社会正常秩序，取得社会有关部门的配合，才能顺利进行。后者如宗教场所的维修、保养与生活设施基础建设，宗教界人士的福利保障（包括医疗、退休、养老等），宗教名胜文化旅游，宗教非物质文化遗产申报，宗教人士各种保险落实，宪法规定的选举权与被选举权的施行等，在这些事业上，社会对宗教界人士和信教群众应与对待其他公民一样，一视同仁，一体皆爱，不应制造"宗教特区"。

中国现代社会有三大领域：政权、市场、社会，彼此依赖又相对独立。政权管全国领导，市场管经济发展，社会管民间生活。以前是大政府小社会，今后是强政府大社会。中央提出要加强社会建设，把它与政治、经济、文化、生态并提为五大文明建设，这对于中国现代化过程中社会生活的健康化、和谐化、丰富化是十分必要的。宗教不是一个可以独立的系统，宗教事务也不是一项独立的工作，它与社会政治、经济、文化、民族、民间、外事都有密切的联系，需要纳入国家综合治理体系，彼此配合才能管好。而宗教的中心活动舞台不在政治，也不在市场，而在社会，宗教应与权力和市场保持一定距离，主要在社会建设领域发挥作用。从国家依法管理而言，把宗教事务纳入社会管理体系是最稳妥最长远的途径。在这方面可以借鉴港台地区的经验。香港地区没有宗教局而有民政局，宗教团体作为社团法人接受社会各项法律法规的约束，而民政局对其纯粹宗教内部事务不予干预，宗教的运行比较平稳有序。宗教在社会建设领域活动，第一位是做好公益慈善事业，为大众谋福利，在实践中体现宗教扬善抑恶、道德教化的作用。不鼓励不引导宗教界人士参与政事和谋求官职，不介入立法、司法和行政事务。全国政治协商会议和地方政协是统一战线组织，有宗教界代表参加是应该的，这有益于维护宗教界正当权益，从自身的角度提出意见和建议，应视为社会治理系统的组成部分，具有中国特色。宗教的社会管理做好了，国家宗教事务部门的压力就大大减轻了，可以腾出更多的精力和时间，完善宗教法律法规，建立执法体制，提升管理宗教事务的水平。现在是网络时代，宗教传播网络化对于管理者提出了新的挑战，如何有效发挥互联网信息技术的积极作用，有效抵制某些恶意者利用信息网络散布极端主义和其他危害国家利益、扭曲宗教健康思想的言论，应当建立必要的制度和执法队伍。

七、依法行政与自我管理

《宗教事务条例》明确规定，依法管理宗教事务，是指政府依据法律法规对宗教方面涉及国家利益、社会公共利益和国家利益的关系和行为加以管理，对于纯宗教事务和宗教团体内部事务不加干预。前者属于国法的范围，政府要依法行政；后者属于教规范围，教团要自我管理。国法大于教规，教规要遵守国法，又要体现该教内部的清规戒律，目的是维持符合教义教理的教风，使教团良好运行，与社会主义社会相适应。无视国法，宗教不能正常生存；败坏教规，宗教会堕落变质。教规中有些是历史遗留而又与国法相抵触的要及时清除，如内部的族长专制式统制、体罚和拷问信教者等都不允许存在。推动宗教组织完善教规制度并认真践行，做好自我管理，是提高宗教工作法治化水平不可或缺的一个重要方面。教团内部建设，包括宗教场所自我民主管理，寺庙教堂周边的环境护养，内部人员、财务、文物保护、消防安全等制度建设，宗教院校教学水平提高，读经、讲经、祈祷和各种修习法事活动。它们既要有优良传统的继承，又要与时俱新，体现新社会新制度的要求。对于宗教场所的管理，按照当年习仲勋同志负责民族统战工作时的讲话精神，要把握好两个方面的原则：一方面要"松绑"，就是大胆地把寺庙交给宗教界自主管理；另一方面要"捆死"，就是对一切非法、违法的活动，都必须严格禁止和取缔。他认为，我们要相信宗教界绝大多数人是爱国守法的，历史事实证明，在我们的党和国家处在关键时刻，一大批高僧大德挺身而出，与党和国家同心同德、同心同向，为维护国家统一，民族团结，作出了特殊贡献。其中很多高僧活佛，在政治上靠得住、学问上有造诣、品性上能服众，在信教群众中有较高的威望，且有较为丰富的管理经验，要相信他们能够把寺庙管理好。① 目前在寺院管理上，青海藏族聚居区提供了可资借鉴的好经验，其特点是管理与服务并重，寺院由单向划一管理向综合分类管理转变，因寺制宜，以自我管理为主。共分三类：（1）90% 以上的寺院实行自主管理，由宗教界爱国人士负责管理寺院事务；（2）对于少数管理力量尚弱的寺院实行协助管理，委派有佛协理事身份的干部担任寺院民主管理委员会副主任，主任仍由寺僧担任；（3）对于更少数寺内状态混乱的寺院实行共同管理，建立以寺院管理干部为主导的寺管会，与寺僧共同管理寺院事务。这种管理模式既体现了政教分离、尊重宗教界人士和信教群众主体地位，有益于调动他们的主动性积极性，又体现了政府引导、管理作用，政教和谐，有益于解决少数寺院面临的难题，迅速克服无序状态，防止敌对势力插手，实现正常化。这种管理模式是动态的，协助管理和共同管理的最终目标是通过整顿，实现自主管理，使政府能够专注于依法行政和为寺院提供公共服务。政府在青海藏族聚居区加强寺院基础建设和公共服务，切实将寺院作为社会基层单位，把宗教人员作为普通公民，纳入社会养老、医疗保险等福利事业，共享国家惠民政策。②

---

① 参见《习仲勋同志对宗教工作的卓越贡献》，《宗教与世界》2013 年第 6 期。
② 参见青海省委统战部主编：《青海省创建民族团结进步先进区的理论与实践》，人民出版社 2014 年版。

八、政教分离和政主教辅

世界各国政教关系有四种主要类型：政教合一型，如沙特；政俗国教型，如巴基斯坦；政教分离型，如美国；政主教辅型，如古代中国。在现代社会，政教合一型属于历史上延续下来的保守的政教关系，已不是文明发展的主流。政俗国教型属于改进型政教关系，一方面国家首脑不由宗教领袖兼任，政府通过世俗选举方式产生；另一方面宗教影响巨大，主导着社会意识形态和文化教育，这样的国家也在减少。政教分离型是现代主流的政教关系，其内涵是指政权系统与教会系统相分离，政府不干预教会内部事务，教会不干预立法、司法、行政和国民教育。政教分离并不意味着政治与宗教相分离，如宗教团体通过信教民众影响政府首脑选举，参与维护世界和平事业，对于国家政治发表见解等。在美国，政教分离具有相对性，因为美国以基督教作为国家核心价值的根源和社会文化底色，基督教情结很深，自认为是上帝拣选的民族，有责任用基督教来拯救全人类，输出价值观，充当"世界警察"，总统就任要按着《圣经》宣誓。古代中国既非政教合一、政俗国教，亦非政教分离，而是政主教辅、近而不混。其正面经验是宗教政策多元开放，政府有能力引导宗教发挥道德教化和促进社会和谐的作用，同时因俗而治，管理上不包办代替，有益于民族团结。其反面教训是有时统治者偏向某教，加以特别扶植，或者排斥某教，使用武力加以打击，造成社会紧张和混乱。

今日中国的政教关系，要依据马克思主义宗教法治观，吸收人类文明成果，同时继承中华优秀传统并加以创新性发展。因此，政教关系上要实行政教分离、教育与宗教分离，宗教不得干政，政府也不得干预宗教内部事务，宗教必须在国家法律法规允许范围内活动。同时，中国的政教关系不止于此，在借鉴政主教辅的历史经验基础上，政府还有引导宗教的责任，使宗教更好地服务于国家内外大计，而宗教界也要找准自己适当的位置，积极配合国家大政方针，把广大信教群众团结在党和政府周围。积极引导宗教与社会主义社会相适应，具有中国特色，它是古代政主教辅模式的当代发展。我以为，中国特色社会主义政教关系可作如下表述：在政教分离基础上的政主教辅型的和谐关系。它是马克思主义宗教法治观的中国化，符合中国的国情。

本章附录：

宗教工作法治化的新高度

——祝贺《宗教事务条例》修订版颁布实施

由国务院于 2004 年 11 月底颁布、2005 年 3 月起施行的《宗教事务条例》，是我国第一部以宪法为依据的全国综合性宗教行政法规，它极大地改变了以往主要靠政策管理的状态，使宗教事务逐步纳入依法管理的轨道。此后，全国性和地方性的单项宗教事务管理法规、规章陆续出台，初步形成了宗教事务管理的法律法规体系，有效体现了中央依法治国的方略，保证了我国宗教活动多年来能够在总体上平稳有序地进行。在这个过程中，宗教管理干部、宗教界人士与信众及社会各界都增强了法治意识，提高了依法办事的能力，逐渐习惯于遇到涉及社会公共生活规则的矛盾和纠纷要依照相关法律法规去解决。

不过十多年间，宗教领域出现许多新情况新问题，如极端主义在境外肆虐和对境内渗扰破坏、某些宗教场所商业化倾向加剧等，需要有新的规定加以应对；宗教事务管理工作中积累起许多成功模式，也发生过或行政打压或放任自流的两种错误偏向，需要总结经验教训；宗教作为一种社会力量如何将其涉俗事务纳入社会管理系统，在我国尚处于起步阶段；《宗教事务条例》本身存在着某些空缺与操作性不足的问题；等等。为了更好地实施党的依法管理宗教事务的方针，国家宗教事务局在广泛听取各级管理干部与教界意见并认真进行调查研究的基础上，数年间召开多次研讨会，反复征求意见，花大力气对《宗教事务条例》加以补充修改，务必使它更能结合现实、针对问题、便于实施。2016 年 4 月，习近平总书记在全国宗教工作会议上的讲话中指出："坚持政府依法对涉及国家利益和社会公共利益的宗教事务进行管理。要提高宗教工作法治化水平，用法律规范政府管理宗教事务的行为，用法律调节涉及宗教的各种社会关系。要保护广大信教群众合法权益，深入开展法治宣传教育，教育引导广大信教群众正确认识和处理国法和教规的关系，提高法治观念。"《宗教事务条例》修订版正是以完善全国性综合性宗教行政法规的方式，落实习近平总书记的讲话精神，把宗教工作法治化水平提到新的高度，用更加明晰、准确、周到的法规来规范政府管理行为和宗教界的活动，更有力地调节宗教关系，保护信教群众合法权益，推动我国宗教健康发展，使之更好地适应社会主义社会。

《宗教事务条例》修订版比之原《宗教事务条例》，首先是在总体上更充实、更完整、更细密，规范性大大加强了。从原来的七章，扩为九章，"宗教院校"和"宗教活动"单列成章。条款从原来的 48 条，增为 77 条。字数从近六千字增至近万字。在"总则"第三条明确规定："宗教事务管理坚持保护合法、制止非法、遏制极端、抵御渗透、打击犯罪的原则。"比较完整地表述了宗教管理不可或缺的重大使命，强调了政府宗教管理部门依法行政的重要性、严肃性，加大了保护宗教界正当权益的力度，健全了制止非法、遏制极端、抵御渗透、打击犯罪的各项措施。修订版对于宗教涉及国家利益和社会公共利益的多方面事务，结合新出现的一系列重要活动，都一一作了明确规定，既不是"一管就死"，也不是"一放就乱"，而是宽严适度，合情合理。这样一来，政教两界在处理现实问题时，都更加有法可依了。其次，修订版将"宗教院校"单独列为第三章，体现了政府对宗教界培养后起教职人才的高度重视。宗教能否适应社会主义社会，一个关键的因素是能否造就一大批政治素质强、道德品性美、宗教学识优、中华文化通的老中青相衔接的教会骨干队伍，并能涌现出高士大德的领袖人物。政府运用社会资源帮助各大宗教办好宗教院校，是支持宗教走中国化道路的重要引导工作，也是实现宗教团体和场所自我管理的必要条件。再次，修订版有许多亮点，其中之一是关于设立宗教活动场所的规定具有比以往更大的灵活性，可以更好地满足各类信教群体的宗教需求。第三十五条规定："信教公民有进行经常性集体宗教活动需要，尚不具备条件申请设立宗教活动场所的，由信教公民代表向县级人民政府宗教事务部门提出申请，县级人民政府宗教事务部门征求所在地宗教团体和乡级人民政府意见后，可以为其指定临时活动地点。"同时也对临时活动地点的活动进行监管、待具备条件后办理宗教活动场所的审批登记作了规定。这样的规定是积极稳健的，有利于将那些宗教活动尚不够规范并处于灰色地带的宗教活动点及时纳入政府管理的范围，接受政府的依法管理和引导，早日走向正规化，同时也有益于宗教关系和谐。最后，修订版针对一些新问题新态势作出了明确的规定。例如：第三十八条，教职人员受法律保护的活动，除已有的"主持宗教活动、举行宗教仪式、从事宗教典籍整理、进行宗教文化研究等活动"，还增加了"开展公益慈善"，鼓励宗教界人士济世助困。第四十七条、第四十八条对互联网宗教信息服务的审核手续和内容作了规定，以适应网络化时代。第七十二条针对一些宗教过度商业化的弊端作出规定："投资、承包经营宗教活动场所或者大型露天宗教造像的，由宗教事务部门会同工商、规划、建设等部门责令改正，并没收违法所得；情节严重的，由登记管理机关吊销该宗教活动场所的登记证书，并依法追究相关人员的责任。"这有利于纠正一些地区宗教活动中出现的混乱状态。修订版的创新之处很多，兹不一一列举。

《宗教事务条例》修订版的完成颁布并开始实施是在中央领导下政、教、学三界勠力协作的硕果，得来不易。相关部门和人士要认真学习领会、努力落实推行，使它在提升我国宗教工作法治化水平的事业中发挥巨大作用。

2017 年 2 月 21 日

第四章　宗教适应论

20 世纪 90 年代，中国共产党人提出"积极引导宗教与社会主义社会相适应"，这是马克思主义宗教观发展史上具有里程碑意义的空前创新，是中国特色社会主义宗教理论的伟大成果，给予高度评价是必要的。马克思、恩格斯指出宗教的深刻根源是人们受自然界和社会异己力量的支配，并没有简单将其归结为资本压迫，因而把宗教自行消亡的条件提得很高，即：谋事在人，成事也在人。这样就蕴含了宗教的长期性和在社会主义社会必然存在的思想。由于当时缺少社会主义革命的实践，马、恩未就社会主义与宗教的关系直接加以论述。

一、苏联关于社会主义与宗教关系理论及实践教训的反思

列宁在 1905 年写了一篇《社会主义和宗教》的文章，宣布社会主义者对待宗教的态度是主张教会与国家相分离，"就国家而言，我们要求宗教是私人的事情"[1]，承认宗教在未来社会主义社会仍然继续存在，因此国家要尊重公民的宗教信仰自由，反对向宗教宣战。但列宁也有失误之处，他在 1909 年所写《论工人政党对宗教的态度》一文中认为："宗教是人民

---

[1]　《列宁全集》第 12 卷，人民出版社 1987 年版，第 132 页。

的鸦片，——马克思的这一句名言是马克思主义在宗教问题上的全部世界观的基石"①，在这里，宗教的根源论没有了，而鸦片论成了基石，显然偏离了唯物史观。列宁在此文中把马克思主义唯物主义混同于法国 18 世纪旧唯物主义，认为都"毫不留情地反对宗教"，表示"我们应当同宗教作斗争。这是整个唯物主义的起码原则，因而也是马克思主义的起码原则"。而马克思主义唯物主义与法国唯物主义的不同点只在策略手段上，"马克思主义更前进了一步。它认为必须善于同宗教作斗争"，为此可以有灵活的方式来团结劳动大众，但反宗教的无神论宣传必须坚持，因为"马克思主义者应当是唯物主义者，即宗教的敌人"。② 这样一来，列宁仍然把宗教与马克思主义、社会主义完全对立起来，看不到宗教作为一种文化有任何可与社会主义相沟通的地方。列宁在十月革命成功后的 1919 年说："无产阶级专政应当坚持不懈地使劳动群众真正从宗教偏见中解放出来，为此就要进行宣传和提高群众的觉悟，同时注意避免对信教者的感情有丝毫伤害，避免加剧宗教狂。"③ 列宁在这里忽视了宗教在社会主义社会存在的根源和长期性、群众性以及两者之间的协调性，在他心目中，社会主义社会应该是一个完全摆脱了宗教的无神论社会，这是关于社会主义的认识误区。列宁热衷于宣传 18 世纪法国战斗无神论，于 1922 年指示"《在马克思主义旗帜下》杂志要成为战斗唯物主义的刊物"④，其结果必然会伤害信教者的感情，非但达不到弱化宗教的目的，反而使信教者远离社会主义。由于东正教反对苏维埃革命运动，列宁对教会的批判是严厉的。他在上述《论工人政党对宗教的态度》一文中说："马克思主义始终认为现代所有的宗教和教会、各式各样的宗教团体，都是资产阶级反动派用来捍卫剥削制

① 《列宁全集》第 2 卷，人民出版社 2012 年版，第 247 页。
② 以上引文见《列宁选集》第 2 卷，人民出版社 2012 年版，第 250—252 页。
③ 列宁：《俄共纲领草案初稿》，《列宁选集》第 3 卷，人民出版社 2012 年版，第 725 页。
④ 列宁：《论战斗唯物主义的意义》，《列宁选集》第 4 卷，人民出版社 2012 年版，第 650 页。

度、麻醉工人阶级的机构。"① 其实，恩格斯在《德国农民战争》中就指出过，僧侣中有"贵族阶级"，也有"平民集团"。列宁在十月革命前就主张"没收教堂、寺院、皇室、国家、阁部和地主的全部土地"②。1918 年 1 月，苏维埃政府颁布了《关于教会同国家分离和学校同教会分离》的法令，除了禁止教会参与社会政治和国民教育外，还规定，教会占有的土地和其他财产，必须收归国有。政府通过行政强制手段，搜查和没收寺院、修道院的一切生活资料，以及法器、祭祀用具等一切财物，并将神职人员扫地出门，有的还将寺院改建成监狱。

斯大林当政以后，一方面继续打压东正教（只在卫国战争时期有所放松），大量没收教堂和教会财产；另一方面以"科学无神论"的名义宣传反宗教的战斗无神论。其结果是失败的，宗教一直作为社会主义的异己力量而存在，并在七十余年后成为苏联解体的活跃力量。在苏联解体之后，有着深厚根基和传统的东正教在俄国迅速复兴，已超过原有的规模和影响力。总之，"社会主义与宗教"这篇大文章，马克思、恩格斯未来得及做，而苏联又没有做好，历史给中国社会主义者留下一个创新的机遇和一份重大的责任。

二、唯物史观下的中国社会主义社会观新识

社会主义制度的建立，开始了向共产主义社会过渡的新的历史时期，这个过渡期的时间很长，其初级阶段也在百年以上。如何认识社会主义社会，中国人经历了曲折的思想过程。人们一度认为"一大二公"是社会主义，纯粹的全民所有制是社会主义，计划经济是社会主义，思想文化的"兴无灭资"和清一色是社会主义。经过总结"文革"教训和改革开放

① 《列宁选集》第 2 卷，人民出版社 2012 年版，第 247—248 页。
② 《修改工人政党的土地纲领》，《列宁全集》第 10 卷，人民出版社 1958 年版，第 166 页。

的实践，人们对于社会主义社会的生产力和生产关系、经济基础和上层建筑的认知逐步深化，认识到要解放和发展生产力需要多种生产关系，社会经济基础以公有制为主体的同时兼有集体所有制、股份制、个体所有制和外资经营等多种成分，社会主义社会必须在国家宏观调控下大力发展市场经济，积极参与经济全球化进程，才能推动物质文明高速发展。在社会上层建筑领域，社会主义思想文化不是封闭自守的，而要在马克思主义指导下吸收人类文明全部成果，是政治与法律的统一同民族文化的多元同时并存，其中包括各种宗教文化。其学术与文艺应是"百家争鸣、百花齐放"，多姿多彩。宗教不属于社会主义思想体系，却是社会主义社会的上层建筑，是其精神文化的组成部分，经过必要的引导，可以与其他上层建筑相协调，为经济基础服务。社会主义社会是一个不断改革、创新和发展的生动社会，它为人们带来利益和生活的迅速改善，也会带来震动、错位和痛苦，因而社会需要精神调控和道德支撑，而健康的宗教是社会稳定系统中一支重要的精神力量。当然，如果社会不客观、理性认识宗教或宗教偏离正信正行，那么宗教与社会就出现冲突，成为不稳定的因素，这需要双方都努力。因此，必须对社会主义思想体系与社会主义社会作必要的区分：前者是主导思想，是无神论，是部分先进分子的世界观；后者是社会主义制度下的整个社会，在其中生活着不同信仰、不同习俗的各族人民，他们拥护社会主义制度和党的领导，热爱自己的祖国和传统文化，但在世界观上是多元的，可以自由选择有神或无神、人文或宗教。对共产党员和对一般公民在世界观上不能一样要求，有差异才是社会主义社会的常态。社会主义的本质特征之一是讲平等，不仅主张人们在政治上、经济上平等，而且在精神信仰的选择权利上也要平等，因而必然是多元化的选择。共产党对群众的思想信仰问题有责任引导教育，这并非"硬要""统一信仰"，而是要求在认同社会主义核心价值观的前提下，尊重每个人的个人信仰选择。但尊重个人选择并不能否定共产党在人民群众中进行教育引导的责任。

三、中国共产党统一战线理论与政策是
宗教适应论的历史积淀

中华民族自古以来就是多元一体的格局，宗教文化呈多元通和模式，宗教与宗教、宗教与社会之间以和谐为主旋律，宗教从未成为社会革新进步的阻力，而是助力。在中国共产党领导的为中国独立解放而奋斗的新民主主义革命和新中国成立后的社会主义建设事业中，中国宗教界人士与信教群众是积极参加、贡献了力量的。因此中国共产党在革命时期就把宗教界人士作为统一战线的对象、作为朋友而团结的。这是中国的国情，在这一点上，中国共产党人从一开始就不采纳苏联的模式，而从中国实际出发，走自己的路。除了受极左思潮影响的短暂反常时期外，统一战线的理论和实践一直坚持不懈地在推进在发展中，取得了伟大的成就。毛泽东在《在中国共产党全国宣传工作会议上的讲话》（1957 年 3 月）中说："一部分唯心主义者，他们可以赞成社会主义的政治制度和经济制度，但是不赞成马克思主义的世界观。宗教界的爱国人士也是这样。"[1] 他在同年发表的《关于正确处理人民内部矛盾的问题》中强调："调动一切积极因素，团结一切可能团结的人，并且尽可能地将消极因素转变为积极因素，为建设社会主义社会这个伟大的事业服务。"[2] 这是统一战线理论和政策的根本出发点和最终目标。宗教界也有极少数坏人，需要依法惩办，但要稳、准、狠，不能扩大打击面。宗教界的人士在思想认识上既有进步的一面，也有落后的一面，主要是人民内部的教育和提高的问题。宗教的社会作用有正面和负面的两重性，需要通过依法管理和积极引导，最大限度发挥其正面

---

[1] 《毛泽东文集》第七卷，人民出版社 1999 年版，第 269 页。
[2] 《毛泽东文集》第七卷，人民出版社 1999 年版，第 228 页。

作用，尽量缩小其负面作用，这是统一战线的职责。

改革开放以后，统一战线有新的发展。1991 年江泽民在会见各宗教团体主要领导人时指出："我们处理同宗教界朋友之间的关系的原则是政治上团结合作，思想信仰上互相尊重。"① 这一原则体现了统一战线理论在处理执政党与宗教界爱国人士之间关系的新高度。政治上团结合作的基础就是热爱祖国、认同党的领导和社会主义道路，推动民族团结、祖国统一，实现中华民族的伟大复兴。信仰上互相尊重就是宗教界尊重马克思主义的指导地位，共产党尊重宗教界的宗教信仰。信仰上互相尊重意味着共产党不仅不进行反对宗教的宣传，而且不歧视宗教，并维护宗教界信仰自由的权益。这也是中华文明"恕"道即"己所不欲，勿施于人"的平等包纳精神的当代体现，为宗教适应论的正式提出，创造了良好的思想条件。

四、宗教适应论的提出从根本上解决了国际共运史上一直未解决的社会主义与宗教相互关系的大问题，有划时代的意义

1993 年，江泽民在全国统战工作会议上的讲话中正式代表中央提出"积极引导宗教与社会主义社会相适应"作为党处理宗教问题的基本方针之一，并说："贯彻党的宗教信仰自由政策也好，依法加强对宗教事务的管理也好，目的都是要引导宗教与社会主义社会相适应。"② 后来再加上"坚持独立自主自办的原则"③，四句话共同组成党的宗教工作基本方针。这是中国共产党依托中华历史与国情，认真总结新中国成立以来处理宗教问题的丰富经验，又借鉴苏联的教训，不断加深对社会主义社会的认识，

---

① 《江泽民论有中国特色社会主义》（专题摘编），中央文献出版社 2002 年版，第 368 页。
② 《江泽民论有中国特色社会主义》（专题摘编），中央文献出版社 2002 年版，第 370 页。
③ 《江泽民文选》第三卷，人民出版社 2006 年版，第 382 页。

尔后形成的中国特色社会主义宗教理论。宗教适应论基于宗教在社会主义社会存在的长期性、群众性和民族性，又充分考虑到宗教界人士的爱国爱教传统和宗教文化的丰富性和宗教社会功能的多重性，并深入认知社会主义社会的动态性、过渡性、综合性，因而揭示了宗教与社会主义社会不仅可以长期并存，而且经过引导可以相互容纳与协调，宗教能够成为社会主义社会这个大社会母系统中一个有机的子系统，成为社会主义社会上层建筑中一个积极的组成部分，在国法范围内与政治、文化相和谐，为巩固和发展社会主义经济基础服务。这在马克思主义宗教观发展史上和社会主义发展史上，都是首创，而且其真理性越来越被实践所证明。当然宗教与社会主义社会必然有不适应，因此需要引导。但引导不是斗争，不是急风暴雨式的阶级斗争或行政命令式的强制打压，而是人民内部和风细雨式的管理、团结、说服、调整、教育、帮助。这就完全超出了苏联"与宗教作斗争"的错误观念和做法，为社会主义条件下政教关系、宗教关系的和谐、稳定和健康持久发展开拓出一个崭新的局面，也为世界上其他社会主义国家提供了榜样。这是值得中国社会主义者引以自豪的。至于与宗教相关而出现的非法、犯罪、恶意渗透、极端、暴恐活动，应依法打击和惩处，不应指向任何宗教或民族。当然，宗教界要加强守法意识和自身建设，倡导中道、温和的教义，远离极端主义，主动、积极与政府配合，贯彻国法，遵守教规，使宗教健康发展。引导宗教与社会主义社会相适应，并不意味着抹杀差别、完全一致，而是和而不同，存信仰之异，求政治之同。"适应"也具有双向性，即：宗教要自觉学习社会主义的相关法律、思想、文化和各种知识，使宗教向社会主义靠拢；国家管理干部也要努力熟悉宗教新形势下新特点和相关的知识，以便适应社会主义对宗教管理工作的要求。各个宗教对社会主义社会的适应也会因各自传统不同而有各自的具体方式。由于宗教适应社会主义社会是一个新事物，社会在发育，宗教在演进，适应是动态的，不适应会随时发生，需要不断调整，不断加以完善。

五、引导宗教是一门大学问、一种大智慧

中国特色社会主义政教关系，与西方现代国家相同点是实行政教分离，依法处理宗教涉及公共秩序的事务，不同点是政府负有引导宗教的责任。宗教适应社会主义社会不是自发就能实现的，要靠政府积极引导、引导有力，同时也包含着发挥宗教界人士和宗教团体主动配合的作用。引导既不能行政命令、包办代替，也不能放任自流、无所作为，而要方向正确、方法多样、注重实效。宗教工作的主要精力应放在引导上，下大功夫做好，这是一门大学问，考验着中国社会主义者的政治智慧。习近平同志对引导宗教的工作高度重视，深刻加以论述。他在中央统战工作会议上的讲话中，凝练地概括了引导工作的内涵，说：积极引导宗教与社会主义社会相适应，必须坚持中国化方向，必须提高宗教工作法治化水平，必须辩证看待宗教的社会作用，必须重视发挥宗教界人士作用，引导宗教努力为促进经济发展、社会和谐、文化繁荣、民族团结、祖国统一服务。习近平同志第一次提出引导宗教必须坚持中国化方向这一观点，具有重要指导意义。习近平同志在全国宗教工作会议上的讲话，进一步论述了引导工作的任务和途径，指出："积极引导宗教与社会主义社会相适应，是要引导信教群众热爱祖国、热爱人民，维护祖国统一，维护中华民族大团结，服从服务于国家最高利益和中华民族整体利益；拥护中国共产党领导、拥护社会主义制度，坚持走中国特色社会主义道路；积极践行社会主义核心价值观，弘扬中华文化，努力把宗教教义同中华文化相融合；遵守国家法律法规，自觉接受国家依法管理；投身改革开放和社会主义现代化建设，为实现中华民族伟大复兴的中国梦贡献力量。"讲话特别强调："做好党的宗教工作，把党的宗教工作基本方针坚持好，关键是要在'导'上想得深、看得透、把得准，做到'导'之有方、'导'之有力、'导'之有效，牢牢掌握宗教工

作主动权。"① 他又明确指出：积极引导宗教与社会主义社会相适应，一个重要的任务就是支持我国宗教坚持中国化方向。要用社会主义核心价值观来引领和教育宗教界人士和信教群众，弘扬中华民族优良传统，用团结进步、和平宽容等观念引导广大信教群众，支持各宗教在保持基本信仰、核心教义、礼仪制度的同时，深入挖掘教义教规中有利于社会和谐、时代进步、健康文明的内容，对教规教义作出符合当代中国发展进步要求、符合中华优秀传统文化的阐释。这是对引导宗教工作的一次全面、系统、深刻的论述，依此，引导工作就可以全方位、多层面展开。

在政治法律层面，要引导宗教界人士、宗教团体、信教群众热爱祖国，遵守法律法规，拥护党的领导和社会主义制度，维护民族团结、祖国统一，筑牢相适应的共同政治基础。为此，要加强政治学习，提高守法意识，加深爱国情感，增强大局观念，防止敌对势力利用，在这方面要时刻警惕，不能放松。要使爱国成为信仰的一部分。宗教界要主动接受党的宗教工作基本方针，把广大信教群众团结在党和政府周围，激发信众的劳动热情，积极投身到社会主义现代化事业中去。同时在国际交往中，我国宗教界要标举仁恕、中道、温和的旗帜，远离和反对极端主义，用兼爱、贵和的中国精神去化解民族怨仇、宗教冲突，为维护世界和平事业多做贡献。

在价值导向层面，要引导宗教界用社会主义核心价值观来明确教团事业的精神方向。社会主义核心价值观是社会主义理想同中华文明传统、人类文明成果的综合创新，它是全国各族人民共同价值追求的同心圆的圆心，也是各宗教团体和信教群众向往的社会目标和公民道德，因此要在宗教界大力宣讲社会主义核心价值观，教外人士与教内人士共同参与，结合中国历史与现实，用身边人们熟悉的典型事例进行学习研讨，还可与教规教风建设结合起来，不断提高信众的思想境界、社会关切、道德品格，争做好

---

① 《习近平谈治国理政》第二卷，外文出版社 2017 年版，第 301—302 页。

公民、好教民和移风易俗的模范，树立宗教在社会生活中的良好形象。

在社会建设层面，要引导宗教界人士和团体与权力和财富保持一定距离，而致力于社会和谐与公益事业，促进教际关系、教社关系、民族与宗教关系的和谐。教际关系包括各宗教之间、国内宗教与国外宗教之间、宗教内部教派之间和上下之间，都要和谐相处、彼此尊重、互相学习、友好来往。教社关系首先是建立政主教辅的和谐政教关系，同时构建与当地民间团体、社区机构、文教组织、商贸系统之间的和谐关系，形成良性互动，做友好邻居。大力兴办公益慈善事业，帮助政府化解民间纠纷，积极参加文明生态小区建设，改善社会道德风尚。建设和谐寺庙教堂，建立教职人员、出家僧人、在家信众、义工队伍和基层民众之间的顺畅沟通管道，使宗教更好地服务大众，融入中国社会。在民族宗教关系上确立平等合作、族教和谐、多元互补的相处原则，推动民族团结、宗教和睦，巩固中华民族多元一体格局。

在宗教文化层面，要引导宗教界把神学建设与中华优秀传统文化相结合，使各种宗教成为中国文化的有机组成部分，这是支持我国宗教坚持中国化方向最根本也是最艰巨的任务。这里的关键是将孔子儒学的仁和之道与老子道学的不争之德融于核心教义，使各种宗教在保持自身基本信仰的同时都具有中华仁恕通和精神，这样，宗教对社会主义社会的适应就是长久稳定的深层自然的适应。中国历史上，道教是土生土长的宗教，它实行多神崇拜，追求长生成仙，当它出现低俗化和诡异化的偏向时，总是有高道出来，用儒家仁义济世思想和道家真朴清静思想加以纠正，又吸纳佛教思想，使道教走上正路并有创新，如唐之重玄学、金元之全真道，皆能因其能不断适应社会发展而受到社会欢迎。佛教于两汉之际从印度传入中国，经过几百年的译经、解经和交往，与中华固有的儒家道家会通，对中华入世、重德、尚礼、中和的文化，不断消化、吸收，并加以创新，于隋唐形成以六祖慧能所创禅宗为代表的高度中国化佛教。佛教在坚持"三法印"、戒定慧、业因果报基本信仰的同时，由出世转为入世，由弃国离家转为护国孝亲，由唯我独尊转为儒、佛、道并重，由向往天国转为见性成佛。中国化的佛教既为中华文化增彩添姿，又扎根中华沃土，得到提升，并传向东亚。伊斯兰教传入中国后，也坚持中国化方向，尤其在明清之际，经过王岱舆、刘智、马注、马德新等回儒的汉文译著，在坚持"五功"、"六信"核心教义的同时，把伊斯兰教与宋明理学相结合。如王岱舆以"五常"注释"五功"，把顺主、顺君、顺亲当作人生"三大正事"，赞颂忠恕之道，肯定克己复礼，逐渐使伊斯兰教融入中国文化。中国伊斯兰教不追求政教合一，不以"圣战"为口号排斥异己宗教、挑动民族冲突，以博爱、和平、中道为旗帜，为中华民族的壮大发展作出了贡献，涌现出像西道堂那样的民族团结、宗教和睦的模范。中国天主教和基督教，也走在中国化的道路上；但由于近代帝国主义一度插手利用，其中国化道路相对比较曲折缓慢，至今尚未完全摘掉"洋教"的帽子。丁光训大主教提出神学建设以来，基督教中国化的步伐在加快，有许多新成果在出现，若与佛教相比，尚任重而道远。

我国宗教坚持中国化方向是长远的道路，各教之间在步伐上有快有慢，一教内部不同教派之间亦有差别，都要努力前行；由于社会在飞速发展，即使历史上做得比较成功的宗教也要继续创新才能跟上时代步伐。而这一切都要靠教界骨干队伍和领袖人物去推动，政界的责任是给予政治上支持，学界的责任是给予学术上配合，都不能替代教界人士的作用。

从政府引导工作来说，要帮助各大宗教办好宗教院校，或依托高等学校办好宗教人士培训班，除了学习法律法规和现代自然科学、人文知识，还要加强中华经典的讲授与研习，使中华优秀传统文化学识成为教职人员素养的重要组成部分。当各教都形成了政治素质强、道德品性美、宗教学识优、理论水平高的老中青相衔接的主干队伍并有德高望重宗教领袖带领的时候，我国宗教就能在坚持中国化方向健康发展了。

第五章　宗教文化论

　　党的十七届六中全会审议通过《中共中央关于深化文化体制改革　推动社会主义文化大发展大繁荣若干重大问题的决定》(以下简称《决定》)，把文化建设的重要性提到前所未有的高度，第一次提出建设社会主义文化强国的战略目标。宗教文化是中华文化和人类文化的有机组成部分，又有自身的特点。如何认识宗教与文化的关系以及宗教文化的内涵、特色、功能，对许多人还是一个认识模糊的新问题。它是关乎做好宗教工作、发挥宗教积极作用和贯彻落实中央《决定》的重要问题，需要认真研究探讨。这里提出"宗教文化论"，介绍它形成的过程、内涵及理论价值与现实意义，阐述宗教文化在我国文化建设中的地位和作用，供大家讨论作参考。

一、宗教文化论是中国特色社会主义宗教理论新成果

　　宗教文化论是兴起于 20 世纪 80 年代的宗教学研究，逐渐普及，成为当代中国人宗教观的流行观点，为政界、教界、学界多数人所广泛认同。其通俗的话语表述，便是："宗教是文化"。这一表述并不是关于宗教的定义，也不是说宗教等同于文化。它是在特定语境下产生的特定话语，是针对以往人们忽略宗教的文化属性，今天则强调宗教的文化内涵和功能而提出来的。说宗教是文化，一是相对于教义信仰而言，它要打破以往平面和

狭窄的"宗教教义教理教派"的研究，即不局限于把宗教仅仅看成超世的信仰和信众的事情，或只满足于从认识论角度把宗教归结为唯心论和有神论，而要把宗教的研究扩展成广阔的文化学的视野，看到宗教不单是一种精神信仰，还是一种社会活动和文化活动，是社会历史文化的有机组成部分，因而要从人类文化发展史研究世界宗教，从中华文化发展史研究中国宗教，揭示宗教丰富多彩的文化内涵；二是相对于政治话语而言，它要突破以往简单和片面的阶级分析，不能把宗教的社会功能只归结为私有制下"地主资产阶级麻痹人民反抗意志的思想工具"，即"宗教鸦片论"，那是对马克思主义宗教观的片面理解，而要看到宗教的多种功能，尤其是它创造人类文化的功能，即使它的政治功能也有正负两重性。在社会主义制度下的宗教，其积极的社会文化功能将会得到充分的发挥。宗教文化论对于改变人们只从负面看宗教，而能够与时俱进，视宗教为社会正常文化现象，并给予同情的理解、应有的尊重，起了很大的作用。

宗教文化论所使用的"文化"概念是一个中层的概念，指向与政治、经济相并列的文化。如果我们把"经济"理解为人们的物质生产、交换活动，把"政治"理解为社会阶级、集团的利益关系的互动，那么"文化"主要指人们的精神生产及其成果。宗教文化论把眼光投向宗教信仰影响下的哲学、道德、心理、文学(神话、小说、诗词赋、散文等)、艺术(舞蹈、音乐、绘画、雕塑、戏曲、书法、建筑风格等)、语言文字、民俗、养生、医药，等等，当然也包括它们的物化形态。宗教文化论展示了宗教的立体结构和多重功能，更接近生活中宗教的真实状态，现实的宗教不仅仅用它的教义教理打动信众，还通过各种文化形式和渠道影响整个社会，既与世俗文化排斥对立，也互相吸收、渗透，共同推动社会文化发展。宗教若只有教义而没有形成文化体系，是不会有生命力的。所谓宗教文化，本质上是人们以宗教为表现形态的精神劳动成果，连同宗教本身也是人类历史文化的产物，是人类感情、理想、审美的一种寄托与特殊表达方式。

二、宗教文化论形成的历史过程

毛泽东在延安时，曾批评警卫员把佛教寺庙看成迷信，指出那是文化。他在 1963 年关于开展宗教研究批示中说：不批判神学就写不好哲学史、文学史和世界史，把研究宗教与研究文史哲联系起来。"文化大革命"在宗教问题上把苏式"宗教鸦片基石论"发挥到极端，造成文化的大破坏，也促使人们深刻反省。改革开放以来，赵朴初发挥毛泽东关于宗教与文化有密切关系的观点，从 20 世纪 80 年代开始就多次讲过宗教是文化，他重点论述佛教进入中国后，一方面吸收中国固有文化，另一方面丰富中国文化，在哲学、文学、艺术、语言文学等领域都有巨大成就，并于 1991 年正式指出：宗教有丰富文化内涵，在这个意义上可以说宗教是文化。他认为文化性是宗教的重要属性之一。方立天在 1988 年出版的《中国佛教与传统文化》"前言"中指出：把佛教作为一种文化现象来考察、研究，是十分必要的。又说：人类文化可以分为宗教文化和世俗文化两大类。[1] 笔者在 1989 年出版的《中国宗教与文化》"前言"中指出：宗教不仅仅是一种世界观和意识形态，也是一种社会体系和文化生活方式；宗教概念中有了"宗教文化"这一外延最广泛的层次，宗教研究就会走出单纯的"教义宗教"的狭小圈子，进入极广阔的天地。[2]20 世纪 90 年代初，吕大吉在 1998 年出版的《宗教学通论新编》一书中指出：宗教是关于超人间、超自然力量的一种社会意识，以及因此而对之表示信仰和崇拜的行为，是综合这种意识和行为并使之规范化、体制化的社会文化体系。[3]他把宗教定义为一种特定的以超世信仰为核心的社会文化体系，这就把"宗教是文化"

---

① 参见方立天：《中国佛教与传统文化》，上海人民出版社 1988 年版，"前言"。

② 参见牟钟鉴：《中国宗教与文化》，巴蜀书社 1989 年版，"前言"。

③ 参见吕大吉：《宗教学通论新编》，中国社会科学出版社 1998 年版。

的通俗化提法精确化了。学界将西方宗教文化学引入中国，张志刚主编的2005年出版的《宗教研究指要》，单列一章介绍西方宗教文化学主要代表及其学说。① 与此同时，关于宗教文化的理论性研究、中外宗教文化的综合性和分类研究的论著迅速增加，充实了宗教学与文化学，推动了人文学科的交叉发展。吕大吉、余敦康、牟钟鉴、张践合作撰写的《中国宗教与中国文化》四卷本（2005年中国社会科学出版社出版），旨在用中国的文化说明中国的宗教，重点论述了中国宗教与政治、民族、哲学、道德、文艺、民俗的互动历史。该书进入国家社科基金成果文库，并获第五届吴玉章人文社会科学一等奖。近年，方立天提出"文化宗教"，主张中国宗教要与社会主义社会相适应，应走文化宗教之路。中国是多民族的统一国家，结合民族学的中国各民族宗教文化研究成果，已经遍地开花，琳琅满目，展现了中华民族多姿多彩的文明内涵。

"宗教鸦片论"是以阶级斗争为旗帜的时代的产物，宗教文化论则适应以人为本、建设和谐社会时代的需要。中国化的马克思主义强调人的解放和全面发展，宗教文化论着眼于宗教真善美的内涵，使之发挥提升人生、改良社会、丰富人的精神生活的作用，符合科学发展观的要求，所以能够取代"宗教鸦片论"的地位，成为主流理论，并以其促进社会和谐与文化建设的实际效果，受到广泛欢迎，展示出良好的发展前景。

三、宗教文化论的主要内涵

（一）宗教是人类精神文化中的高层文化

文化是自然的人化，人把自身的情感、意志、理念、追求、智慧标烙

---

① 参见张志刚主编：《宗教研究指要》，北京大学出版社2005年版。

在自然事物上，使之满足人不断增长的物质与精神生活需求。人创造了文化，文化也创造了人。文化是人特有的生活方式和精神创造。文化可分为三个结构层次：器物文化、制度文化、精神文化。宗教属于精神文化中关涉人生意义和终极目的文化形态。恩格斯指出："更高的即更远离物质经济基础的意识形态，采取了哲学和宗教的形式。"① 宗教与哲学同属于高层次的精神文化，形成人的信仰，都要"穷根究底"，都可"安身立命"；但宗教主要以虔信体悟的方式建立，哲学主要以理性推演的方式建立。不过两者又可以互相交叉。

（二）宗教是原始文化"包罗万象的纲领"②，是孕育后来各种精神文化门类如哲学、道德、文学、艺术、科学等的最初母胎

宗教是人类最早的成系统的全覆盖的文化形态。它关于宇宙生成和人类起源的神话，以及各种富于幻想的美丽神话是哲学和文学的胚芽；它关于人们社会行为的信条和禁忌，是道德的初级形态。它的娱神祈禳活动，催生了最早的舞蹈、音乐和美工；它的图腾、天祖崇拜，成为氏族走向民族的文化纽带，也为当时的政治文化提供了合法性依据和社会管理模式；它的巫术活动也包含着科学的因子，巫医结合便是一例。

（三）宗教是大多数民族和民族国家的精神支柱和文化的精神方向

当以人为本的世俗文化出现以后，以神为本的宗教文化缩小了流行的范围，但宗教以其超世的神圣性、对现实苦难（生老病死、命运遭际）的抚慰功能和传统的巨大惯性，成为民族的精神家园，居于民族文化的核心

---

① 恩格斯：《路德维希·费尔巴哈和德国古典哲学的终结》，《马克思恩格斯选集》第 4 卷，人民出版社 2012 年版，第 260 页。

② 马克思：《〈黑格尔法哲学批判〉导言》，《马克思恩格斯全集》第 1 卷，人民出版社 1956 年版，第 452 页。

地位，维系着民族共同体的延续和道德风俗。有些民族精英群体人文理性较强，但宗教仍是其文化的核心成分之一，并深入民俗文化。如在中国，敬天法祖是中华民族的基础性信仰。许多民族国家实行政教合一或神学政治。晚近有些国家实行政教分离，但宗教仍然是其文化底色，主导社会道德。宗教文化与人本文化互相激荡吸收，共同推动社会文化的发展。如西方欧美文化以希伯来文化（宗教文化）和希腊文化（人本文化）互动为发展主脉，中国文化则以儒（人本学说而带有宗教性）、道（道家哲学与道教神学）、佛（佛学哲学与佛教宗教）互动为发展主轴。中国很多少数民族的民族文化以宗教为主要精神依托，基本全民信教。世界三大宗教：佛教、基督教、伊斯兰教在经历了中世纪社会之后又进入近现代社会，信徒占全世界人口的60%以上，再加上其他宗教信徒，总信教人数占人类总数的80%以上。宗教为人类文化的各个领域，如：人生价值、社会道德、语言文学、绘画雕塑、音乐舞蹈、节庆民俗、文化交流等，提供了丰富的智慧、精品、精神营养和实践经验，宗教是人类文化发展的重要组成部分和推动力量。

（四）宗教在经济全球化迅猛、科技高度发达、人文主义空前显扬的当代世界，其文化功能仍展示出巨大的特殊作用

一是市场经济的全方位发展，必然带来追逐利润、金钱挂帅的风气，社会生活和人际关系急剧功利化，冲击信仰和道德，利益争夺加大，犯罪率上升，诚信严重缺失，假冒伪劣商品充斥市场，危害民众健康与利益，不仅造成社会秩序的混乱，也使市场经济百病丛生，不能正常发展，甚至引起金融危机。因而人们呼唤宗教信仰和道德良心的回归。二是在科学技术为人类造福的同时，科学的工具理性张扬，科学主义泛滥，与人本主义价值理性之间失去平衡，人类以破坏生态环境的惨痛代价换取物质生产生活的提速，并掌握了核能，储备了大量战争武器，却不能有效和平利用，

增加了大灾难降临的危险，因此人们呼唤宗教慈爱和人文理性的回归。用人文制衡科学，用神道制衡人道，现代人类才可能摆脱困境，实现祥和中的可持续发展。有识之士普遍担心宗教的衰落，认为宗教提升人生和改良社会的功能应继续加强。

（五）宗教在民族文化中的地位和作用有不同类型

第一种类型是宗教文化与民族文化基本合为一体。如犹太教与犹太民族文化基本是一体的，犹太教信仰及其活动成为犹太民族的生活方式，铸就该民族的性格与心理，渗透到民族文化的各个方面，在民族成员长期流散的历史过程中是维系民族共同体的唯一精神力量。又如伊斯兰教与阿拉伯民族文化是同步形成与发展的，统一的阿拉伯帝国解体后分成许多民族国家，但伊斯兰教仍然是阿拉伯世界的共同信仰，主导着社会文化和个人生活。现代一些伊斯兰国家建立了世俗政权，然而伊斯兰教依旧是国家意识形态和社会生活核心价值的载体。第二种类型是以宗教文化为底色、民族文化呈多元化态势。如欧美文化以基督教为基石，而包纳各种移民宗教与传统，发展人本文化和大众时尚文化，使社会文化呈多样性与变动性，而其核心价值来源于基督教，其政治理念和外交战略内含着极深的基督教情结。第三种类型是以人本文化为底色，不断容纳多种宗教神本文化，形成多元通和文化生态，这就是中华民族的传统文化。它有主干和底色，即孔老与儒道互补，阴阳相生、刚柔相济；它有基础性信仰而不排他，即敬天法祖和民间信仰；它有核心即儒、道、佛合流；它又是包容和开放的，有各民族的信仰并融涵各种外来思想与宗教，所以它有凝聚力和变通性，人文与宗教和谐共生。

（六）宗教的文化性与宗教的特质紧密相连

宗教的神圣性和向善性使它能向宗教界／信众提供人生的价值观和善

恶观，使信众有理想有是非，故有信仰依托和道德教化（包括道德教育、道德约束、道德拯救）的功能。宗教的批判性和超越性使它能向人们提供本源的思考和人生的智慧，促使人们探索天人关系，从而丰富了哲学理论。宗教的想象力和形象思维以及对人的复杂情感世界的表达，为语言文学和艺术的发展提供了动力和样式，影响到文艺家的创作态度、审美情趣和创造方法，扩大了文艺的门类，丰富了文艺的内涵。宗教的大众性和善美特征为民俗文化提供了信仰的支撑和活动的场所、内容、样式以及创作的灵感。宗教向外弘法、传教的远途拓展性，促进了世界性和地区性的文化交流，往往成为不同民族和国家之间全面文化相遇的先导和有力推动者。宗教团体与场所的双重性，即其宗教性与社会性，使宗教能够参与政治、经济、文化、社会和生态建设，并发挥其特殊作用，尤其在社会与文化建设方面能更好地发挥积极作用。

（七）宗教文化与世俗文化的互动表现为良性与恶性的交替和并存

宗教文化使世俗文化保留了一分对真善美理想境界的追求和执着，以避免庸俗化、功利化；世俗文化使宗教文化贴近现实，关注社会进步和民生，以避免神秘化、极端化。西方"两希"文化之间，中国儒学、道学与佛教、道教之间，其互动关系的主流是良性的，经过不断的批评调整，形成共生互补。也有恶性互动的时候，如欧洲中世纪基督教定于一尊，垄断思想文化，摧残科学，使哲学、文学、艺术成为基督教神学的奴仆，并使道德违背人性，沦为禁欲主义，欧洲文化史由此经历了它的低谷时期。物极必反，社会进步思潮和力量发起文艺复兴运动，冲破中世纪的宗教思想禁锢，人文理性大放异彩，开创出欧洲文化繁荣的新局面，同时也推动了宗教文化的转型。在中国，十年"文化大革命"，极左势力用战斗无神论和"阶级斗争为纲"论横扫一切宗教和有神论，也清除一切人本主义文化，造成民族文化的大破坏大灾难。"文化大革命"结束，反思沉痛教训，实行改革开放，迎来了中国文化发展的春天。上述两段历史告诉我们：文化专制无论是宗教的还是世俗的，都会导致对文化生命的窒息，只有多元开放才能使文化蓬勃有生气。由于宗教的四大根源（社会、自然、认识、心理）将长期存在，宗教也将长期存在；由于社会经济、教育、科学的发展必然推动人本主义和理性的发展，未来社会的宗教文化和世俗文化也将长期共存并在互动中发展，其中既有摩擦张力又有沟通互补，而宗教文化中理性与人本因素的不断增大将是总的趋势，它会受到世俗文化的挤压，但不会被世俗文化所取代，它的心灵家园不会丧失。当然，两种文化的对比态势，在不同区域多有差异、在不同时期则互有起伏。

四、宗教文化论的理论价值

（一）它深化了人们对宗教本质、结构和社会功能的认识

第一，宗教文化论取代了"宗教鸦片基石论"，成为新时期宗教本质论的中国式表述，丰富了中国特色社会主义宗教理论，有益于人们摆脱苏联理论模式的消极影响，体现科学发展观"以人为本"、"统筹兼顾"的精义和"积极引导宗教与社会主义社会相适应"的战略要求。这是中国社会主义者的一次思想解放和理论认知的质的飞跃，提升了对宗教本质的认识高度和广度。宗教是一种社会历史文化现象，它的以超世信仰为特征的文化性乃是其本质属性。宗教的政治性是次生的间接性。宗教的产生直接源于人生困境而非政治的需要，但可以为政治所利用。宗教的虚幻性是它本质内容的特殊表现形式，而在神灵世界幻想下潜藏的支配人们命运的人间异己力量才是它真实的本质。它的文化性尤其是其中的心灵疗慰、道德劝善和审美境界，乃是宗教的真正内核。

第二，宗教文化论取代了以往对宗教平面化的认知，展示了宗教的立体化结构。作为一种精神文化的宗教，其超世的信仰无疑是它根本的特征和力量所在，共同的超世信仰把宗教与非宗教文化区别开来，又把不同身份、民族、职业、地域的人凝聚在同一教内。但现实的宗教又不限于精神层面，它还有信教群体和宗教活动，通过各种渠道向社会延伸。王雷泉在20世纪提出"宗教三层面"说，即：精神层面，社会层面，文化层面。我则提出"宗教四层次"说，即：宗教信仰（核心教义），宗教理论（经典、神学、戒律等），宗教实体（信众、教职人员、场所、教团经济与活动），宗教文化（哲学、心理学、伦理学、文学、艺术等）。四层次的逻辑关系是由内向外展开，内层辐射外层，外层包纳内层，而宗教文化的外延最为广泛，与整个社会文化交错互渗。因此宗教不仅仅是一种精神力量，它还是一种社会力量和文化力量。只有考察文化，才能全方位认识宗教。

第三，宗教文化论打破以往仅从阶级斗争看宗教社会作用的单一视角，展示出宗教社会功能的广阔领域，如它的安身立命功能、心理调适功能、神道设教功能、公益慈善功能、文艺创传功能、民族认同功能、民俗导动功能、文化交流功能等，它的社会功能是复杂多态的。宗教的社会功能有正负两重性，仅就其文化功能而言，历史上正功能大于负功能；在社会主义条件下，宗教的正功能尤其文化正功能可以得到充分发挥，负功能易于减弱和化解。从宗教方面说，宗教已有的经典、教义、教派、文化传统和成果，在与现实社会互动中继续发挥作用；各种宗教教团、人士和信教群体依据社会给他们提供的生存环境和自身的表现，在不同时空发挥着不同作用，这些都要做具体分析。

（二）它推动了宗教文化学研究，丰富了宗教史和文化史的内容

宗教文化论加强了人们对宗教与文化相互关系的认识，拓展了宗教学研究领域，使宗教研究更深地融入整个社会历史文化研究之中；又深化了

人们对人类文化世俗性与神圣性对立统一的理解，可以更有力地解释宗教现象与文化现象。在西方，兴起了宗教文化学，它是宗教社会学、宗教人类学、文化哲学、文化史学、民俗学、文艺学等学科在宗教与文化关系问题上的交叉与综合。宗教文化论推动了中国宗教文化学的建立，它的轮廓正在日益明朗。

宗教文化论使宗教史和文化史研究形成综合、交错的架构，从而包纳了更多的人类精神文明成果，使研究空间日益扩大，学术道路越走越宽广。它能帮助人们更全面地认识世界文化和中国文化。

西方文化史与基督教史血肉相连。作为基督教经典的《圣经》，它本身就是文化典籍，包纳了地中海周边各民族早期的神话、传说、历史、伦理、律法、文学、民俗等历史记载，乃是古代欧洲、北非文化的重要文献。欧美文学史有基督教的深刻印记，但丁的《神曲》，莎士比亚的戏剧，歌德的《浮士德》，雨果的《悲惨世界》，以及陀思妥耶夫斯基、托尔斯泰的小说，无不浸润着基督教的精神。西方的音乐、诗歌、绘画、雕塑、建筑艺术，更有鲜明的基督教色调和风格，至今以其高超的审美价值所形成的巨大魅力，吸引着世界各地人们前来观赏参访。西方哲学史，以古希腊罗马哲学为开端，经过中世纪经院哲学、文艺复兴时期的哲学、近代经验论和唯理论、法国启蒙哲学、德国古典哲学，发展到西方现代哲学和后现代主义哲学，都交织着希腊人本主义与基督教神本主义之间相互的批评、借鉴、吸收和超越。费尔巴哈人本主义无神论是在他深刻阐释基督教的本质的基础之上形成的。马克思主义哲学是在批判宗教（主要是基督教）之后并批判地继承德国古典哲学之后创立的。在社会伦理方面，基督教的"十诫"，如敬拜上帝、孝敬父母、不杀人、不偷盗、不妄证、不贪他人财物等是古代欧洲社会普遍性道德准则。韦伯认为，加尔文新教伦理成为推动资本主义发展精神力量。现代西方社会，虽然世俗文化大潮滚滚，而维系社会道德的力量主要来自基督教传统，主要道德信条有：尽心爱上帝；

爱人如己；你们愿意人怎么对待你们，你们也要怎样对待人；爱邻舍如同自己；互相宽恕；要公平和公义等。西方是法律诉讼发达的社会，基督教的不做伪证成为人们特别看重的公共生活规则。

宗教文化论更能帮助我们准确把握中华文化的特色。中华文化生态模式是多元通和：人文理性与宗教神道并存，而以人道为本，以神道为辅；本土信仰与外来宗教共处，而以敬天法祖为基础；儒、佛、道为核心，其中以儒为主、佛道为辅，同时容纳各种宗教，承载各民族传统宗教和民间信仰。彼此吸收，和平共生。中国宗教具有强烈的文化性，本土宗教和外来宗教走着哲理化、伦理化、艺术化的道路，其活动重心不在政治、经济，而在社会文化，特别致力于社会道德生活、民俗文化和文学艺术创造。中国文化史，从原始时期自发神秘的氏族文化，经过夏、商、周三代的敬天尊祖的宗法文化、春秋战国时期的诸子文化、秦汉时期的学教并立的礼仪文化，到中古时期的儒、佛、道为主的多元文化，直到近现代的中西交汇中的变革文化，哲学与宗教、人本与神本始终交织在一起，而以彼此接近、互补为主流。儒家文化是伦理型的人学，保留着天命神道的价值根源，主要在人生哲学、政治文化、道德教化等领域发挥主导作用。它吸收了道家的"道论"和佛学的"佛性"、"法界"说，而发展出心学和理学，增强了超越精神。佛教以非政治的文化形态传入中国，又努力与中华文化相结合，吸收了儒学的入世、中和精神，和道家的虚静、无为思想，在哲学、语言、文学、艺术领域有非凡成就和广泛影响。道家和道教是哲学与宗教的文化联合体，不即不离，相互为用，又吸收儒家的伦理思想和佛家的"定慧"之学，形成生命炼养之道，在哲学、美学、养生、民俗等领域有自己特殊的地位和作用。儒、佛、道三教合流，在哲学发展上推出三个理论高峰：佛教禅学、儒家道学和道教内丹学；在诗歌创作上出现诗圣杜甫、诗仙李白、诗佛王维；在小说作品上产生出《金瓶梅》、《西游记》、《三国演义》、《红楼梦》、《聊斋志异》等经典著作，皆蕴含着三教的精神、话语、人物、情节。佛、道二教的语言极大地丰富了汉语。如来自佛教的用语有：世界、实际、觉悟、刹那、因缘、烦恼、解脱、众生、平等、相对、绝对、清规戒律、功德无量、皆大欢喜等。如来自道教的用语有：存想、解除、腾云驾雾、点石成金、八仙过海、返老还童、脱胎换骨等。上述话语已融入人们日常生活。宗教文化在中国文化史上占有重要的地位。

五、宗教文化论的现实意义

（一）为引导宗教与社会主义社会相适应开辟了更广阔的空间

党的十七届六中全会的《决定》说："全面贯彻党的宗教工作基本方针，发挥宗教界人士和信教群众在促进文化发展繁荣中的积极作用。"宗教文化论就是要阐明宗教的文化属性与文化功能，有益于全社会更好地贯彻党的宗教工作基本方针，更自觉地发挥宗教促进文化发展繁荣的积极作用。

宗教界信仰的宗教教义与社会主义者的唯物主义哲学在性质上不同，应当互相尊重，只求政治方向之同。但宗教文化与社会主义文化却能相互交叉，可以充实社会大众精神文化生活，特别在致善和审美领域，彼此能够吸收的元素是很多的。宗教信仰局限在教徒范围，而宗教文化却属于整个社会。宗教文化论拉近了宗教与整个社会的距离，找到了宗教适应社会主义社会更多的领域和渠道。宗教文化论便于社会各界人士共同参与宗教文化资源的保护、开发和利用，使之成为全民的财富，成为国家软实力的重要组成部分，推动文化产业的发展，为提升综合国力、改善民生发挥积极作用。引导宗教与社会主义社会相适应，爱国守法是政治基础，更大量的工作是引导宗教在社会建设、文化建设、生态文明建设中发挥积极作用，例如兴办公益慈善事业，助学、助残、助医、恤孤、养老、救灾、济贫等；进行物质非物质文化遗产保护，开展宗教典籍整理与研究，推动宗教文学、诗歌、雕塑、建筑、绘画、音乐、舞蹈、戏曲等文化资源的研究开发，都可以大有作为，这就打开了引导工作和发挥宗教积极作用的广阔思路，也有助于改变宗教界人士热衷于追求政治地位和职权的偏向，引导他们把精力用在教务和文化建设上。宗教道德以"神道设教"的方式惩恶劝善，在民众尚不能普遍接受唯物主义世界观而有各种宗教信仰的情况下，能够配合社会主义教育，使信教者内心有效保持道德善念，约束社会行为，减少犯罪，抵制拜金主义和物欲泛滥，改良社会风尚，有益社会稳定有序，在宗教信徒聚居地区尤其如此。宗教的心理安抚功能在社会转型期社会矛盾、心理疾病增多的情况下可以发挥化解烦恼、缓解焦虑、调整心态的作用，其人生哲理、养生文化有益于身心健康。宗教皆重生态保护，有关智慧与资源应予发掘并引导宗教参与生态文明建设。宗教场所有极大审美价值，往往积藏深厚、与优美自然环境浑然一体，共同构成艺术圣地，成为旅游观光、陶冶性情的地方，是发展文化旅游的重要资源。在对外文化交流和民间外交方面，宗教能发挥不可替代的作用。一是发扬历史上的玄奘精神、鉴真精神、丘处机精神，取经送法，推动文明对话。已经举办的两届世界佛教论坛（"和谐世界，从心开始"、"和谐世界，众缘和合"）与一届国际道德经论坛（"和谐世界，以道相通"），取得很大成功，向世界传达了和平的信息，扩大了中华文化的影响。二是运用宗教文化渠道，积极开展国际交流合作，通过佛教文化加强中、日、韩、越及东南亚诸国之间的友谊，通过伊斯兰文化加强中国与伊斯兰各国的合作，通过基督教文化加强中国与西方世界的沟通和理解，这方面的潜力有待进一步发掘。海峡两岸的和解与最终和平统一，大力开展传统文化交往，增强文化中华共同体的内聚力，是必要的基础性工作，其中敬天法祖的祭祀文化、佛教道教文化以及妈祖文化，都可以起到重要作用。费孝通关于文化自觉的十六字箴言："各美其美，美人之美，美美与共，天下大同"，可以成为当代对待不同文明之间关系的普遍性原则。

（二）对于宗教的健康发展有助益作用

从现代文明发展趋势看，宗教退出政权系统，退出国民教育，退出市场运作，退出科学研究，与权力和财富保持距离，回归文化本位，主要在社会文化领域发挥积极作用，向文化宗教、道德宗教发展，是一条健康的正路。因此宗教要提高文化品位，为社会文化建设多做贡献。宗教界在为社会大众服务时，适当淡化宗教信仰的特殊性，强化宗教文化的普遍性，有利于超越教门的局限，充分释放宗教所积累的智慧和能量，容易为更多的民众包括不信该教的人们所认同和接受。宗教文化论有益于宗教自身找准在社会中的合适位置。在中国，由于历史传统和现实国情，宗教处在社会意识形态的辅助地位，应在社会主义制度的宪法与法律范围内，在社会主义核心价值指导下，进行活动，发挥其正面功能和作用。如政治稳定功能，心理调适功能，道德教化功能，社会公益功能，文化传承与创新功能，国际文化交流与文明对话功能。由于全球性市场经济发达和物质主义、拜金主义、科学主义流行，理想与道德滑坡，宗教信仰及其道德文化有助推动人类文明在人文主义与实用主义之间的平衡，维系"地球村"的底线伦理，坚持教义所昭示的真善美的方向，自己不被权力和金钱所异化，又能给社会大众提供好的精神食粮和实际福利，必能得到社会的广泛认同，这是当代宗教的恰当位置和进路。为此，宗教界人才的成长和全面素养的提升，是关键之所在。作为现代中国的教团骨干群体，不仅要有很高的政治素质、宗教学识、道德品行，而且要有较为广博的现代文化、科学知识，熟悉中华民族的优秀文化，了解外国文化、世界宗教和时代走向，并且善于做好教团管理工作。其中的高层领袖人物更要具备人格魅力和神学理论创新能力，并在国内外产生较大社会影响。没有这样一支教团队伍就不可能带动整个宗教提高文化水准，充分展现宗教的文化功能。为此，要加强宗教院校的工作，建设严格的教内学位制度，做到及时发现和选拔人才，与学术界、教育界联合培养人才，支持高水平有信仰的社会精英进入教团工作。宗教教育应在宽松环境里正常发展，以开放的态度与社会互动并得到社会主流教育的协助，又能避免政治化、功利化的偏向，优秀人才便会从中涌现，新的领袖人物也会应运而生。

（三）有益于民族团结和边疆发展

中华民族的文化具有多样性、丰富性，重要表现是汉族地区与少数民族地区之间有明显差异。汉族人本文化发达，人文理性较强；边疆民族地区宗教文化发达，宗教意识强烈。历史上看，汉族的知识精英偏重于用儒、道、佛人生哲学来安身立命，而基层民众则偏重于在多神崇拜中求得精神满足。少数民族的知识精英和基层民众在信仰上大致是一体的，特别在全民基本信仰一种宗教的民族里，宗教在民族文化和日常生活中居于精神导向的核心地位，宗教认同与民族认同高度一体化，因而其纽带作用比较牢固。如基本全民信仰伊斯兰教的十个民族：维吾尔族、回族、哈萨克族、柯尔克孜族、乌孜别克族、塔吉克族、塔塔尔族、东乡族、保安族、撒拉族，基本全民信仰藏传佛教的藏族、门巴族、珞巴族、裕固族、普米族，基本全民信仰南传佛教的傣族以及德昂族、阿昌族，还有信仰毕摩教的彝族，信仰东巴教的纳西族，北方信仰萨满教的各民族，兼信藏传佛教与萨满教的蒙古族，在这些民族集中生活的民族地区，宗教文化传统深厚，虽经历了近现代社会革命和文化批判风雨的冲击，保存下来的比汉族多。在"文化大革命"及其以前，受苏联模式影响，主流社会把民族地区宗教视为落后的旧文化，当作社会进步的包袱。改革开放以后，人们的宗教观在转变。在重视文化资源的今天，民族宗教文化传统成为一种优势和特色资源。边疆民族地区宗教与民俗文化以其神圣性、质朴性、多样性和特有的地方风韵，而为东部发达地区所缺少，它对于物质化、文饰化、时尚化过渡地区的人们有很大的吸引力，可以成为中华新文化建设的创造源泉。我们要推动相关的学术研究、人才培养、技艺传承，做好文化遗产的保护与开发工作。只要善于引导，民族宗教及其文化便可以在稳定社会、丰富人们精神生活、建设中华民族共有精神家园、促进边疆经济社会发展中发挥重要作用。也有利于调动民族宗教广大信众的积极性，推动民族关系的平等、团结、互助与和谐，发展边疆的文化产业、特色产业、优势产业和旅游业，将边疆特色文化优势转变为社会发展优势，为建设祥和边疆、富裕边疆、人文边疆、绿色边疆做贡献。

第六章　宗教和谐论

一、研究宗教和谐论是宗教学学者面临的新任务

宗教和谐论是中国社会主义者近几年在宗教适应论的基础上提出来的中国特色社会主义宗教理论，它是马克思主义宗教观中国化的最新成果，符合新时期正确处理宗教之间、宗教与社会主义社会之间关系的需要，有益于更好地体现宗教信仰自由政策，有益于建设以人为本、公平和谐的社会，有益于世界和平。在 2010 年 1 月全国宗教工作会议上，回良玉副总理指出，我们要"探索宗教和谐理论，树立宗教和谐理念，推广宗教和谐价值"。国家宗教事务局局长王作安认为，宗教和谐是宗教工作的新境界，是宗教关系的新境界，是科学发展观在宗教领域的体现。2011 年 1 月，为响应联合国"世界不同信仰间和谐周"决议，我国五大宗教举办"倡导宗教和谐座谈会"，发表《倡导宗教和谐共同宣言》，指出："倡导宗教和谐，是各个宗教适应社会发展、发挥积极作用的必然要求。"宣言申明五点：一是坚持爱国爱教；二是主张平等包容；三是弘扬和谐理念；四是反对歪曲利用；五是发挥积极作用。政界和教界已经行动起来，中国宗教学学者也应及时认识到宗教和谐的重要性，从理论高度深入研究宗教和谐的课题，将它的内涵加以丰富，使其体系化，让更多的人了解它的旨意和价值，使这一宗教理论创新亮点放射出更加耀眼的光芒，让它在促进社会健康发展中更好地发挥作用。

二、宗教和谐论是唯物辩证法的运用

马克思主义辩证法的核心是对立统一规律。以前有一种误解，认为强调对立面的斗争才是辩证法，强调对立面的统一是调和论。这是违背辩证法的。辩证法讲矛盾普遍存在，事物在矛盾对立面又统一又斗争中运动发展，统一与斗争互相联系，不可分割，而在不同的情况下侧重点则有所不同。例如在革命时期革命党为打破旧制度下的社会共同体，强调阶级斗争，在建设时期执政党为巩固新制度下的社会共同体，则应强调社群统一。如果新社会的管理者还一味地只讲斗争，便会导致以阶级斗争为纲的"文化大革命"那样的灾难性后果。我们今天要在社会安定有序中推动改革开放和科学发展，当然要强调对立面的统一，尊重差异，包容多样，统筹兼顾。这是对辩证法的创造性运用。当然统一也包含斗争，不过情况有所不同。革命时期，革命队伍内部要讲和，外部与帝国主义、封建主义、官僚资本主义反动势力之间是对抗性矛盾，是当时的主要矛盾，不可调和，必须将革命进行到底。即使在革命年代，也要团结一切可以团结的力量，最大限度地孤立敌人。建设时期，新型政权与敌对势力之间仍然有对抗性矛盾，要运用国家机器，依法惩治，但除罪大恶极者外，对罪犯要教育改造，使之重新做人；而大量的社会矛盾属于共同政治目标一致、共同利益基础上的非对抗性的人民内部矛盾，解决矛盾的方式应当是和风细雨地按社会公共生活规则妥善加以解决，主要靠协商、调解、说理、批评和有限度的处罚。有些是多样性的差异而非矛盾，则可以求同存异，和谐共处。纵观人类历史，矛盾对立面的斗争及其结果是多种多样的：有的矛盾本质上对抗，斗争的结果是一方战胜另一方；有的矛盾也是对抗性矛盾，斗争的结果是同归于尽；有的原来对抗，后来双方达成妥协，矛盾统一体趋于稳定；有的矛盾是非对抗性矛盾，或只有局部、暂时对抗，经过沟通、协调走向和谐，这是社会生活中大多数情形，矛盾对立面并非都是"你死我活"的关系。社会主义社会消除了阶级对抗，社会矛盾及其解决的方式以"柔性、温和"为其特点，目的是通过各种工作，达到社群更高层次的团结。宗教和谐论在哲学上与对立统一规律是一致的。

三、宗教和谐论是马克思主义宗教观的新理论形态

作为唯物史观组成部分的马克思主义宗教观，其精要有三：一是揭示宗教存在的根源，在于支配人们日常生活的异己力量，包括自然力量与社会力量，只要人们还受这种力量的支配，宗教就会存在；二是指出宗教是人们现实苦难的表现和对现实苦难的抗议，社会主义者不是向宗教宣战，而是团结人民消除现实苦难，实现"人的解放"；三是经济基础决定上层建筑，上层建筑有相对独立性，又反过来作用于经济基础。作为上层建筑之一的宗教可以跨越不同的社会形态，同时要适应经济基础的变化，与之互动。用上述基本原理考察社会主义时期的宗教，便会得出如下结论：其一，社会主义社会宗教存在的阶级根源基本消除，但其他社会根源和各种人们无法支配的异己力量将长期存在，因此宗教也将长期存在；其二，社会主义事业的主要目标是推动经济社会发展，实现共同富裕与社会公正，因此对待和处理宗教问题要有利于团结信教群众，与不信教群众一起，共同参与社会主义建设，这就必须以人为本，尊重和保护他们的信仰，不扩大信教与不信教的矛盾，而强调两个群体的共同利益和政治方向的一致；其三，宗教作为一种延续性很强的上层建筑中的社会文化，必须也能够经过改革，适应新的社会主义经济基础，与之相协调，形成良性互动，否则宗教不能正常生存发展，社会也不能稳定和谐。由此可知，宗教和谐论是唯物史观及其宗教观在社会主义条件

下的必然的逻辑发展，是马克思主义宗教观的新形态，是阐释宗教与社会主义之间关系的主导性理论。

四、宗教和谐论是对苏联"宗教鸦片论"、"宗教斗争论"模式的反思和超越

列宁的宗教理论有两重性：他反对向宗教宣战，尊重宗教信仰自由，主张政教分离，是马克思主义的；但他认为"宗教鸦片论"是马克思主义宗教观的基石，主张与宗教作斗争，推崇法国旧唯物论的战斗无神论，则背离了唯物史观。斯大林的宗教政策与实践主要遵循了"左"倾理论，对东正教实行打击迫害，长期进行反宗教宣传，结果是失败的，苏联的解体与大量东正教教徒对苏式社会主义反宗教行径的不满有密切关系。有人只看到东正教在苏共垮台中的负面作用，却看不到苏共长期打压东正教才造成东正教的离心倾向，是自食恶果。中国从1958年以后，实行越来越"左"的宗教政策，直到"文化大革命"提出消灭宗教、迫害宗教徒，乃是苏联模式在中国的流毒。中国实行改革开放，在宗教问题上拨乱反正，重新回到马克思主义轨道上，得到宗教界和广大信众热烈的拥护，这是马克思主义在中国的新胜利。1982年"十九号文件"运用唯物史观分析了宗教在社会主义社会长期存在的根源和社会主义制度的建立引起宗教属性和功能的根本变化，指出："使全体信教和不信教的群众联合起来，把他们的意志和力量集中到建设现代化的社会主义强国这个共同目标上来，这是我们贯彻执行宗教信仰自由政策，处理一切宗教问题的根本出发点和落脚点。"[①] 这是实践中马克思主义宗教观的主要路向，是社会主义者对待宗教问题的基本态度，它为宗教和谐论奠定了新的理论基础。

---

① 《三中全会以来重要文献选编》（下），人民出版社1982年版，第1226页。

五、中华优秀传统是宗教和谐论的源头活水

中国自古就是多民族多宗教和多神崇拜兴盛的国家，没有一教一神独大的传统。中华民族内部格局是多元一体，文化上形成多样性与同体性互含、"多"与"一"会通的深厚认知理念：从孔子的"和而不同"，《易传》的"天下一致而百虑，同归而殊途"，中间经过华严宗的"一多互摄"，宋明理学的"理一分殊"，到近现代的"融会中西，贯通古今"，"同无妨异，异不害同；五色交辉，相得益彰；八音合奏，终和且平"①，一条贵和思想主脉，贯彻下来。影响所及，历代政权主流宗教政策是三教或多教并奖、因俗而治、以教安边；历代人文与宗教文化的主流走向是三教与多教合流、辅政劝善、相互吸纳、中道不偏。由此形成中国宗教文化生态的多元通和模式：宗教以人文主导，"民为神之主"、"神依人而行"，在儒家中和之道与道家柔和之道影响下，宗教的温和主义是主流，极端主义不易滋生；政教关系是政主教辅型，宗教有深厚的爱国守法传统；宗教的内部关系、宗教之间的关系、宗教与社会的关系，和谐是主旋律，而且彼此渐行渐近，一人可以兼信数教；以敬天法祖为基础，以儒学为主干，以儒、道互补为底色，以儒、佛、道三教为核心，形成有中心、有层次、向外开放的结构，不断接纳外来的宗教；强调救世尚德，以行善去恶为修行第一要务，使信仰从属于道德，避免了一神教原教旨主义因信仰不同而发生迫害异端、暴力传教的弊端。这一优良的深厚传统使得中国宗教容易在今天新的时代条件下适应社会、辅助政治，成为推动社会发展的积极力量。宗教和谐论就是把中国宗教文化的优良传统加以提升、重铸，使之具有现代理论形态。当代宗教和谐论在中华民族数千年仁和文化的深厚土壤里能够顺

---

① 冯友兰：《西南联大纪念碑》，载《哲学人生》，天津人民出版社 2016 年版，第 272 页。

利发育生长。中国人不喜欢宗教斗争论，又如此认同宗教和谐论，不是偶然的，是中华文化贵和的基因遗传下来的。

六、宗教和谐论是科学发展观的具体落实

科学发展观是关于社会发展的马克思主义中国化的最新理论成果，是我国经济社会发展具有战略意义的重要指导方针。科学发展观，第一要义是发展，核心是以人为本，基本要求是全面协调可持续，根本方法是统筹兼顾。落实到宗教问题上，便是坚定地团结信教群众，引导他们投身于社会主义经济社会发展事业，一切宗教工作要服务于这一总的战略目标，决不因信仰的差异而分散了人们进行现代化建设的注意力与精力；宗教问题的处理要体现以人为本的精神，体现尊重人民、依靠人民、一切为了人民的原则，把是否符合人民利益、能否得到人民拥护作为衡量宗教工作好坏的标准；"全面协调可持续"要求主流社会重视宗教问题，把宗教作为社会大系统中一个重要子系统，从全局和长远着眼，建设良性宗教生态，把宗教纳入社会生活常态运作体系，与社会形成协调关系，使之健康平稳，有益于社会长治久安；"统筹兼顾"要求社会管理部门把宗教问题与相关社会问题联系起来，把宗教工作与相关部门的工作衔接起来，实行综合治理，使宗教相关方与社会相关方的正当诉求都能得到合理满足，使相关各阶层各群体的眼前利益与长远利益、局部利益与全局利益都能得到恰当关照。这就是宗教和谐论所面临的任务，它是科学发展观的体现和有机组成部分。

七、宗教和谐论是具有普适价值的理论

宗教和谐论的提出，既是对宗教信仰自由观的重要补充，又是对它的

提升和扩展，是当代宗教文明发展的新境界，是中国人作出的具有世界意义的创造性贡献。宗教信仰自由是西方打破基督教一神教神学政治垄断之后提出的理念，把宗教信仰视为不可侵犯的基本人权，已成为现代文明的通则。宗教信仰自由的出发点是保护公民的个人权利，其不足是忽略信仰群体的宗教权利和宗教之间的关系，使宗教极端主义有机可乘，也容易造成不当传教而引起教际紧张。宗教和谐论在充分尊重公民个人信仰自由的前提下，主张宗教之间、教派之间互相尊重、和谐相处，把宗教信仰自由扩大为包括个体与群体的信仰自由，既尊重每个公民自由选择信仰的权利，又尊重一个民族维护已经选择的共同信仰的权利，不赞成一些传教士闯入另外的宗教群体里发展本教的教徒，以避免引起宗教之间的冲突和对抗。我们看到，在宗教信仰自由理念广为传播的西方世界，宗教争斗乃至流血的事件不断发生；在世界范围，伊斯兰教与基督教、与犹太教的冲突往往形成国际政治斗争的要素和焦点。这都说明，仅有信教自由是不够的，还要有宗教和谐。宗教狂热和极端主义有没有自由？怀着原教旨主义"耶稣以外无拯救"的情结，必欲用基督教取其他宗教而代之的信仰和扩张性传教行为有没有自由？对这些问题，宗教自由的理念并没有给予解答。基督教强势的美国，其外交活动以大民族主义和社会达尔文主义为基石，同其国内政策相比，在与他国交往中实行双重标准，既无民主，又无自由。其政治集团把宗教自由作为推行霸权的手段，有人公开宣称要用基督教羔羊驯服中国龙，在这些人眼里，宗教自由只是他们操控下的基督教扩张的自由，其他宗教并不具有平等地位。还有人宣称，为了获取教会集团的最大利益，要有意地保持宗教之间的"张力"和紧张，增加信众"宗教委身"的程度。因此，在贵斗哲学主导下，真正的普遍的宗教自由是没有的，宗教势必被利用被扭曲，加剧国际紧张局势，威胁世界和平。贵斗哲学必须由贵和哲学来取代，才可能有平等自由的宗教信仰，才可能有宗教的健康发展和宗教关系的融洽，并经由宗教和解促成人类和解。于是宗教界进步人士发出了和平的声音。20世纪60年代初天主教梵二大公会议，首倡宗教间对话。1993年《世界宗教议会走向全球伦理宣言》指出："每一个人、每一个种族、每一个宗教，都应对其他的人、其他的种族和其他的宗教，表现出尊重和宽容"，"我们决不能把自由混同于任性胡为"。孔汉思说："没有各宗教间的和平，便没有各文明间的和平。"保罗·尼特在《全球责任与基督信仰》一书中，对中国基督教提出期望："只有当中国基督徒自行修正并改革传统基督教认为只有基督徒才拥有唯一的或者支配性的宗教真理这一宣称之时，他们才能够这样做——他们才能够更好地促进宗教和平。"由此可见，西方有识之士已经在探寻宗教和谐。宗教和谐要求某些一神教改变其信仰中的唯我独尊的观念，这当然是一件相当困难的事情，但又是建设和谐世界所必需。中国提出宗教和谐论，正是适应了地球村需要宗教和平以促进世界和平的时代召唤，与国际进步思潮相呼应。可以说，只有提出并实行宗教和谐，宗教自由才能得到全面贯彻，才能真正避免宗教歧视，保证所有的宗教信徒都享有信仰自由的平等权利。可见，宗教和谐论已经超出了一国的范围，成为世界当代宗教文明转型的导向性理论，其国际意义是伟大的。

八、宗教和谐论的基本观点、主要内容和崇高使命

（一）宗教和谐论的核心理念是"多元平等，和谐共生"

它是针对人类社会多民族多宗教多信仰的历史与现实，从"地球村"需要多元文化和而不同以保证协调可持续发展的时代主题提出来的文化战略，也是为了补救宗教斗争论给人类带来的灾难以便推动宗教回归美善而开出的崭新路向。精神世界永远丰富多彩，文化的多元存在是必然的，一种学说、一种宗教垄断世界绝无可能。不是和而不同、互补共荣，便是斗

而不休、同归于尽。全球化形势下的"地球村"必须是一个和谐的世界，才能长远存在。如冯友兰先生所说："人是最聪明、最有理性的动物，不会永远走'仇必仇到底'那样的道路。"文明终将战胜野蛮，包容终将克服自大。所有的宗教，共同的旨归是博爱济众、止恶劝善。但有时候某些宗教的教理形态和实践方式受传统和时代的影响而具有狭隘性和偏执性，又被特定集团利益所操控，出现排除异己、借教损人的现象。它既有害于大众，又使宗教自身蒙羞。但宗教的道德崇高性必将超越自身的局限而释放大爱的情怀，早晚一定能够在自爱自尊的同时互爱互尊，携手合作，带头化解宿怨和对立，致力于世界和平事业，实现"仇必和而解"，这是宗教发展的主流。要知道，冲突意味着野蛮，和谐才能体现文明。宗教在溶化民族仇恨、消解族群冲突的过程中也净化了自身，赢得了爱敬。少数极端的继续挑动仇杀的宗教教派，既违背宗教的爱人本旨，又与和平安宁为敌，将丧失人心，日趋孤立，被进步潮流所抛弃。宗教有大小新老之分，而无高低贵贱之别，要打破单线进化论的局限，承认各种宗教一律平等，都有其独特的价值。事实上，异质信仰、异型文化之间不仅不必然互相敌对，而且可以相辅相成、相助相养。费孝通提出文化自觉的十六字箴言："各美其美，美人之美，美美与共，天下大同。"这是当代和今后人们处理多元文化关系的文明准则，也是处理宗教关系的文明准则，它应当作为宗教和谐论的经典表述而走向世界，成为一面精神旗帜。

（二）宗教和谐论的重心在于协调宗教关系

宗教关系包括一教内部的关系（教派之间、教区之间、一教多族之间、教职人员与信众之间的关系等），各教之间的关系，宗教与社会的关系（宗教与国家、政党、民族、阶层、社群的关系等），信教群体与不信教群体之间的关系，国内宗教与国外宗教的关系，世界各种宗教之间的关系。从结构层次上说，宗教信仰、宗教实体、宗教文化，与整个社会政治、经济、文化、民族、外交都有密切联系。所以宗教关系是一个丰富的概念。党的十六届六中全会指出："社会和谐是中国特色社会主义的本质属性。"① 宗教和谐则是中国特色社会主义宗教理论的本质属性。社会主义事业要消除剥削、压迫、贫困、动荡、苦难，它追求的目标就是建成一个人民当家作主、大家幸福快乐的社会。而社会人群在精神生活方式上是有诸多差别的。社会主义社会的理想状态应是：各民族、各阶层、各群体都能各得其所，自由自在，平等和谐，文化多姿多彩，信仰自由选择，情趣各随所好，享有充分的公民权利，又能尊重他者的权利。中央提炼出五大社群关系：政党关系、民族关系、宗教关系、阶层关系、海内外同胞关系，要求促进五大关系的和谐。中国的外交坚持和平自主路线，努力推动国与国的和平共处、睦邻友好，因此也倡导宗教之间的对话、交流与合作。宗教和谐论正是促进国内外宗教关系和谐的理论，服务于建设中国特色社会主义和谐社会与建设和谐世界的大目标。

（三）宗教和谐论是中国特色社会主义宗教理论的综合创新

它包括了中国社会主义者从自身实践中总结出来的宗教社会论、宗教统战论、宗教适应论、宗教文化论和正在建设的宗教生态论、宗教促进论，是上述诸论的整合和提升。

宗教社会论是论述宗教在社会主义社会长期存在的根源（自然根源、社会根源、认识根源、心理根源），它的社会属性（长期性、群众性、复杂性、民族性、国际性和文化性），它的正负社会功能以及在社会主义制度下充分发挥宗教正功能、减少负功能以适应新社会的客观有利条件，为宗教和谐论奠定坚实的唯物史观理论基础。

宗教统战论是处理中国共产党与宗教界人士相互关系（这是宗教与社

---

① 《胡锦涛文选》第二卷，人民出版社 2016 年版，第 521 页。

会主义之间的核心关系）的理论与方针，经历了革命与建设两个时期的实践与检验，证明它是成功的，符合党的团结一切可以团结的力量的政治战略，符合中国宗教界主流一向是中国共产党从事民族独立解放和民族繁荣强盛事业的朋友和助手的良好表现。其基本原则是：政治上团结合作，信仰上互相尊重。这就是求同存异的原则，是中国不同信仰群体和谐相处、合作共事，致力于民族复兴大业的唯一正确的关系原则。因政治之同而强求信仰之同，或因信仰之异而导致政治之异，都是错误的。当前，国际上有敌对势力，国内有破坏国家统一、安全和稳定的犯罪活动，爱国统一战线还要继续巩固壮大。

宗教适应论是中国共产党人摆脱苏联模式"宗教鸦片论"、"宗教斗争论"之后，以发展马克思主义宗教观的魄力，根据中国的实际，围绕宗教与社会主义的关系，提出的中国特色宗教理论最具创新性的观点："积极引导宗教与社会主义社会相适应"，首次认识到宗教与私有制可以分离，宗教与公有制可以衔接，从正面肯定宗教与社会主义社会可以形成协调关系，有契合的基础，政权通过积极引导而不是斗争，使宗教适应崭新的以公有制为主体的社会，这是社会主义者对宗教发展规律认识的一次质的飞跃。宗教适应论还明确了政府的责任，既不是包办宗教内部事务，也不是放任自流，更不是与宗教作斗争，而是积极引导，即"引而不发，跃如也"，在政治方向和社会公法领域为宗教活动提供路径和空间，鼓励和帮助宗教界提高素质，服务社会。宗教界也要加强教风、人才、神学建设，以宗教特有方式为全面建成小康社会主动做贡献。这样，中国的政教关系就有了自己的模式：政教分离与政主教辅的和谐关系。

宗教文化论重心在论述宗教文化与社会文化的和谐关系。宗教文化论扩大了人们对宗教认识的视野，了解到宗教不仅是一种精神信仰，还是一种社会文化体系，是民众的重要生活方式和文化样式，它在社会文化各领域如哲学、道德、心理、文学、语言、艺术、民俗、科学的发展和文化交流中都有重要创造和贡献，是人类文明发展的有机组成部分，与世俗人本文化紧密交织在一起，互相批评，也彼此促进。宗教文化论超越了信仰的局限，拉近了宗教与社会的距离，找到宗教适应社会、与社会沟通、建立和谐关系的多样化渠道和广大空间。在文化建设中，宗教界与社会各界人士能够更好地互相吸收、合作共事，致力于历史文化资源的研究、保护和开发，一起参与建设中华民族共有精神家园。宗教文化论还有益于宗教的健康发展，使宗教与权力和财富保持距离，回归文化本位，加强文化创新，向文化宗教、道德宗教发展，这样，它与社会的关系就容易和谐。

宗教生态论重心在论述中华民族多元一体民族格局下多元宗教关系的良性生态。历史证明，要在中国实现长久的宗教关系和谐状态，必须建设多元通和的宗教文化生态。其基本要求：第一，人本文化主导神本宗教；第二，中华文化为主体，外来宗教本土化；第三，哲学与宗教之间，宗教与宗教之间，互相接近，彼此通和，又近而不混，通而不同；第四，温和主义的中和之道是主流思潮，极端主义没有市场。在社会主义制度下，宗教文化生态要以社会主义核心价值为指导，以中华文化为根基，以开放的态度吸纳和改铸各种人类文明成果，形成主导性与多样性、先进性与广泛性相结合的大的社会文化生态，那么宗教文化良性生态也就在其中了。由此可知，宗教和谐并非意味着各种信仰的简单相聚，它是有层次结构的。世界上各种相对独立的民族文化都是在保持其民族文化主体性的同时接纳外来文化，如果文化上反客为主，从属于他族，这个民族便不再有文化上的尊严，也不会有真正的独立。

宗教促进论强调发挥宗教界人士和信教群众在促进经济社会发展中的积极作用，是宗教适应论的提升，它突出了信教群体在适应社会中的主动性、积极性，体现了执政党对宗教界的高度信赖和期望，进一步消解了宗教与社会的间隔，使宗教更好地融入社会，发挥正功能。宗教促进论也对宗教工作提出更新更高的要求：宗教工作的重心在人的工作，在体现党与宗教界的相互平等与尊重，在调动信众主人翁的意识和自主创新的精神。宗教促进论说明，宗教和谐并不仅仅意味着各方相安无事，而是相关各界人士要积极作为，用和谐促发展，互相学习，共同进步，做社会主义建设事业的促进派。

（四）宗教和谐论要以化解族群的矛盾和冲突为己任

它并不回避宗教矛盾和社会矛盾，也敢于正视历史的积怨和现实的冲突。问题在于，当代宗教应以什么态度和行动对待这些矛盾和冲突？是延续它甚至加剧它，还是调和它化解它？这是对当代各个宗教的文明素质的考验。宗教和谐论认为，宗教经典教义都有慈爱护生与友善待人的信条，作为倡导高尚人生的信仰，标示以拯救大众的苦难为己任的宗教，本质上应该也能够为消除世间恶行纷争、促进人类和美康宁发挥积极作用。只是由于历史的局限和利益集团的扭曲，一些宗教在某些时期被异化，卷入世俗的斗争，失却了自家的真实面貌。宗教界要发掘和弘扬宗教文化中关于和谐的思想资源，包括天人和谐、人类和谐、文明和谐、家庭和谐、内心和谐的理念，运用到教义创新、经典宣讲、对外交往之中；同时淡化和纠正宗教传统中自大独尊、排斥异己的消极成分，使"信神"与"爱人"统一起来，学会平等尊重信仰的他者，在民族和解、文明对话中，走在其他社会组织的前面，以体现宗教应有的神圣性和超越性。

在中国，宗教对少数民族社会文化的影响比汉族大得多，宗教问题与民族问题互相交织，宗教关系与民族关系紧密相连，宗教内部与外部的矛盾直接影响到民族内部与外部的矛盾。宗教和谐论的神圣使命之一，就是通过宗教和谐理念和价值的阐扬，淡化教内教派意识，消减宗教间的排异性，培育和增强宗教通和精神，恰当处理以往的历史纷争，及时有效调解新出现的摩擦，以宗教和睦促进民族团结，为中华民族大家庭的友爱情义作出贡献。

（五）宗教和谐论要在宗教对话与合作的实践中推进

它倡导宗教界参与宗教对话，推动宗教交流，加强宗教合作，为和平与发展、为大众福祉做贡献。在国内，一教内部教派教区之间要经常交流互访，五大宗教领袖、骨干人士之间要建立畅通的联络渠道，定期不定期坐在一起，探讨共同关心的大事，交流各自的经验，并组织本教人员参访他教，加深彼此了解。要使中国的各种宗教在爱国守法、服务社会、利益大众的大方向下，结成受社会欢迎赞扬的大的宗教共同体，在教际关系上为世界作出表率。

在国际上，积极参加并主动推动宗教对话、交流与合作，用中国多元通和模式和经验，帮助各种宗教克服冷漠和敌对心态，加强全球责任意识，寻找共同的伦理底线，减少宗教在文明冲突中的副作用。尤其要调解基督教族群与伊斯兰教族群、伊斯兰教族群与犹太教族群之间的积怨与敌对，这是国际政治斗争焦点背后存在的主要宗教矛盾。宗教对话的有效途径之一是经典义理的异同比较，异中见同，从根源上探讨信仰的一致性。例如将《论语》、《圣经》、《古兰经》、《道德经》、《金刚经》等经典作比较分析，就会发现古典文明大师的宗旨是殊途而同归，我们如能存其殊途、明其同归，就可以为不同文明之间的接近、亲和，奠定理论基础。中国被称为"宗教的联合国"，世界上差不多各类型的宗教和它的教派，在没有政治强力介入情况下，进入中国后都能正常生存。宗教关系的主旋律是和谐。历史上有意与无意的宗教对话与互渗早就在进行并富有成效。其中自卫意识强烈的犹太教，在流行中国的过程中，由于中国社会环境的宽松和谐，它在不知不觉中与伊斯兰教汇合，最终竟消融于无形。既然世界各种宗教都能在中国实现对话与和谐，为什么不能在国际上做到这一点？世界各种宗教要和谐，必须避免被强权政治和宗教极端主义所绑架。一要建设良好的社会政治环境：政界要包容宗教，提倡神道设教，不利用宗教挑动社会矛盾；二要营造良好的社会文化氛围：教界要提倡中和之道与贵生尚德，使宗教以造福社会大众为首务，而不是热衷于扩大本教势力范围。宗教如不能超越自身的私利，何以能拯救人类？一教如不能做其他宗教的好邻居，何以能教导世人和睦相处？各种宗教果能以善为信，那么世界宗教和谐共生的时代便能够早日到来。

（六）宗教和谐论要与社会管理工作相结合

宗教和谐论所论列的关系，轴心是宗教与社会的关系，其中政治层面上是宗教与社会主义社会制度的关系，日常生活上则是宗教与社会大众的关系。当今中国人的工作与生活，受三大系统交叉调控：党政系统，重心在政治；市场系统，重心在经济；社会系统，重心在生活。党政系统的调控，发达、成熟；市场系统的调控，后起、活跃；社会系统的调控，初兴、薄弱。2011 年 5 月（是否为 2011 年 2 月），中共中央政治局开会，研究加强和创新社会管理问题，指出社会管理工作"紧紧围绕全面建设小康社会的总目标，牢牢把握最大限度激发社会活力、最大限度增加和谐因素、最大限度减少不和谐因素的总要求，以解决影响社会和谐稳定突出问题为突破口，提高社会管理科学化水平，完善党委领导、政府负责、社会协同、公众参与的社会管理格局"[1]，大力建设中国特色社会主义社会管理体系。其中特别提到加强基层社会管理和服务，加强流动人口和特殊人群服务管理。社会管理工作一方面是制度建设和加强领导；另一方面是民间自治和民众参与。宗教活动重心在社会，日常在社区。宗教界如何通过创建和谐寺院教堂活动，协同政府，引导信众，参与文明和谐社区建设，包括生态文明建设，以宗教的方式帮助社区化解民事纠纷，为教徒（包括流动人口中的教徒）和其他民众排忧解难，优化生活环境，使百姓安居乐业，

---

① 《胡锦涛文选》第三卷，人民出版社 2016 年版，第 499 页。

是宗教促进社会建设的重要方面。宗教团体具有宗教性与社会性双重属性。其宗教性及相应活动是宗教内部事务，政府和社会无须也不应干预；其社会性及相应活动是涉俗事务，政府和社会必须介入，使其符合社会公共生活规则。宗教和谐不能单凭理性和感情，还要有共同规则可遵循。从政府宗教工作部门说，要依法管理宗教事务，即依法管理宗教涉及公共利益与国家利益的事务。从社会管理部门说，如何将宗教团体与场所逐步纳入社会管理体系，用社会公法和社会规章制度把教职人员、出家人和寺庙教堂的涉俗事务如福利保障、财务审计、涉外活动以及其他与社会相关联的事务管理起来，既体现公民权利和义务的平等，也有益于使宗教成为和谐社会生活的组成部分，正常运转，使宗教与社会的和谐得以稳定持久。当然，宗教团体的宗教性与社会性又互相渗透，社会部门在管理涉俗事务时如何照顾到宗教的特点，宗教团体在从事宗教活动时如何照顾到社会的影响，也是双方都要妥善处理的。宗教和谐论要关注社会管理学发展，把它与宗教社会学结合起来，勇于实践，创新理论，形成中国模式。

第七章　宗教促进论

一、发挥宗教促进作用的理论思考

1. 从唯物史观的创立到科学发展观的提出，为认识宗教在社会主义时期演变的规律，引导宗教、发挥宗教界人士和信教群众在促进经济社会发展中的积极作用奠定了深刻的理论基础。建立在唯物史观基础上的马克思主义宗教观，其深刻之处有三。一是把超世的宗教信仰还原为人间的社会文化，揭示宗教存在的根源，指出神灵乃是"支配着人们日常生活的外部力量在人们头脑中的幻想的反映"[①]，最初是异己的自然力量，尔后是异己的社会力量，只要这种异己的力量还在支配人类，把这种力量作为神来崇拜的宗教的存在就是不可避免的。依此而言，从原始社会到现代社会，异己的力量支配人们的事实一直存在，宗教就仍然存在，乃是一种必然的正常的社会现象。二是人是人的最高本质，神是人的本质的异化，宗教是人们现实苦难的表现和对现实苦难的抗议，因此对宗教的批判就是对苦难尘世的批判，社会主义事业的目标是改革不合理的社会，消除人间的苦难，谋求人民真实的幸福，实现"人的解放"。依此而言，社会主义者处理宗教问题的中心点在于帮助人民创造现实的幸福，而不是向宗教宣战；尊重人民选择信仰的自由和权益，是为了团结人民，建设人间的天堂。三是宗

[①] 《马克思恩格斯选集》第3卷，人民出版社2012年版，第703页。

教作为社会上层建筑之一归根结底是由社会经济关系决定的，它或早或晚要适应变化了的经济基础，并作用于经济基础。同时宗教这种上层建筑有其相对独立性和延续性，可以跨越不同社会形态。根据这一原理，社会主义社会的宗教，仍然有继续存在的根源，而且也有适应新的社会主义经济基础的可能性和必然性。

中国共产党人强调宗教的长期性和群众性，"十九号文件"分析了宗教在社会主义社会中将长期存在的根源，分析了社会主义制度的建立引起宗教状况的根本变化，指出："使全体信教和不信教的群众联合起来，把他们的意志和力量集中到建设现代化的社会主义强国这个共同目标上来，这是我们贯彻执行宗教信仰自由政策，处理一切宗教问题的根本出发点和落脚点。"[①] 这是对唯物史观的宗教理论的运用和发展，确立了中国特色社会主义理论的基本点。

中央提出科学发展观，站在执政党和社会管理者的高度，立足于国际化新时代和社会主义初级阶段基本国情，坚定地走科学发展道路，指出：第一要义是发展，核心是以人为本，基本要求是全面协调可持续，根本方法是统筹兼顾。科学发展观把推进经济社会发展作为第一要务，体现了唯物史观解放生产力、从根本上满足人民群众日益增长的物质文化需要的精神。同时，以人为本体现了唯物史观尊重人民、依靠人民、一切为了人民的原则。其基本要求与根本方法，则体现了社会管理要使社会各领域、各阶层、社会与环境、眼前与长远、局部与全局、国内与国际之间建立和谐互动关系，得到整体的均衡的发展，形成良性的自然与人文生态。具体运用到宗教工作上，便是把宗教工作纳入社会管理和发展的统一运筹之中，引导广大信教群众积极参加社会主义现代化建设事业，对待宗教问题着眼点在"人"不在"教"，把是否符合人民利益、

---

① 《三中全会以来重要文献选编》（下），人民出版社 1982 年版，第 1226 页。

能否得到人民拥护作为衡量宗教工作得失的依据，把能否团结信教群众、发挥宗教的积极作用、推动和谐社会建设与经济社会发展作为检验宗教工作好坏的标准。中国特色社会主义宗教理论与政策是科学发展观的组成部分和运用到宗教工作领域的必然结果，是处理宗教与社会主义相互关系唯一正确的理论。

中国特色社会主义在准确把握、继承和发展马克思主义学说的同时，以开放的心胸不断吸收人类文明成果，把宗教信仰自由作为基本人权加以尊重和维护，强调信仰的平等与互尊，这也是社会主义平等观在文化权利上的表现。因此，中国特色社会主义宗教观是包容的不是狭隘的，是平等的不是歧视的，是温和的不是偏激的，既自尊自信，又能尊重他者，体现现代文明的最新高度。

2.摆脱苏联模式，为建设中国特色社会主义宗教理论清除障碍。苏联十月革命给中国送来马克思列宁主义，并直接推动和影响了中国革命和建设。长期以来，中国社会主义者把苏联模式当作中国的榜样。这种情况直到"文化大革命"结束、实行改革开放和苏东解体，才有所改变。不过至今还存在着争议和模糊认识。理论的研究和实践的检验，都说明苏联经验既有继承发展马克思主义的一面，又有偏离乃至违背马克思主义的一面；苏联模式对于中国而言，教训多于经验。就宗教问题的理论政策而言，列宁有许多精彩论述，如：指出"宗教对人类的压迫只不过是社会内部经济压迫的产物和反映"，"被压迫阶级为创立人间的天堂而进行的这种真正革命斗争的一致，要比无产者对虚幻的天堂的看法上的一致更为重要"①。"社会民主党为信仰的完全自由而斗争，它完全尊重一切真诚的宗教信仰"②，"主张教会与国家、学校与教会完全分离，彻底地无条件地宣布宗

---

① 《列宁专题文集 论辩证唯物主义和历史唯物主义》，人民出版社 2009 年版，第 222 页。

② 《列宁全集》第 15 卷，人民出版社 1988 年版，第 151 页。

教是私人的事情"①，"向宗教宣战是一种愚蠢的举动"②。

但苏联人有若干与上述观点自相矛盾的或者偏离唯物史观的论述，主要是："宗教残余论"、"宗教鸦片基石论"、"与宗教斗争论"，而这三论恰恰是影响了几代共产党人的重要观点。

他们把宗教存在的根源狭窄化，只讲私有制造成的阶级压迫与贫困，而且又限于资本压迫，不讲其他多种社会与自然根源。认为："现代宗教的根源就是对资本的捉摸不定的力量的恐惧"③，"宗教偏见的最深刻的根源是穷困和愚昧"④；不仅如此，现代宗教组织的社会功能"都是资产阶级反动派用来捍卫剥削制度、麻醉工人阶级的机构"⑤。未提及恩格斯所说的社会改革运动和农民起义有时也披上"宗教的外衣"。他们把宗教与科学社会主义截然对立起来，认为宗教在社会主义制度下代表旧制度的残余力量和旧思想、旧文化，提出："无产阶级专政应当坚持不懈地使劳动群众真正从宗教偏见中解放出来"⑥，在他们的心目中社会主义社会最终应建成一个无宗教的社会，因此清除宗教是建成社会主义社会的必要条件，故说："宗教偏见愈被社会主义意识所排挤，无产阶级胜利的日子就愈近"⑦。当然在这种反宗教宣传和教育中"同时注意避免伤害信教者的感情"。然而这两者岂能兼顾？宗教工作不可能既把宗教说成只有负面作用的事物，借以改造信教群众的有神论世界观，同时又不伤害他们的宗教感情。而且共产党成为执政党以后，党对宗教的态度直接影响国家的宗教政策，如何能将两者决然分开呢？

列宁最有影响的一个论断就是在引用了马克思"宗教是人民的鸦片"

① 《列宁全集》第 12 卷，人民出版社 1987 年版，第 133 页。
② 《列宁选集》第 2 卷，人民出版社 2012 年版，第 248 页。
③ 《列宁选集》第 2 卷，人民出版社 2012 年版，第 251 页。
④ 《列宁全集》第 35 卷，人民出版社 1985 年版，第 181 页。
⑤ 《列宁选集》第 2 卷，人民出版社 2012 年版，第 248 页。
⑥ 《列宁选集》第 3 卷，人民出版社 2012 年版，第 725 页。
⑦ 《列宁全集》第 6 卷，人民出版社 1986 年版，第 247 页。

这句话之后有一个理论性的概括："宗教是人民的鸦片，——马克思的这一句名言是马克思主义在宗教问题上的全部世界观的基石。"① 这就是著名的"鸦片基石论"，然而却是附加在马克思主义宗教观上的只属于列宁的个人观点。马克思讲"宗教是人民的鸦片"，是怀着宗教是被压迫生灵的叹息的同情心而说的，它只是一种社会心理功能，并未涉及宗教的根源和深层本质，怎能把它归结为马克思主义宗教观的基石呢？而真正的基石是唯物史观的宗教异化论与反映论，是用压迫人的人间异己力量说明宗教的本质。可见，列宁的"鸦片基石论"离开了唯物史观，把自己降低到旧唯物论的水平。然而，由于列宁的崇高威望，许多社会主义者把"鸦片基石论"当成马克思主义宗教理论的核心，将宗教主要视为与社会主义对立的力量，这种影响深且广，迄今仍然存在，所以必须澄清。

从对宗教本质功能的绝对化的阶级分析和"鸦片基石论"出发，列宁自然引出社会主义者对待宗教的基本态度：与宗教作斗争。他说："我们应当同宗教作斗争。这是整个唯物主义的起码原则，因而也是马克思主义的起码原则。"② 他明确地讲："马克思主义者应当是唯物主义者，即宗教的敌人。"③ 当然，列宁没有忘记补充一句："必须善于同宗教作斗争"，即要讲究策略和方法。列宁经常使用"反宗教斗争"的话语，严厉批评任何寻找宗教与社会主义契合点的企图。不过列宁不赞成用行政手段消灭宗教，主张"用纯粹的思想武器"，与宗教进行斗争，包括"吸引科学来驱散宗教的迷雾"④，"把十八世纪末叶战斗的无神论的文献翻译出来，广泛地传播到人民中去"⑤。这就是苏联无神论宣传的由来，它宣传的无神论是旧唯物论，有战斗性，但简单否定宗教，不是唯物史观，后来斯大林称为"反

---

① 《列宁选集》第 2 卷，人民出版社 2012 年版，第 247 页。
② 《列宁选集》第 2 卷，人民出版社 2012 年版，第 250 页。
③ 《列宁选集》第 2 卷，人民出版社 2012 年版，第 252 页。
④ 《列宁全集》第 12 卷，人民出版社 1987 年版，第 132 页。
⑤ 《列宁选集》第 4 卷，人民出版社 1972 年版，第 605 页。

宗教宣传"，又后来，改为"科学无神论宣传"。由于宗教根源的继续存在，仅靠无神论宣传来消除宗教的影响也是徒劳的。它对执政党还是有害的，不利于团结信教群众。斯大林治下的苏联，不仅长期进行反宗教宣传，而且运用行政资源和各种实际手段打击东正教，把宗教看成旧社会的残余和社会主义事业的敌人，把反宗教斗争作为阶级斗争的重要组成部分，其结果是失败的。这不仅加剧了虔诚教徒与苏维埃政权的对立，而且在苏联解体后，遭压抑的东正教迅速复兴，超过十月革命之前的发展程度。其失败的根本原因是违背了宗教存在与演变的客观规律，同时也背离了列宁主义中反对向宗教宣战的正确思想，再者也不符合东正教的实际状况。东正教会当初确实强烈反对过十月革命，可是后来也在逐步调整对新政权的态度，卫国战争中表现是好的，可见东正教有适应社会主义制度的可能与趋势，可惜苏联共产党人没有从根本上改变敌视宗教的态度，赫鲁晓夫与勃列日涅夫时期，继续进行反宗教"残余"势力与思想的斗争。

苏联上述错误，对中国宗教工作有很大负面影响，"文化大革命"中要"消灭"宗教，就是苏式"残余论"、"鸦片论"、"斗争论"的恶性发展和极端表现。沉痛的教训必须认真吸取。

3.接续中华优秀传统是建设中国特色社会主义宗教理论的必由之路。唯物主义对行为实践的要求是：实事求是。中国宗教的历史与现实，同欧美、同苏联都不同，它有自己独特的传统和模式，我把它概括为多元通和。

第一，中国是一个多民族多宗教和多地域文化又有向心力并以统一为常态的大国，自古以来就形成多神多教的态势，正统大教与各民族民间信仰共生，本土宗教与外来宗教并存，没有一教一神独大的传统。

第二，人文主义的儒学主导国家意识形态和民间精神生活，"民为神之主"、"神依人而行"，宗教以神道设教，辅助儒学推动道德教化，宗教理性较强，宗教狂热较少。

第三，政权主导教权，实行多教并奖和"因俗而治"的政策；宗教辅佐政权，"助王政之禁律，益仁智之善性"，从未有教权高于政权的情况，宗教界有深厚的爱国守法传统，政教之间基本协调。也发生过政权打击教权事件，却没有教权威胁政权的事情。

第四，以儒、佛、道为核心，以敬天法祖为基础，形成有中心有层次的立体结构，外层是开放的；宗教的内部关系、宗教之间的关系、宗教与社会的关系，和谐是主旋律，冲突是支流，受儒家"和为贵"、"和而不同"思想的影响，宗教包容性大，排他性小，温和主义是主流，极端主义受到抑制；儒、佛、道之间，及其与外来一神教之间，渐行渐近，彼此融通，互补共荣，许多中国人兼信数教，是信仰的"混血儿"。湖南南岳大寺东侧八个道观，西侧八个佛寺，共用大寺殿堂，轮流做宗教祈拜活动，融洽相处，成为宗教和谐的独特的景观。

第五，入世尚德，以行善积德为修行第一要务，使信仰从属于向善劝善的原则，这就避免了把信仰作为最高原则而产生的排除异己的弊端。儒学是伦理型人学，特重社会人生道德和关注现实民生，影响所及，佛道教和其他宗教在坚守其出世信仰的同时都不同程度增强了入世精神，把改良社会、优化人生与追求超世理想结合起来，努力走道德宗教的道路，发挥宗教的社会道德功能、对外文化交流的功能。

在中华尚德贵和文化影响之下，印度佛教较早地华化，成功融入中华文化；伊斯兰教也逐步中国化，减弱了一神教的排他性，向温和主义发展；天主教与基督教由于西方势力的介入，在中国的本土化路途曲折艰难，但也出现了爱国自立、走近中华文化的运动与教派，迟早要适应中华传统。受外人操纵、坚持原教旨主义，必然会与社会发生冲突，不能生根，没有前途。历史上的宗教有时代的局限性，在宗法等级制度下，在阶级压迫与民族压迫存在的情况下，也曾被剥削统治阶级所利用，起过消极作用。但主导作用是道德教化和文化创新。

在近现代中国抵抗外来帝国主义侵略和推进社会革命运动中，宗教界发扬爱国拥政护民的传统，主流表现是好的，不是社会进步的阻力而是助力，做了许多好事，应受到肯定和尊重。如果社会主义者简单按照法国战斗无神论者和俄国苏维埃政权那样敌视宗教，大力讨伐，那是不公正、不必要的。因为在中国，宗教是社会的非中心力量，也没有激烈对抗过社会进步改革事业，在社会主义革命与建设事业中依然是助力，其主流理应是团结的对象。这就是中国的国情。如果我们不能调动这种积极的社会力量，反而化积极为消极，夸大宗教问题的严重性，实行"左"倾政策，导致自我孤立，那将是极其不明智的。

4.总结中国革命与建设的经验与教训，以实践为检验真理的唯一标准，坚持真理，修正错误，丰富智慧，使中国的宗教理论和政策更加完善和成熟。在新民主主义革命时期，中国共产党有过"左"倾错误，但逐步形成团结宗教界人士的统一战线政策，肯定宗教信仰自由，尊重少数民族宗教文化与风俗，联合宗教界爱国力量实行抗日救国，在进军西藏中提出民族和宗教工作要"慎重稳进"，推动了中华民族独立和解放事业的顺利成功。

从新中国成立到1956年，是我国民族宗教工作的第一个黄金时期。《共同纲领》规定公民有宗教信仰自由权。中央强调"对宗教采取保护政策"，信教的与不信教的要互相尊重，和睦相处，团结一致。在推进统一战线工作的同时，又提出宗教"五性论"：群众性、长期性、复杂性、民族性、国际性，强调宗教在社会生活中的影响和它的长期存在，宗教工作要避免简单和急躁，明确反对用行政命令消灭宗教，坚持和发展了马克思主义宗教理论，也取得社会稳定、民族团结的良好效果。

从1966年到1976年，"文化大革命"十年浩劫，实行极左路线，林彪、"四人帮"反革命集团破坏捣乱，马克思主义宗教理论与政策遭到根本曲解与否定，全面向宗教宣战，其后果是使社会主义信仰受到重创，而宗教并未被消灭，只是转入地下，储蓄力量，寻机待发而已。"文化大革命"的教训从反面证明了马克思主义宗教观的真理性：企图用行政或强力手段消灭宗教是徒劳的，实际上是在为"上帝"效劳。同时也告诉我们，以"革命"的名义实行的"左"倾路线往往比其他错误给党的事业带来的损失更严重，也往往不容易纠正，因为口号漂亮，所以邓小平指出，要防止右，主要是防止"左"，在宗教问题上同样如此。

改革开放以来，在邓小平理论指导下，包括宗教领域的各条战线实行拨乱反正，重新回到马克思主义轨道上，并努力开拓中国特色社会主义道路。宗教领域平反冤假错案，落实房产政策，开放宗教活动场所，恢复爱国宗教团体，贯彻宗教信仰自由政策。中国共产党人在宗教与社会主义社会关系问题的理论认识上，不断深化和发展。一是明确党与宗教界是合作关系，"政治上团结合作，信仰上互相尊重"，党与国家不用行政命令办法对待宗教，宗教方面也不能搞狂热。二是肯定宗教"五性论"，认为宗教问题关系到广大人民群众切身利益、社会稳定、民族团结和国际影响，民族、宗教无小事。三是指出宗教方面的矛盾主要是人民内部矛盾，信教群众也是建设有中国特色社会主义的积极力量，但要善于处理可能出现的对抗性的问题。四是正式提出"积极引导宗教与社会主义社会相适应"，在马克思主义宗教理论发展史上第一次正面地肯定了宗教与社会主义制度有契合点，通过引导可以使宗教进入新社会结构之中并成为其中有机组成部分，甚至宗教教义、教规、道德中都有某些积极因素为社会主义服务，这就抛弃了"与宗教斗争论"，为建立社会主义与宗教的新型关系开辟了道路。五是正式把宗教关系与政党关系、民族关系、阶层关系、海内外同胞关系一起并列为五大社群关系，都要在科学发展观指导下走向和谐，如此重视宗教关系在统一战线理论发展史上还是第一次。六是进一步概括出党的宗教工作基本方针，提出发挥宗教界人士和信教群众在促进经济社会发展中的积极作用，表明中国社会主义者以更加积极的态度对待宗教和两者的关系，加大认同，淡化差异。总之，随着改革开放的发展，党的宗教理论与政策越来越开明、温和、包容，越来越体现中华文化和而不同的精神，越来越体现以人为本，兼顾各种信仰群体的利益、需求和权利，因此受到社会各界普遍的欢迎和赞扬，为调动一切积极因素、全面建成小康社会作出了重要贡献。

5.认识当前全球化时代的新形势新特点，使中国的宗教理论与政策既能与国际接轨，又能保持独立自主性；既接纳当代文明的通则，又体现中华文明的传统；既能发挥宗教促进文明对话交流的作用，又能有效化解宗教在文明冲突中的负面作用，有效应对敌对势力利用宗教对我国的非法渗透。时代的变化和国际形势，与宗教问题相关者，有如下几点。一是当代文明趋势是政教分离，即政权与教会分离，教会作为非政府组织存在与活动。二是宗教信仰自由成为基本人权，正当宗教活动受到国际法、国内法保护。尊重文化多样性和思想自由是当代共识。三是在经济全球化和高科技时代，宗教在世界范围内平稳存在和重新活跃，并与民族问题紧密结合，成为影响人类文明和国际关系的重要因素，各国的宗教之间加大了国际联系，世界三大宗教得到更广泛的传布。四是宗教矛盾与民族矛盾相交织，形成若干国际政治的焦点和热点。西方强势族群实行单边主义，利用宗教特别是基督教进行扩张，激发起弱势民族特别是穆斯林民族的强烈民族主义，从中诱发出民族宗教极端主义和暴力恐怖主义，加剧了文明的冲突，并使宗教对话举步维艰。但多元文化共生共荣和文明对话符合"地球村"的现实和世界和平与发展的需要，成为进步的潮流。没有民族与宗教之间的和平便没有世界和平。

在这种新形势下，中国特色社会主义宗教理论建设要与人类文明发展相一致，并在其中作出自己独特的贡献，这就必须：第一，在贯彻宗教信仰自由、维护基本人权方面做得坚决有力，认真改善不足之处，不给国外敌对势力利用宗教人权攻击中国提供借口。第二，进一步落实政教分离的原则，正确引导宗教靠健全的法律法规和社会管理体制，充分发挥宗教界在法律范围内自治的作用，坚持独立自主自办教会。第三，发扬中华宗教文化多元通和的传统，"走出去"，推动文化交流与文明对话，通过宗教渠道，加强中国与西方世界、阿拉伯世界、亚非拉各国的友谊，不仅参与文明对话，还应主动举办文明对话，发挥中华文明促和、劝和、维和的作用。第四，反对宗教极端主义、民族分裂主义、暴力恐怖主义，提倡温和主义，提倡民族理性和宗教理性，使中国宗教内部关系、宗教之间的关系、宗教与社会的关系，和谐稳定、互尊协调，并向世界展示中华宗教文化和美开放的形象。

6. 中国共产党经过几代领导集体的努力和学者贡献的研究成果，以中国化的马克思主义宗教观为指导，以中国革命和建设实践为基础，围绕着社会主义与宗教的关系这一主轴，提炼出中国特色社会主义宗教理论一系列重要观点，初步形成既不同于西方也不同于苏联的中国模式，已经充实了中国特色社会主义理论体系，并在社会实际生活中发挥了巨大的积极作用。可以概括为以下"新六论"：宗教统战论、宗教"五性论"、宗教适应论、宗教文化论、宗教和谐论、宗教促进论。宗教理论的最新成果，由党的十七大正式提出，承接宗教适应论，又有更高层次的发展，它为社会主义与宗教的关系，注入了新的活力。其表述是："发挥宗教界人士和信教群众在促进经济社会发展中的积极作用。"[1]

第一，宗教促进论的特点：一是突出和强化了信教群体在宗教适应社会主义社会过程中的主体地位和主人翁的身份，他们并非消极的被引导者，而是社会事业的主动参与者；二是更加从正面肯定了宗教对社会事业能够发挥促进作用，给宗教在社会主义社会的定位与功能以充分积极的评价；三是更为明确地指出了宗教发挥促进作用的领域在经济社会发展，它

---

[1] 《胡锦涛文选》第二卷，人民出版社 2016 年版，第 637 页。

也就是全体中国人民面临的主要任务；四是表现出执政党高度尊重和信赖宗教界人士与信教群众的平等态度，使信教群体得到全社会空前的敬重和期待。这是一个新的高度和境界，进一步消解了宗教与社会的间隔，使信教群体与当代中国社会一体化了。

第二，宗教促进论对宗教工作提出了更新更高的要求：宗教工作的重心在人的工作，在加强党与信教群体的密切关系，在于使他们的自觉性积极性得到有效的发挥，而不在于日常事务工作；宗教工作必须照顾到社会生活各个领域，与经济发展和改善民生、与五大建设（政治、经济、社会、文化、生态文明）紧紧联系起来，不能孤立地去做。因此，宗教工作不单纯是宗教事务管理部门的职责，还是各地区各部门都要关心和参与的工作。

第三，宗教促进论要求在全面贯彻党的宗教工作基本方针的同时，发挥宗教界人士和信教群众在促进经济社会发展中的积极作用，前者是后者的基础和前提。党的宗教工作基本方针有四项：全面贯彻党的宗教信仰自由政策；依法管理宗教事务；坚持独立自由自办的原则；积极引导宗教与社会主义社会相适应。保护宗教信仰自由是其中最重要最根本的一条，它是宪法赋予公民的一项基本权利，它体现社会主义的人权观、平等观，是党和国家维护人民利益、尊重人民精神生活、实现宗教与社会和谐的必然要求，也是发挥宗教群体积极性的必要条件。社会主义社会要使人民过上幸福而有尊严的生活，而信仰尊严尤为信众特别看重，视之为精神生命支柱，必须受到充分保护。依法管理宗教事务是建设现代民主法治国家的需要，保证宗教活动正常有序，使宗教团体的合法权益得到有效保护，宗教对社会发挥积极作用的各项工作都能依法进行。坚持独立自主自办教会是维护民族尊严和国家主权，保证中国的宗教事业由爱国的宗教信徒自主办理，排除外国势力的支配利用，使宗教在爱国的旗帜下发挥积极作用，这也是宗教界在平等友好的基础上开展对外交往，推动世界和平的必要前提。积极引导宗教与社会主义社会相适应是发挥宗教积极作用的基础。首先引导宗教在政治领域适应，即爱国守法，然后在其他领域全方位展开，不断提高适应的层次，由被动适应到主动适应，由一般性适应到创新性适应，释放潜在的能量；同时社会也不断提供宗教适应与发挥作用的新的空间和前景，形成良性互动。

第四，宗教促进论要求我们清醒认识和准确把握当代中国宗教的现状、特点、问题和趋势，它在社会主义事业中的位置，以便端正我们的态度，认真解决"怎么样"、"怎么看"、"怎么办"三大现实问题。中国今天的宗教与历史上的宗教有同有异。同在于多神多教，包容开放，政主教辅，宗教在少数民族地区的民族性比汉族地区显著，宗教的爱国、尚德、贵和传统相续不绝。异在于古代宗教适应了作为政治意识形态的儒学，今天要适应作为意识形态的社会主义学说；由于社会革命和外来文化的猛烈冲击，原有的多元通和宗教生态严重失衡，中华传统信仰被边缘化，儒学则破碎化；改革开放以来，由于经济发展方式、社会结构的深刻变化，由于文化政策的开放和信仰需求的复苏，宗教从压抑状态迅速走向复兴，向中心地带传布，与市场经济相适应，流动性加快，与民族问题和中外关系相交织，在社会生活中的地位和影响增强，宗教问题与宗教工作成为关系党和国家工作全局，关系社会和谐稳定，关系全面建成小康社会进程，关系中国特色社会主义事业发展的大问题和重要工作。宗教在中国影响力总体上仍不及非宗教的世俗人文文化，却是不可忽视的精神力量、社会力量和文化力量。经过调适与引导，使这种巨大的力量成为社会主义事业的助力而不是阻力，乃是中国社会主义者的崇高而光荣的使命。

第五，宗教促进论尚未形成完备的体系，需要不断从理论阐释上充实它的内容；在现实层面上研究宗教在当前经济、社会发展中发挥作用的方法与途径，明确需要着力解决的认识问题和实际困难；在具体操作层面上提出应对的思路和策略及可行的建议与设计，使宗教促进论更好地进入社会生活，展现其旺盛的生命活力。

二、在六大建设中发挥宗教的积极作用

（一）宗教与政治建设

基本要求：发扬宗教界爱国爱教、团结进步的优良传统，维护法律尊严，维护人民利益，维护民族团结，维护国家统一；这是宗教适应社会、发挥积极作用不可动摇的政治基石。

从发挥积极作用的方法、途径及问题与对策的层面上说，有以下几点要着力研究与落实。

1. 建设中国特色社会主义宗教理论体系，为政、教、学三界所认同。这是基础性理论工程，很有必要。一方面，作为宗教工作指导思想的马克思主义宗教观必须中国化，但一些干部对党中央的工作方针跟不上，不去积极落实，重要原因是认识不统一；另一方面，几代中国共产党人不仅积累了丰富的宗教工作经验，而且善于总结，从理论和实践相结合的角度提炼出一系列新理念新观点，并在实际生活中发挥了积极作用，为中国特色社会主义宗教理论体系的完成奠定了厚实的基础。今后的任务是政界与学界紧密合作，在习近平新时代中国特色社会主义思想指导下，在已有的基础上进一步综合归纳，围绕着宗教与社会主义的关系，构建社会主义宗教理论体系，以宗教和谐论为轴心，将其他理论融入其中，深化其理论内涵，阐释其序列逻辑，使之既特色鲜明，又简易通达，通过研讨交流，逐步为社会大多数人所熟悉和肯定，成为一种主流学说，这样理论便会产生巨大的物质力量。这个过程，也就是马克思主义宗教观的中国化、时代化、大众化的过程。当然，已形成的宗教理论还要随着实践的发展不断加以修正和补充。

2.进一步调整政教关系，推动管理体制的转型。中国的政教关系，在历史上不同于其他国家和地区，在今天也应当有自己的特点和模式。与欧洲政教关系史相比，中国未曾出现政教合一的神权政治，政权主导教权、教权辅助政权是基本格局；也未出现一教坐大、排除异端的局面，多元通和是宗教关系的主流；宗教从未进入政治意识形态核心，主要在社会文化领域发挥"神道设教"的道德教化作用。当然也出现过政权滥用暴力、行政管理失控和过度、宗教被用来加剧社会冲突、民族对抗的情况。今日中国的政教关系，一要符合习近平新时代中国特色社会主义思想，二要吸收现代文明成果，三要借鉴中国历史经验。新型政教关系的原则应是：实行政教分离，实现政主教辅格局中的政教和谐。前者要求宗教不得干预国家行政、司法和教育，政府也不干预公民宗教信仰和宗教界内部事务。后者要求政府依法保护宗教信仰自由和宗教界合法权益，并且要依靠和关心信教群众，与宗教界人士做朋友，宗教团体要主动做好社会服务，发挥好在政府与信众之间的桥梁和纽带作用。

为此，要认真实现依法管理，让宗教团体有更大的自我管理空间；二要改变以往以防范宗教消极作用和应对突发事件为重心的监管，实现以发挥宗教积极作用和向宗教群体提供服务为重心的常态管理；三要消除某些地区政府插手办庙赚钱、助长宗教热的现象；四要减少乃至消除教职人员追求权位（代表或委员等）的风气，淡化宗教上层人士政治身份，克服宗教团体官僚化倾向。总之，政界对教界，管理而不包办，引导而不干预，合作而有分际，互动而能相得，摸索出一套依法管理的新体制。

3.加强各部门干部和公务员的宗教法规政策学习。鉴于宗教问题与政治、经济、社会、文化、民族、国际等各领域都密切相关，需要社会各部门协同宗教管理部门加以综合处理，才能有效解决；鉴于目前民族宗教统战系统以外的部门干部对宗教问题知识不足、观念陈旧，消极回避者多有，媒体经常"遗忘"宗教；又鉴于社会深刻变动与人口流动加快，引起宗教分布普遍化，宗教影响扩大化，需要整个社会重新认识宗教，以理性态度对待宗教，学会与宗教和谐相处，减少可能发生的矛盾冲突。以上种种缘由，都要求我们今后加大马克思主义宗教观、党的宗教工作基本方针和相关法律、法规、知识的宣传教育力度，使之成为必须普及的思想政治理论。一要普及到各部门领导干部，二要普及到政府各系统公务员，三要普及到各院校的大学生，四要普及到新闻出版系统，五要普及到宗教爱国人士和宗教团体。为此，可以编选若干干部读本、学生读本、社会读本，加强干部培训和院校教学，把宗教理论、政策法规纳入党和国家的正常宣传教育工作规划之中。推广国家宗教事务局政策法规司编写的《公务员宗教知识读本》，使之成为中央和地方行政学员公务员培训必修读本。

4.增强对中华民族和国家的认同，反对宗教极端主义和民族分裂主义。爱中华民族、爱伟大中国，这是包括宗教信徒在内的全体中国人的共同信念，也是中华民族振兴的精神保证。民族宗教如何摆正国家认同、民族认同、宗教认同这三者的关系，增强爱国观念和中华民族凝聚力，防止宗教被民族分裂主义势力所利用，是一项重大的政治议题。第一，要使爱国成为教界的信仰，牢牢扎根在心灵深处，例如伊斯兰教西道堂提出"热爱祖国是信仰的一部分"，还要使中国天主教、基督教也能有如此明确的宣示，在教义层面上解决国家认同问题。第二，在祖国观、民族观、宗教观教育中，使各族人民充分认识到中华民族不仅是文化共同体，也是命运共同体，从历史到今天，都是荣辱与共，风雨同舟，不可分离，56个民族必须共同团结奋斗，才能共同繁荣发展，打破民族分裂主义的欺骗宣传。第三，提倡宗教温和主义，反对宗教极端主义，揭露宗教极端主义既危害国家民族，又背离宗教博爱行善的宗旨，爱护鼓励宗教稳健力量成长，加快各教神学理论创新，及早形成中和改良的教理学说。第四，多办五教爱国人士综合研讨班和教内不同教派学习班，直接交流，互学互补，养成宗教间、教派间和睦相处、友好来往的习惯。新疆伊斯兰教与甘宁青及内地伊斯兰教之间，藏传佛教与汉传佛教之间，要加强对话沟通，教派之间的良性互动对于抑制"三股势力"的影响有特殊功效。

5. 发挥宗教文化的纽带和渠道作用，促进两岸关系和平发展，加强大陆与港、澳的联系。中华文化是海内外华人族群认同的最大公约数，是两岸和平统一的思想基础，也是香港、澳门归心国家的精神纽带。儒学是主干和底色，宗教也是其中重要组成部分。一是敬天法祖、认祖归宗的中华民族基础性信仰，其天神崇拜维系着中国人对价值源头的敬畏之心，其远祖崇拜（三皇五帝）维系着整个民族的文化认同，其近祖崇拜则维系着人们对乡土家族的眷顾。二是道教与民间信仰如三清、四御、吕祖、丘祖、关帝、妈祖等崇拜，都是内向型宗教文化，活动区域虽有海外与大陆之异，却是同根共生，血脉相连，而母体与祖庭在大陆，是国族团结的重要精神力量。三是中国化的佛教，两岸四地也是"法脉同源"，能够推动民族和解与最终统一。在台湾地区，"统独之争"与文化认同连在一起，"统派"认同中华文化，"独派"则要在文化上去中国化。对于儒、佛、道三教文化的看法与评价，我们要超越进化论与认识论的局限，从文化民族学和文化政治学的高度重新加以审视，则会有新的解读。台湾是中华传统宗教文化深厚发达、多元宗教生态良好之地，宗教文化在两岸交往中能发挥巨大作用，绝不可小觑。许多民间宗教如天帝教、天德教、轩辕教，乃至一贯道，皆有众多信众并且心向大陆，我们要调整原有的理念，充分估量台湾中华宗教界人士归心祖国的热情，充分认识和运用宗教文化的价值和渠道，促进两岸的接近与和解。已有的交流是成功的，今后应加大力度，拓展通路，发展两岸四地宗教界的民间来往，交流经验，互相学习。

6. 加快爱国宗教领袖的成长和提高宗教界人士的全面素质。经验证明，一种宗教的政治倾向如何和能否辅助政权，关键在它的领导群体和领袖人物。五大宗教必须有政治方向坚定又德高望重的领袖人物，才能自觉为国家工作大局服务、在重要时刻带领信众发挥积极作用。目前存在的主要问题：一是素有较高威望的宗教领袖相继衰老或过世，新一代接班人水平和影响与前代差距较大，不能有效衔接，也难以在国际上进行高端宗教对话；二是宗教团体的领袖人物忙于社会活动和来往应酬，无暇修习和弘教，有的追求权位私利，缺乏人格魅力。

建议：第一，确立宗教领袖年度修习期，闭关潜修，不受干扰。第二，参照藏传佛教格西制度，普遍建立健全教内学位晋升制度，引导教内精英提高宗教学识。第三，宗教院校举办研究班，聘用教内大德和大学、研究单位知名学者，联合培养宗教高级人才。第四，发现和鼓励基层涌现的优异宗教人士，尤其是不图虚名、有真才实学者，予以破格提拔。第五，高学历、高涵养的社会精英信教出家应是好事，可以提高宗教文化素质，也易于成长为宗教领袖。第六，普通大学学位教育向宗教人士开放，政策上予以适当照顾。

7.实施"阳光政策"，早日使地下教会回归合法生活。当前我国宗教领域存在的主要问题之一，是相当数量宗教群体及其活动处在灰色地带，包括天主教地下教会、基督教私设聚会点、民间宗教与新兴宗教。这种宗教二元存在状态为时已久，严重影响宗教和谐与社会和谐，也在考验作为政治统一大国的社会管理能力。这其中有历史遗留的老问题，有新形势下的新问题，有宗教概念狭窄不适应现实而出现的问题。但并非执政党遇到的老大难问题，都可以妥善解决。基本解决思路应是实施阳光政策，消除灰暗地带，让所有爱国劝善的宗教（邪教除外）都到地上来，生活在阳光之下，进入法律管辖、社会监督、宗教事务管理的视野，积极功能得以充分发挥，消极作用得以及时纠正。早日解决，利大于弊；久拖不决，弊大于利。尤其在社会矛盾空前增多、社会风险有所加大的情况下，灰色地带的宗教容易被各种社会力量操控，成为利益诉求的外衣和手段，甚至成为敌对势力利用的工具。解决的办法：一是加快外交努力，使中梵关系早日正常化，天主教的地下教会问题随即解决；二是在现有基督教爱国团体之外，另辟渠道，对合格的私设聚会点给予登记，实行属地分散管理，鼓励"三自"爱国组织主动帮助政府做好团结家庭教会的工作；三是用"大宗教"的概念逐步开放民间信仰，纳入地方民政管理体系，不再成立全国性民间宗教团体。解决这个问题，一要有紧迫感，二要有自信心，三要有政治智慧。

8.建立中央与地方各级的宗教工作咨议机构，吸收学者参加，使之制度化。改革开放以来，政界与学界在宗教工作领域建立了密切的良性互动与合作关系，政界给学界提供政治指导和实际经验，学界给政界提供理论支撑和参考建议，相得而益彰。宗教问题有其复杂性，宗教工作有其特殊性，需要理论与实际高度结合才能正确应对。因此，建议成立比较正规的中央与地方的宗教工作咨议机构，由中央统战部主持，聘请宗教学学者参与，定期或不定期就重大宗教问题进行通报和商讨，为党和政府的决策提供可选择的方案、建议，形成制度化的沟通渠道。地方宗教事务管理部门也要吸收当地有宗教学学养的学者，参与地区重要宗教问题的理论研究和对策探讨，有效发挥学者学以致用的积极性。

9.在全国政协民宗委和省市政协建立宗教工作小组，吸纳宗教界人士的意见和建议。全国政协和省市政协是我国各民主党派、社会团体参政议政的重要组织形式，历史悠久，作用巨大。它既有联系社会各领域各阶层精英的优势，又比普通的社会组织具有更为畅达到党中央、国务院和各级政府的信息渠道，在我国政治生活和政治建设中起着其他组织不能取代的地位和作用。但在以往的政协工作中，比较重视民主党派、港澳台人士与海外华侨，相对忽略宗教界人士与宗教工作；宗教问题在每年"两会"期间讨论较多，平时关注不够。鉴于宗教问题在国家政治生活中的地位有很大上升，为了更好地发挥宗教爱国人士的积极作用，建议在政协成立宗教工作小组，由民宗委副主任担任组长，吸收退居二线的宗教工作干部和宗教界人士参加，经常研讨宗教问题，提出建设性意见和建议，上报给全国政协领导与常委会，使政界与教界之间的沟通更为便捷和常态化。中央管理部门也可以将一些涉及民族宗教的适宜政协参与的重大现实研究课题交给政协民宗委宗教工作小组去调查研究，提供有价值的成果，供中央参考。

（二）宗教与经济建设

基本要求：发扬宗教界护国益民、自养济生、以义导利的优良传统，促进社会主义市场经济健康发展，推动文化产业的兴旺，为教民造福，为众生造福。

1.团结信教群众，与不信教群众一起，投身社会主义经济建设。发挥宗教促进经济发展的积极作用，最根本最重要的方式就是通过落实宗教政策、做好信教群众的工作、提高信教群众的物质与文化生活水平和宗教组织各种健康的活动水平，调动广大信教群众建设社会主义、发展经济的积极性和主动性，与不同信仰的群众一起，加快现代化产业的发展与转变发展方式，尽早脱贫致富，改善民生，优化环境，发展民族和地方特色文化产业，为全面建成小康社会做贡献，把对宗教理想的追求落实到为建设人间天堂而奋斗。并不是要求宗教团体和场所直接大办企业和公司，进入工商界中心舞台，追逐利润的最大化。那样将使宗教失去其神圣性而变质。

2.继承以庙促商、以商养庙的传统，发展当代教团自养经济。寺院和教会经济是宗教实体和活动赖以生存与发展的物质基础，因此发展教团自养经济是合理的和必需的。例如有限的土地、房产经营，教办企业，信徒捐赠，园林产业，宗教用品制造等。教团合法财产受法律保护，经营要符合相关法律规定，并接受国家财务监督。发展自养经济的目的是保证正常宗教活动的进行和为社会提供慈善服务，不是为了教职人员发财致富。为此引入市场机制和管理方式是必要的，但要防止宗教市场化，防止宗教为金钱所腐蚀。

中国有庙商结合的传统。如妈祖庙兼福建商会馆，万寿宫兼赣商会馆，孔子庙兼华商会馆，关帝庙兼晋商会馆。并非庙办公司，而是以信仰文化滋润商行群体，又以商业经济支持信仰活动，相得而益彰。这方面的经验需要总结，在新的历史条件下加以运用。借鉴港台地区经验，教团理教务，居士办企业，是可行的。既可以避免教企不分，又能相养互益，这是一种现代运作模式。

3.开发宗教文化资源，发展特色文化产业和旅游业，为转变经济发展方式做贡献。这是宗教文化促进经济发展的重要途径。宗教信仰是教界内部的事，但宗教文化却超出信仰群体而属于全社会，因此可以为全社会服务。一是兴办宗教特色文化产业，二是发展宗教旅游业。藏传佛教文化中的唐卡制作业，道教文化中的医疗业、养生堂和米酒制造业，都是特色文化产业，可以进入国内外共同市场。由于它依托宗教信仰，具有较强的公信力，受到社会的欢迎。由于它超出宗教信仰，具有产业化的能力，可以形成知名品牌，推动民族经济和地方经济发展。当然，也要防止出现问题，主要是教企界限不清和借教敛财的问题，要及时加以解决，使其完善化。教徒办企业不等于教团办企业，应当区别开来；教团的责任在办好宗教事业，企业主要依靠信众中有能力的企业家去办，把利润的一部分以资助的方式反馈教团。教团与企业关系的合理模式尚需进一步探讨。

宗教旅游业是方兴未艾的文化产业，是于国于民于教皆利的事业，但如何健康发展，则需要认真研究和总结。许多宗教场所的建筑艺术、文物、绘画、雕塑、楹联、书法及其园林，既是宗教圣地，又是人类宝贵的文化遗产和审美园地。宗教旅游面向大众，可以开阔眼界，陶冶性情，提升境界，增加智慧，享受美学，有益身心健康。同时推动文化交流，使人们学会欣赏异质文明，互相吸收。对于地方和教会而言，则能扩大知名度，增加收入，促进经济发展。但目前存在着许多尚未解决好的问题。一是宗教场所的宗教事业与大众旅游的关系，教团不应把主要精力转移到旅游事业，游客也不要影响信众的正常宗教生活，这个度不易把握，需要采取一系列措施；二是旅游收入在地方政府、旅游部门、宗教教团之间的分割如何恰当，未能有效解决，有的地方门票过高，影响信众随愿进入寺庙活动的问题仍然存在；三是开发宗教文化资源的主体不明晰，因而出现混乱和破坏原有文化遗产的现象。宗教旅游资源的保护、开发和管理是一门专业性、综合性、政策性很强的学科，要认真加以建设。

4.发挥宗教教义、教规中的道德劝善功能，推动经济伦理建设。宗教道德各有不同，但相同点在于为善去恶、关爱他人。市场经济按其本性是通过生产与交换，追逐利润，实现财富的积累，在客观上能够有效推进生产力；但若无道德和法制的介入，必然导致崇拜金钱，损人利己，贫富悬殊，因而与共同富裕、文明公正的目标相违背。所以市场经济的健康发展除了市场法制建设，还必须有经济伦理建设。在我国，加强社会主义核心价值对市场经济的引导是主要的工作；同时发挥各种宗教道德中有益成分对信教群体的积极影响，使市场行为受到思想上的规约，也是必要的。如佛教教义中的慈悲平等、自利利他、不偷盗不妄语，道教教义中的仁信为本、重生贵民、积财共享，伊斯兰教教义中的两世吉庆、和睦邻里、诚实守信、不做伪证，基督教教义中的荣神益人、爱人如己、公义平安等，都在教导信徒自我超越的同时，要关心和尊重他者与社会的利益，使大众生活在社会发展中共同提高。尊信宗教道德的人从事经济活动会走劳动致富、合法致富的路，抵制假冒伪劣、坑蒙拐骗的行为，减少经济犯罪现象，有利于社会主义市场经济的正常发育。各种宗教都要深入发掘宗教道德中的经济伦理思想，并整理出条理分明、通俗易懂的戒规，在信众中普及。

（三）宗教与社会建设

基本要求：宗教组织作为一种社会团体和非政府组织，以其特有的方式参与社会建设事业，发扬宗教界关心民众福寿康宁、慈悲为怀、救困济贫的优良传统，做好社会服务工作。

为适应全面建成小康社会的需要，近些年中央和社会各界都十分重视社会建设，把它与政治、经济、文化、生态文明建设相提并论。就目前我国的社会结构而言，是三大系统并列互补：一是党政系统，二是市场系统，三是社会系统。后两个系统都是改革开放以来发育成长的。党政系统重心在政治，市场系统重心在经济，社会系统重心在民间。社会建设的加快为宗教在新时期发挥积极作用创造了广大的空间。宗教的中心活动舞台不在政治，不在经济，而在社会。发挥宗教的积极作用一定要找准最适宜的空间，使其在社会建设中做贡献。

1. 兴办社会公益慈善事业是宗教界为社会事业做贡献的第一要务。宗教要服务社会、利益大众，社会便会关心宗教、爱护教团。兴办公益慈善事业体现宗教济世救人的信仰，有着悠久深厚的历史，也是当代各种宗教赖以获得社会同情与支持的重要方式。宗教公益事业以其崇高信仰形成的公信力和积累的丰富经验，可以大有作为。如：香港黄大仙啬色园与台湾慈济功德会为我们提供了成功的经验。它们"以善弘教"的模式得到社会高度评价，其特点是宗教群体关注的重心由拜神转变为济世，宗教活动的视野由教内扩展为社会，宗教教团的性质由神坛发展为社团，其中慈善事业的开展起了关键的作用，它也是宗教教团实现现代转型、发挥促进社会发展的有效途径。中国大陆公益慈善事业起步较晚，但有了兴盛的势头。宗教团体在近年抗震救灾、养老恤孤、济贫救危、助教助医等活动中有良好表现，应予鼓励。发挥宗教社会公益功能也是政府引导宗教适应社会主义社会的工作重点。目前存在的问题有：一是公益事业立法有空缺，免税政策不落实，使宗教界的许多善举无章可循。最近中央六部门出台了《关于鼓励和规范宗教界从事公益慈善活动的意见》，有待认真落实。二是有些干部的观念有待转变，认为宗教公益做得好会扩大宗教影响，缩小社会主义阵地，不懂得它是发挥了社会主义制度调动各界积极力量的优越性，媒体不愿宣传宗教界救灾济世的善举和模范人物，挫伤宗教界发挥正功能的积极性。三是民政部门和地方政府不愿留给宗教发挥积极作用的空间，既有意识形态的排他性，也有实际利益不愿适当放弃的考量。例如在有需求有条件的地方，养老恤孤、骨灰安放等可否部分转交给宗教社团去做，值得研究。在这方面可以思想放开一些。引导宗教多做公益慈善事业，既有益社会，辅助政府之不及，又有利于改变宗教界热衷政治活动和修庙立像的风气，使之发挥其优势并向健康的方向发展。因此地方政府要主动为宗教的公益事业提供合理的空间和相应的社会管理服务。

2.参与和谐社会建设，帮助政府化解民间纠纷和不安定因素，有效应对突发事件。建设和谐社会已被确定为治国方略。博爱人类、反对仇杀是宗教的共性，因此它有可能也应该积极参与和谐社会建设。但在现实生活中，宗教又常常被各种利益集团所利用，转而成为加剧社会矛盾、引起社会冲突的工具。首先，宗教要端正教义教理，坚守正信，反对宗教狂热和极端主义，警惕有害社会势力的煽惑利用。第二，宗教内部要做到和谐共事，化解教派之争，给社会树立和谐的榜样。第三，建立宗教之间的和谐，并促进民族之间的和谐，使之成为信仰的内涵和教团的责任。第四，实现宗教与社会的和谐，包括政教关系的和谐、教群关系的和谐，为民间社会的安定有序多做好事，在出现突发事件时能挺身而出，态度鲜明，反对动乱，维护国家安全和社会秩序。五大宗教教义中都有和谐智慧：如佛教讲"自他相依"、"慈悲平等"、"无缘同体"；道教讲"知和曰常"、"齐同慈爱"、"忠孝和顺"；伊斯兰教讲"亲爱邻里"、"谨守中道"、"公平行善"；天主教讲"天主是爱"、"恒行正义"、"含忍宽恕"；基督教讲"诚实和好"、"爱人如己"、"喜乐和平"。这些经典话语都应当发扬光大，使和谐思想根植于教职人员与教众的信仰之中，则能发挥巨大的现实力量。新疆"7·5"事件中，清真寺阿訇无一人参与暴乱，并严斥犯罪分子的暴行和威胁，为维护新疆的稳定作出了贡献，很值得赞赏和表扬。新疆经验证明，一要信任教职人员的大多数是爱国爱教的；二要在平时加强对教职人员的培训，使维护社会稳定和谐的思想深深扎根于他们的心灵深处，成为一种信仰的自觉。所以政府信任和依靠宗教爱国人士，主要通过他们去做信教群众的工作，不仅是可能的，也是必需的。当地宗教工作干部主动与教职人员交朋友，关心他们的生活与疾苦，做到坦诚知心，经常沟通，遇到麻烦，便能互相及时配合加以解决。因此，可以向所有宗教工作主管干部提出一个要求：必须在工作范围之内，交上几位宗教界的知心朋友，遇事可以随时交流，否则便不算合格。

3.参与文明社区建设与社区服务，成为促进民众安居乐业、民风淳朴向善的助力。全国性宗教团体和著名宗教领袖可以参与全国性社会事业，而更多的地方宗教组织和人士则宜将主要精力投入文明社区建设，开展社区服务活动，而社区建设乃是社会建设的基础，直接关系到民众的安居乐业和日常生活。近些年开展的创建和谐寺院教堂活动乃是一项创举，取得了丰硕成果，应进一步开展下去。和谐寺院教堂不是孤立的，它应与周边民众社区乃至更远的地方密切联系在一起，形成互动共建的局面。例如道教陕西老子楼观台开展生态文明社区建设，造福于周边大片社区，得到联合国的肯定和表扬。佛教河北赵县柏林禅寺开展"生活禅"夏令营活动，推动周围社区的祥和安定，也使其他地区青少年从中受到和谐文化的熏陶。伊斯兰教甘南西道堂不仅是一个宗教共同体，还是文化共同体、经济共同体与社会共同体，它的发展变革，既直接造福于穆斯林社区，也推动了周围社区的经济、教育事业，促进了汉、藏、回之间的团结与各宗教之间的和睦。这些经验都值得总结推广。政府部门协同宗教团体做好信教群众的工作，要更加重视基层工作，眼睛向下，帮助信众和其他民众排忧解难，提高社会服务水平，使百姓过上安居乐业的生活，并以百姓的满意度作为衡量宗教工作和教团工作优劣的标准。

4.鼓励教内外爱国知识精英进入宗教社团协助工作，打破与知识界的间隔。关于宗教在知识界较快传布的问题，社会上有不同的评价。一种看法是：知识信徒的增多，宗教的实力与影响由此提升，会带来社会主义思想阵地的削弱，对社会主义事业不利。另一种看法是：知识精英的进入，会提高信教群体的文化层次，从而有益于宗教的健康发展，也有利于政府的引导工作。对于这个问题要作具体分析。基督教在中国发展了一大批知识界信徒，其文化理念深受西方影响，而政治态度各有不同。有一些基督教青年知识精英成为基督教中国化的骨干，继承了爱国自立的事业，这支队伍需要扶持壮大。也有一些基督教知识信徒对中华文化缺乏了解和敬意，少数人成为西方推行"中国福音化"战略的积极分子。对于佛教、道教和伊斯兰教而言，知识精英的进入，主要作用是积极的，对于提高教团的素质以适应现代化新形势非常重要，只嫌其少，不嫌其多，大学教育要给他们提供方便。另外，鼓励教外学者建立与教团的友好关系，适当参与教内院校教学工作，合作进行文化研究，对于增强教内青年教职人员文化素质，开阔知识视野，推动宗教的现代转型，能起到重要作用。以往宗教院校聘请教内大德和教外一流学者共同参与教学，积累了许多成功经验，应当加以发扬。事实证明，宗教越封闭越容易走极端，素质越低下越容易出现邪异；反之，宗教越开放就越包容，素质越高越容易提升文明程度。

5.教团要建立与民众沟通的多种渠道，形成神职人员、出家信徒、居士群体、义工队伍、基层民众的多层辐射圈，便于彼此交流、互相促进。五大宗教联系民众的传统方式各有不同：佛教与道教以丛林僧团为核心，周围有居士群体，而无日常联系在家信众的渠道，主要靠寺院宫观的形象和活动吸引社区信众来到庙里进香。伊斯兰教则以清真寺为中心，形成教坊社区，与教民互动，能涵盖整个穆斯林群体。天主教以教堂为中心安排教民礼拜活动。基督新教使教堂小型化分散化，深入基层社区，使教牧人员更接近普通民众。近年来，佛道二教较为注重发展居士群体和义工队伍，主动加强与在家信众的联系，是一种积极的动向。加强教团与民众的联系，一方面有益于教团深入下层，扩大宗教社会正功能作用的范围，另一方面也便于加强基层民众对教团的监督，激发教团的活力。教团要鼓励它的义工队伍，不仅要为宗教活动服务，还要广泛参与社会生活，为国家、社会、民间各项重要社会活动服务，更多地关心社会上的弱势群体，行善积德，从而提升宗教的正面形象，改进社会的道德风尚，推动社会的精神文明建设。北京道协黄信阳会长团结道教居士和爱好道家文化的书画名家，成立研究会，精选书画上品拍卖，将所得款项捐助残疾儿童学校，获得社会好评。北京市道协还与中央民族大学合作开办道教研究生班，提高教内青年道长和居士队伍以及道家文化喜好者的素质，同时也密切了道协与各信仰层次群体的关系。

6. 借鉴港台宗教社团管理和活动经验，把宗教管理更好地纳入社会管理体系，促使宗教团体实现现代转型。港台宗教社团的现代社会转型比大陆要早，其管理与活动较好地纳入了社会管理体系，已积累了丰富的经验，我们要虚心加以学习，并结合大陆的具体情况加以创造性运用。如台湾佛教有四大法脉：星云住持的佛光山，证严住持的慈济功德会，圣严住持的法鼓山，惟觉住持的中台禅寺。四大道场秉持人间佛教精神，既坚持修习、弘扬佛法，又走向社会、服务大众，形成较为完备的社团体系。佛光山以建设现代化丛林为着力点，兴办慈善、文教和工商事业，拥有众多高层次人才，建立完善的民主管理机构和制度，并积极向海外发展，取得岛内外社会各界广泛的认同。慈济功德会以公益慈善事业著称，其最大成就是济助突发灾难，在台湾"9·21"大地震、印尼海啸、汶川"5·12"地震等救灾活动中，能做到迅速、周到、自觉、有力，受到普遍赞扬。其医疗救助事业，教育振德事业，皆有显著成就。其成功的经验，一是身体力行，以诚感人；二是感召善士，吸纳大众。法鼓山的特色是以"心灵环保"为主轴，建设人间净土，环保教育取得巨大成就。中台禅寺则推行"以新法参禅"，使佛法科学化、学术化、教育化、生活化、艺术化。四大道场各有特色，而共同点之一是领导群体善于经营，有一流管理水平，善于运用现代科技手段，善于吸引培养人才，善于与社会衔接互动。我们可以通过参访与会议，交流经验，为我所用。

宗教团体具有宗教性与社会性的双重属性，如何处理好两者之间的关系是一个复杂的问题。一方面要加以区别对待，宗教团体的宗教性及其相应活动是宗教内部事务，政府与社会不须也不应干预；宗教团体的社会性及其相应活动是涉俗事务，政府与社会应当也必须介入，使其符合公共生活规则。另一方面要加以统筹兼顾，宗教团体的宗教性会影响其社会行为，因此政府对教团建设要加以引导；宗教团体的社会性会影响其宗教信仰与活动，因此政府与社会要加强法制建设和社会公共管理，引导不信教民众正确对待宗教。处在急速现代化过程中的社会主义中国，宗教组织与活动方式要与时代同步前进，成为社会发展的促进力量；同时社会要以现代的方式和中国的模式，把宗教组织纳入社会管理体系，使其成为整个社会生活中的一个有着特殊性的正常的有机组成部分，形成动态而协调的关系。在这方面我们既较少理论研究，也缺乏成熟的经验，仍须在学习中探索。

（四）宗教与文化建设

基本要求：发扬宗教文化追求真善美、与人本文化良性互动和保护创传中华文明的优良传统，努力提高自身的理论文化素养，自觉与权力、财富保持距离，回归文化本位，在社会主义核心价值指引下，积极更新宗教文化，参与社会文化建设，贡献更多的精品，提升人生，丰富大众精神文化生活。

1.鼓励宗教界创新教义教理，依据时代精神和中华传统，实现神学理论的现代转型。宗教文化的核心是信仰，健康的信仰理念决定宗教文化的健康走向；反之，守旧的信仰理念必定导致宗教文化的滞后甚至走上极端

125

主义的道路。宗教经典和基本信仰是不变的，宗教经典的解释和宗教神学理论无不随着社会的发展而不断调整和更新，否则便不能适应时代而可能起延缓社会的作用或被社会淘汰。因此宗教神学建设是宗教的基础性任务。中国宗教近现代以来其神学理论一直处在变革创新之中。佛教提倡"人间佛教"，道教提倡"新仙学"和"生活道教"，伊斯兰教提倡"两世并重"论，基督教提倡"博爱神学"、"和好神学"、"生生神学"，都在继承各教基本经典教义的基础上有新的发展，体现出时代的需要和中华文化仁爱通和、入世尚德的精神。这项工作尚任重而道远，在各教之间、教派之间，进展很不平衡，有的教派教义教理比较守旧，被称为基本教义派，跟不上时代前进的步伐，也不符合当今宗教改革的新潮流，这样下去必然与社会进步发生矛盾，既不利于社会，又窒息宗教的生命活力，应当加以改变。我国宗教在总体上理论创新不足，目前尚缺少有影响力的神学理论体系和神学大师。但宗教神学的进步有个历史过程，也不宜操之过急，我们的工作重点是为宗教神学创新和高端理论人才的涌现创造适宜的土壤和更加宽松的环境。

2. 发掘、整理、研究丰富的宗教文化资源，在哲学、伦理学、心理学、文献学、医药学、文学、艺术、民俗、养生学等领域，贡献有价值的成果和智慧，推动精神文明建设。中国各种宗教文化是中华传统文化的重要组成部分，在历史上为中华文化的发展作出了重要贡献。如道教的哲学、伦理学、医学、养生学，佛教的哲学、伦理学、文学、语言学、艺术，都留下大量精品和宝藏，是今天文化建设的可贵资粮。中国宗教的强烈文化性决定它可以很好地发挥其文化功能，其活动重心不在政治与经济舞台，而在社会文化，要坚定地走哲理化、伦理化、艺术化的道路，继续为中华文化的繁荣做贡献。宗教文化典籍不仅有宗教性，还有多样性综合性，与社会文化诸多领域紧密交织，例如《道藏》便兼综百家、贯彻九流，是全社会共有共享的文化宝库，应予系统整理，多方开发。在这方面已有可观成绩，如《中华道藏》、《中华大藏经》、《新编老子集成》等。目前的问题有二：一是教内研究力量严重不足，二是社会相关学术队伍亦较单薄。因此今后要加强各宗教的理论研究队伍，健全研究机构，增强教内学术风气；加强教内外合作研究开发，社会相关部门要给予经费和人力支持；广泛吸引地方民间人士和组织，共同参与宗教文化资源的保护、研发和利用，使之真正成为全民的财富。北京市道协成立道家书画艺术委员会和道教音乐团，又邀请各界书画、武术、茶道名家举办"三清神韵·和暖中华"新春祈福音乐会，为北京市民众提供审美文化服务，受到欢迎。可见宗教界在文化建设上能够做许多事情。

3. 弘扬中华主流文化和各单元民族文化，引进外国优秀文化，建设中华民族共有精神家园，加强中华民族的凝聚力和包容性。党的十七大提出"弘扬中华文化，建设中华民族共有精神家园"，把中华文化的地位和作用提到一个新的高度。中华文化不单是实用层面的文化资源，还是整个民族安身立命的家园，是民族身份和认同的依据。其中既包括整个中华民族共同拥有的人文与宗教文化，如敬天法祖与儒、佛、道三教文化；也包括56个民族的特色民族文化，如伊斯兰教文化、藏传与南传佛教文化、南方巫教文化、北方萨满教文化、部分少数民族的基督教文化，以及民族地区特有的各种民间信仰和民俗文化。这些文化有核心（儒、佛、道），有基础（敬天法祖），又有多样性开放性，彼此互涵和谐，形成多元通和模式，体现了中华民族多元一体格局，打造了坚固的文化中国共同体，使中华民族共同体历经政治分裂和外部侵略而没有离散，始终维持了统一的主流，而内部又保留了文化的多样性和丰富性，对外保持了中华民族鲜明的文化标志与风格，没有沦为他国的文化殖民地。当今之世，文化因素日益介入社会政治、经济乃至军事竞争领域，民族文化软实力在提升国家综合国力和扩大国际影响力中的作用日益凸显出来。在这种国际国内环境中，我们要充分认识振兴中华文化的战略意义，认识继承和发扬中华文化（包括 56 个民族的文化和宗教文化）的重要性与紧迫性。既要有世界眼光，又要有民族主体。把中华文化看作是持久维持中华民族共同体的凝聚力，是中华民族生生不息的精神源泉。目前存在的问题：一是有些人把传统与现代对立起来，不能摆脱科学主义、自由主义思维模式的局限，坚持文化偏激论，视中华文化为"封建文化"，从而以否定性评价为主，看不到其普遍性与永久性；二是有些人把宗教文化与人本文化对立起来，不能摆脱苏联"鸦片基石论"影响，把宗教文化主要看作是虚幻、落后、消极的文化，看不到它包含的民族性与人类性内涵；三是有些人把中华民族文化的一体性与多样性对立起来，要么在强调一体性的同时主张淡化其多样性，要么在强调其多样性的同时忽略其一体性；四是兴办文化产业中只重视经济效益，而忽略社会效益，使文化产业失去内在精神，也影响到宗教文化的纯洁性。为此，今后在文化观上要通过研讨、宣传，大力推广"返本开新"、"综合创新"、"推陈出新"的理念和唯物史观指导下的宗教观文化观；还要加强文化产业的理论研究与管理体制建设，并正式把宗教文化纳入其中。

4. 发挥宗教的道德功能和心理功能是发挥宗教积极社会作用的两个重点。现代市场经济有两重性，在推动生产力大发展的同时，也冲击了社会道德，造成心理失衡。在中国社会转型期道德滑坡、矛盾增多的形势下，宗教文化能以"神道设教"的方式改善社会风尚，尤其在教徒聚居区发挥道德劝善功能更为显著；宗教文化所蕴含的"重心轻物"、"内心和乐"的智慧，可以有效帮助人们化解烦恼、舒缓焦虑、调整心态、治疗抑郁，起到一般心理学起不到的作用。在这方面，中国港台地区和国外都有许多可资借鉴的经验。大陆也有一些新生的宗教文化心理调适事业，如福建长汀的"内观"修习班、河北赵县柏林禅寺的"生活禅"都是以佛教为背景、面向大众的心理调适事业。其成功之处在于淡化宗教性，不借机传教与敛财，强调超越信仰的文化性和超越功利的公益性，所以受到社会欢迎。

5.发挥宗教教育配合国民教育的辅助作用，填补教育资源不足的空缺。关于国民教育与宗教教育的关系问题，在理论、法制、实践层面上都没有获得完满的解决。按照现代文明的通则，宗教教会与政权系统相分离，与国民教育相分离。在如何实现宗教与教育的分离上，英国、法国、德国都禁止教会直接操办国民学校，可以为学校提供资金，而学校要纳入国民教育系统；同时，学校要设置宗教文化课，但不能进行教派教育，也就是说可以向学生讲授宗教一般教义教理及历史文化，但不能为某教派传教作宣传。可见宗教与教育的分离是相对的。就我国而言，当代国民教育的独立性与基本全覆盖已成定局，任何组织和个人不得利用宗教进行妨碍国家教育制度的活动，已写入宪法和教育法。在新疆，一些地下经文学校或读经班，传播境外输入的宗教极端主义和民族分裂主义思想，使部分青年中毒，陷于恐怖主义犯罪，起了很坏的作用。这种情况的存在与地上宗教教育缺乏空间也有关系。所以，对地方自发举办的宗教教育要给予必要的管理和引导，而不是打压，关键是教育必须掌握在爱国宗教界人士手里，传布的宗教思想是理性、温和、开明的。中国伊斯兰教有清真寺办教育的传统，对这一传统资源简单抛弃不但不宜也做不到，而如何转化更新，使之成为现代国民教育的补充，尚需继续总结经验。

（五）宗教与生态文明建设

基本要求：发扬宗教文化敬畏自然、尊重生命、天人合一、珍惜资源、护养环境的优良传统，在理念上推动生态文明的阐扬和普及，在实践上使宗教场所成为生态文明的示范区，为建设资源节约型、环境友好型社会努力做贡献。

1.发掘和发扬宗教经典、论著中丰富的生态文明资源。佛教有"众生平等"、"因果相依"、"慈悲护生"、"戒杀灭贪"等思想，它的慈爱观涵盖自然万物，它的生活观力主净心制欲，充满了生态文明情怀。道教有"道法自然"、"物我同体"、"恶杀好生"、"三才相安"、"洞天福地"等思想，它的生命观、环境观都体现中和之道，有极为丰富的生态文明智慧。伊斯兰教有"物我合一"、"和合共生"、"和谐乐园"等思想，有益于保护生态。天主教和基督教有"神造万物"、"守护生命"、"节制生活"等思想，有益于人与自然的和谐，并在现代发展出生态神学，加入环境保护行列。可见，宗教信仰与生态文明有内在的一致性，能够成为扭转人类中心主义、推动生态环保的精神力量。1995 年国际宗教界在日本、英国召开了"世界宗教与环境保护会议"，中国道教代表在会上发表了题为《发扬道教精神，保护生态环境》的演讲，受到与会人士的赞扬。"世界宗教与环境保护基金会"成立，帮助世界上主要的环保机构与宗教社团建立联系，与联合国共同开发应对环境问题的项目，在中国太白山创建生态道观，召开生态教育座谈会，发布《秦岭宣言》，建立道教宫观生态联盟。这说明，中国宗教界已经在积极推动生态文明建设事业。

2011 年 3 月 11 日，日本大地震大海啸引发核电站泄漏事故，造成严重生态灾难，将长期影响全球环境，后果尚难完全预料。除了政界、学界和科学技术界要从中深刻反思外，中国宗教界理应从信仰文化尊重自然、尊重生命的角度作出反应，深入阐述中华文化天人一体的观念，提醒人类不能过度榨取大自然潜在的难控能量，否则会遭到大自然的惩罚。

2. 鼓励宗教界在宗教场所与当地政府民众一起建设生态文明小区。前面已提到陕西老子楼观台建设生态文明社区的成功经验，道教还于 2003 年在甘肃民勤县苏武山创办"中国道教生态林建设基地"。这种经验应该推广到全国各大宗教的宗教场所。所有的宗教场所要力争成为生态文明示范区，与当地社区一起，绿化环境，亲近自然，与动植物和谐相处。中国历史上有一批佛教道教寺观建立在名山胜地，经过僧俗的代代努力，寺观与周边环境交相辉映，文化与自然融为一体，成为风景秀丽的旅游胜地，陶冶着参访者的性情。今后佛教道教要继续与当地政府协作，在城市化迅速和旅游业兴盛的压力下，保护好环境与古迹文物，避免侵损，还要加大改善环境的力度，与当地的生态文明建设形成良性互动，积极参与国内外文物与非物质文化遗产保护事业和绿色运动，有计划地实施环境保护工程。此外，宗教界人士要严守宗教清规戒律，带头实践简朴节俭的生活方式，抑制奢侈浪费之风气，为建设环境友好型、资源节约型社会做贡献。

3．参与生态伦理建设的宣讲与移风易俗，使保护环境成为民众日常道德意识。环保意识的培育是生态文明建设的思想基础，也是相关法律法规顺利实施的前提条件。经过几十年的努力，我国民众的环保意识无疑是大大提高了。但仍然存在着不足：一是有些企业为追逐利润不惜污染环境，并且屡禁不止；二是有些地方，环保检查监督机构形同虚设，为人情私利驱使，敷衍欺瞒，严重失职；三是大江大湖污染已久，治理困难重重，如滇池；四是垃圾日趋增多，乱弃乱堆，随处可见。要解决这些问题，一方面要加大执法力度，另一方面要加紧培育公民的生态意识，形成良好风气。宗教界要有生态宣讲队伍，协同相关部门，深入学校、企业、社区，宣讲生态文明，唤起民众敬畏大自然之心，使信教群众和世俗大众增强环保意识。宗教院校都应设置生态环保课程。

台湾慈济功德会在全岛建立了5200多家"慈济环保站"，回收废品，宣传环保知识，走进社区与大众，把环保站看作最好的道场，并提出"环保五地"：谈天说地，净化大地，净化心地，敬天爱地，脚踏实地。这个经验大陆宗教界可以加以借鉴。

（六）宗教与和谐世界建设

基本要求：发扬宗教教义中博爱群生、爱人如己、普济天下的宽广情怀，与族教和谐、文化交往、和平使者的优良传统，克服唯我独尊、强人从己、排斥他者的局限，积极参与文明对话，调解民族与宗教冲突，反对战争，促进世界和平。

1.引导宗教界加快宗教神学的现代转型，抑制原教旨主义的保守、偏激，提倡宗教宽容与温和主义。1993 年世界宗教议会发表《全球伦理》宣言，把"每个人都应受到符合人性的对待"和"己所不欲，勿施于人"作为维持"地球村"的两项基本要求，把"坚持非暴力与尊重生命"、"坚持团结与公正"、"坚持宽容和诚信"、"坚持男女平等与亲和"作为四项不可取消的规则。按照孔汉思的说法：没有各宗教间的和平，便没有各文明间的和平。宣言表现了世界各宗教进步力量致力于维护世界和平的真诚努力。但如何使各种宗教认同宣言的基本原则、实现宗教之间的和平呢？我以为关键在于各种宗教内部必须加快宗教神学的现代转型，克服极端主义，从教理教义上实现向温和主义的转变，使温和主义成为主流。温和主义的最大特点就是承认信仰的多元性，在坚守自身信仰的同时尊重他者的信仰，不强人从己，不排斥别教，在信仰上提倡平等互尊。各种宗教只要由温和主义主导，彼此便能实现和平。而这正是中华民族宗教文化多元通和模式提供的中国经验或称为东方模式，其精华是相互尊重、相互学习。现在世界上占主流的宗教是亚伯拉罕系的基督教（广义）与伊斯兰教，不仅信教人口占世界教徒之多数，而且与当代国际政治密切交织，分别成为西方发达社会族群和阿拉伯社会族群的文化底色与文化软实力，而这两大社会族群之间的历史恩怨与现实较量，再加上以犹太教为底色的以色列与伊斯兰国家之间的对抗，形成当今世界文明冲突的焦点。犹太教、基督教、伊斯兰教是同源的三大一神教，其原教旨主义是唯我独尊、排除异己的。近代以来三教中开明革新派兴起，提倡宗教宽容和宗教对话，主张与其他宗教和平相处，这就是三教的温和主义。温和主义的流行将促使三大一神教之间改善紧张关系，从而为缓和西方世界与伊斯兰世界关系扫除思想障碍。在这一过程中，东方和中国文化将发挥积极作用。

2.大力向世界推介中国经验，并宣传费孝通的族教和谐箴言："各美其美，美人之美，美美与共，天下大同"，使之成为世界主流声音。中国历史上各种宗教大都认同孔子儒学的中和之道，以温和主义为主导，极端主义不能成为主流而且不能持久，因此宗教关系不仅大致和谐，还能渐行渐近，相互吸收。佛教崇尚因缘中和之道，提倡利乐有情、慈悲救苦；道教崇尚阴阳中和之道，提倡济世度人、有容乃大；伊斯兰教受到中华文化的熏陶，崇尚宽容仁爱之道，提倡两世吉庆、善待友邻；天主教和基督教的本土化教派崇尚博爱和好之道，提倡中和神学、道德救世。一神教进入中国后，或早或迟接受了中华中和之道的影响，走上温和主义之路，愿意做其他宗教的好邻居。我们要充分认识这一中国经验的当代价值和世界意义。中国宗教界要把它继承下来，发扬光大，并努力把它推向世界，加大它的声音，使它成为世界宗教界普遍认知的理念。

费孝通晚年提出的"文化自觉"十六字箴言："各美其美，美人之美，美美与共，天下大同"，体现了自尊与互尊、自信与互信，把爱国主义与世界主义结合起来，乃是宗教与文明和谐的中国经验的精辟概括与表述，既适用于中国内部宗教关系、民族关系和各种文化关系，也适用于世界宗教与文明关系，已经得到中国人普遍的认可与赞扬，产生越来越大的影响。我们要把费老的十六字箴言视为代表整个中国文化观的核心理念，加大对外宣传的力度，在联合国和各种国际会议上宣讲，鼓励宗教界人士宣讲，使世界上更多的国家和人士熟知它，逐渐成为流行话语。

3. 依托宗教团体，更加有力度地走向世界，更为主动地开展国际宗教文化交流和宗教对话，为世界和平与发展做贡献。世纪之交以来，五大宗教的国际交流与合作日趋活跃，成效显著。中国宗教和平大会积极参与世界和平大会的活动，积极响应联合国通过的一系列宗教与文化对话的决议、宣言。2009 年参加在哈萨克斯坦举行的第三届世界与传统宗教领袖大会。为响应联合国"世界不同信仰间和谐周"，2011 年 1 月，五大宗教在北京召开座谈会，发表《倡导宗教和谐共同宣言》，提出五大主张：坚持爱国爱教、主张平等包容、弘扬和谐理念、反对歪曲利用、发挥积极作用。同意每年 2 月各宗教以自己的方式举行活动，传达和谐与善意，倡导宗教和谐理念。2006 年、2009 年佛教界举行两届世界佛教论坛，主题分别是："和谐世界，从心开始"，"和谐世界，众缘和合"；2007 年道教界举行国际道德经论坛，主题是："和谐世界，以道相通"，2011 年道教界举办国际道教论坛，主题是："尊道贵德，和谐共生"，都取得很大成功，向世界传布了和平的信息，扩大了中华文化的影响。

今后这方面的活动要继续做下去，还要做得更好更有创造性。一是充分发挥爱国宗教界的主体性，尊重他们的意见，政府给予支持但不在前台包办；二是与学界加强合作，提高论坛的学术水平；三是一教主办又适当邀请多种宗教的代表人物参会，体现诸教和谐。通过佛教加强中、日、韩、越四国人民及中国与东南亚国家的友好关系，通过伊斯兰教加强中国与伊斯兰国家的联系，通过基督教增进中国与西方世界的沟通与理解。目前，中国佛教与道教举办国际论坛的条件比较成熟，而中国伊斯兰教和基督教如何举办国际性会议则因情况比较复杂而不易进行。但 2006 年中国成功举办以"和合共生"为主题的"上海基督教与伊斯兰教交流和对话研讨会"，初步积累了经验。中国是最有条件推动一神教之间对话的国家，不妨先举办中国伊斯兰教或基督教与某些国家的温和主义教派之间的对话或研讨会，规模小一些，只要没有宗教极端主义的干扰，是可能成功的。

4.建设高素质的弘教队伍，建立常规性的对话机制，掌握对话的主动权。五大宗教都应建设一支学术研究和弘教队伍，宗教学识高，文化素质好，有创新精神和中国气派，其领袖人物在世界上有一定影响，外语熟练，了解世界形势与宗教，能够较好地担当起民间外交的工作。以这支队伍为依托，不仅经常参加国际性的宗教交流活动，还要以中国为主体开展宗教对话，在中国建立较为稳定的国际宗教对话论坛，一如博鳌论坛。我们不能总是被动地抵御西方基督教，也包括某些境外伊斯兰教的非法渗透，而应变被动为主动，运用中国模式的基督教和伊斯兰教文化积极影响国外的宗教，共同走和谐友爱的道路。中国宗教界开展国际交流，外语人才是必不可少的。天主教与基督教人士懂英语者、伊斯兰教人士懂阿拉伯语者较易挑选。要进一步解决的问题：一是语种要扩大；二是宗教学识要提高。佛教与道教最缺外语人才，不能全靠聘用教外翻译，必须教内大力培养，教语双修，拥有一批宗教学识与外语能力兼优的青年俊才，不单能担当交流活动的翻译工作，还能够把中国佛教与中国道教的经典、教义、创新理论有效介绍到国外，使世界更好地了解中国宗教文化。佛教举办英语培训班是好经验，道教更要抓好这项工作。也可以选送青年学子到大学或国外进修外语。

5. 完善法律法规，依法制止境外对我国的扩张性传教，维护民族宗教地区的稳定。在世界宗教史上，传教方式大致有三种：一种是自然性传教，通过弘教吸引民众信教，讲究真信、自愿，如汉传佛教和道教；一种是民族性或地方性传教，宗教信仰与民族文化认同或与地方宗教风俗相结合，如中国回族伊斯兰教、藏传佛教和妈祖信仰；一种是扩张性传教，或用武力强迫信教，或用功利诱人入教。欧洲历史上"十字军东征"时在占领区强迫改变信仰，便是武力传教，这种方式在当代行不通了。当今境外一些基督教会在中国实施基督教扩展计划，用各种手段拉人入教，类似商业包干传销，以扩大地盘势力和扩增教徒为第一要义，而把救世的崇高信仰排挤到后面，把关心人从目的变为手段，这就是扩张性传教。这种传教方式不仅不能做到真信、自愿，还往往不能尊重民族共同体的信仰自由，强行进入基本全民信仰伊斯兰教的民族地区，违背宗教互尊和宗教和谐的精神，人为制造矛盾与冲突。韩国基督教会在中国进行扩张性传教最为积极。对此，我们要制定相应的法规，与爱国宗教团体合作，制止这种地下的扩张性传教活动，并从思想上揭露扩张性传教违背宗教的救世宗旨，有害社会和谐与民族团结，是宗教狂热的表现，动员社会各界提高警惕，共同加以抵制。这也是反对宗教在传教上的极端行为，是建设和谐世界的需要。

三、五大宗教要依据自身的特点和实际发挥积极作用

要实现宗教发挥积极作用，除了要解决好中国宗教面临的一些共同性的问题之外，还要考虑到各宗教之间的差异性。中国各宗教的起源、历史、教义、文化各有自己的特点和道路，因而在中国社会中的地位和作用也各不相同，存在的问题也不尽一样，它们发挥积极作用的途径和着力点当然也应有差别。我们在考察各宗教在今日中国发挥积极作用的问题时，必须从实际出发，把中国宗教的一般性与特殊性结合起来，才能抓住关键问题，提出有针对性的建议。

（一）佛教

佛教是外来宗教里中国化最成功的宗教，在中国有两千余年的历史，已经与中华文化融为一体。它的神灵意识并不强烈，而教义中充满着宇宙人生哲理，是哲学型宗教。它以"诸恶莫作、众善奉行、自净其意"为信仰原则，是道德型宗教。它以慈悲、平等为怀，有着从禅宗到人间佛教的传统。中国佛教主流向来不介入政权系统运作而保持着依靠和辅助政府的地位，较好地适应了以儒学人本精神为主导的中国传统社会。因此，引导佛教适应社会主义社会，发挥其促进经济社会发展的积极作用有着深厚的基础。在社会主义现代化和市场经济新的时代条件下，如何适应和发挥作用，佛教既有良好的表现，也存在着一系列的问题需要着力解决。

1.现代佛教理论创新力度不够，缺乏有影响力的新佛学，要不断推出新成果。太虚大师提出"人间佛教"（或人生佛教）以适应现代社会，赵朴初居士一生致力于实践"人间佛教"，重振宗风，服务当代，推动和平，使中国佛教在东亚和世界有很高的声誉。赵朴初之后，尚未有新的佛学大师，也缺少大气磅礴的新佛学。居士佛教也未有杨文会这样的代表性人

物。佛教的高僧大德与佛学的创新要依靠佛教界自身的努力，政府和社会的责任是为它创造有益的环境，加以支持和推动。加强海内外交流与研讨，是佛学发展的重要方式之一。目前"人间佛教"的发展有世俗化过度的偏向，如何在救世时保持其超越精神，把入世与出世有机结合起来，尚待理论的探索和实践的开拓。

藏传佛教存在的问题与汉传佛教不同，它是出世性太强，而入世性不足，不能适应开放的现代化过程中的藏族聚居区发展的需要。而宗教保守封闭就容易落后走极端，与社会进步相抵触，所以它也面临着佛教理论的革新，只是着力点与汉传佛教有所不同。两支教系要互相学习，取长补短，则可相得而益彰。

2."人间佛教"的优良传统有待实践中进一步发扬光大。赵朴初总结出中国佛教三大优良传统：第一是禅农并重；第二是注重学术研究；第三是国际友好交流。禅农的"农"指有益于社会生产、服务的劳动，要求佛教徒在宗教修习的同时积极投身社会主义建设事业，不做寄生者。佛学研究决定佛教的文化水准，每当高僧辈出、译著丰硕、精品涌现的时候，便是佛教兴旺、有力推动社会文化繁荣的时候。现在佛教对中华文化的贡献尚不理想，要大力提升文化品位，在文学、艺术、哲学、历史学等领域多出一流成果。赵朴老生前带头推动国际交流，架设中、日、韩友谊金桥，打通中国佛教界与东南亚国家及美国的沟通渠道，在国际上树立了很高的威望。今后中国佛教界要继续举起赵朴初这面爱国爱教的旗帜。这面旗帜不能丢，要举得更高，研究他，学习他，宣传他，从理论与实践的结合上继承他开拓的人间佛教事业，发扬中国佛教三大优良传统，为改良社会、提升人生、维护和平多做贡献。

3.佛教寺院经济发展中的问题与对策思考。中国历史上佛教寺院经济较为发达，实行寺院财产僧团所有制（僧主掌管），与封建地主所有制相联系，成为社会经济的重要组成部分，对于佛教事业有正负两面作用。苏联十月革命后，没收教会财产归为国有，将基层教区财产交地方政府。我国寺院经济所有制既不能沿袭历史旧制，也不宜仿效苏联，而应有新的规定。《宗教事务条例》明确规定，宗教财产（包括房屋、土地、文物、宗教用品、各类设施、宗教性收入、捐赠、教办企事业资产等）受法律保护。但宗教房产不能擅自转让、抵押、投资、买卖。宗教收益属非营利组织所得，要用于宗教活动和公益事业，不能私分，要接受国家财务监督。目前相关的法规，对于宗教的不动产在产权归属上仍不够明晰，是国家所有，还是僧团所有？许多寺院文物乃是文化遗产，应按《文物法》加以保护，无论僧团还是教外组织机构皆不得随意处置。在管理和使用上，还有许多宗教场所为地方占用，从事其他事业，引起利益纠纷，解决起来非常困难。在宗教动产方面，有不少寺院香火旺盛，捐赠踊跃，企事业发达，积累了大量财富。但在发展经济方式上尚未成熟，如"少林模式"就颇受争议。在财务上有些寺院成为不应有的"特区"，管理松弛混乱，黑箱操作，金钱流入少数管理者腰包，既伤害诚信者的感情，又腐蚀僧团信仰，害莫大焉。社会人士对于某些佛教寺院商业化气息太浓和财务黑幕，批评甚多。今后的解决办法，除了教团要健全内部管理制度以外，严格落实新出台的《宗教活动场所财务监督管理办法（试行）》，将佛教经济活动进一步纳入社会管理体系，是不可缺少的一环。当然，也要依法保障教团与僧人的正当权益，享受公民应得的福利待遇。

4.佛教寺院的讲经修习和与信众的沟通要大力加强。佛教界有识之士指出，中国佛教发展现状存在的问题是：寺院多，僧人少；供养多，学修少；信众多，引导少。这是很有见地的。现在全国恢复、重建和新建的佛寺很多，但大部分寺院的常住僧众不足规定人数，有的仅有一两位僧人，而且素质不高，有些人出家是为谋得生活出路，视出家为一份职业，甚至混有个别假冒僧人骗取钱财。如此状态难以保证寺院讲经修习和佛事活动正常开展。今后要加大佛学院培养力度，多出人才，充实各地寺院。现在在家信众生活水平普遍提高，寺院香火钱迅速增多，由此僧人也由贫变富，生活资料充裕，使用手机、电脑，来往坐汽车、飞机，这是社会发展的结果。但是由此也带来僧人热心攒钱，安享清福，淡化修行，不守戒律，损害佛寺的声誉。因此端正道风，关乎佛教的前途，应是当务之急。要强调以戒为师，以德为先，完善僧人学识等次的认定和学位晋升制度，淘汰劣行冒滥者，清整教门，建设弘法净土。我国佛道教不同于伊斯兰教和基督教的地方之一，是有组织和正式入教的正规教徒人数少，而散居在家的信众多。在家信众中，又分佛教居士与一般信众，而后者又往往儒、佛、道三教兼信，既烧香拜佛，也磕头求仙，还时常敬天祭祖，不过不同人群偏重不同而已。这样的群体至少有数千万之众。目前许多佛教寺院只顾闭寺自修，没有向外热情，坐等信众上门，形成自我孤立。今后应当打破封闭状态，住寺僧人要主动建立与居士和一般信众之间的经常性联系，关心他们的宗教生活和世俗生活，向他们弘法，为他们解忧，倾听他们的意见，接受他们的监督，建立佛教义工队伍，共同参与寺院法事和公益活动，把纯化信仰与普度众生、提升佛法与普及传道结合起来。佛教应当走向人间，但不是让僧人混同人间，而是让佛教智慧走向人间，让慈悲善德走向人间。

（二）道教

道教是五大宗教中唯一土生土长的宗教，与道家哲学和古老的民俗文化血肉相连，其特色是重生贵养，苦己利人，兼容包纳，恬淡虚静，多神崇拜，道术相依，有深厚的爱国济世传统。在历史上道教与道家连为一体，与儒家、佛教并立，成三足鼎立之势，是传统社会三大精神支柱，又互相吸收，构成中华文化的核心，对汉族和许多少数民族的民间文化有着广泛的影响。清末以来，道教渐趋衰落。在当代社会变革中，道教因其杂而多端和重术轻道被进步力量视为"封建迷信"而受到较大冲击，理论陈旧，人才缺乏，更加颓危。但道教有识之士一直在努力改革道教，促其新生；道教以其草根性在民俗文化中保存了生命活力。改革开放以来，随着民族文化意识的觉醒和社会回归理性，随着宗教信仰自由政策的不断落实，随着道教新一代骨干人士的成长，随着学术界道教学研究的繁荣，道教已经走出低谷，恢复生气，逐渐兴盛，进入它近代以来最好的发展时期，在建设和谐社会、和谐世界和促进社会发展、民生事业中发挥了积极作用。但它仍是五大教中力量最弱的宗教。社会人士要充分认识道教在中华文化多元生态中的独特地位，因而给予更多的关注。

1. 道教要完成现代转型，首先要创新义理体系，加强理论建设。自民国时期陈撄宁大师创立新仙学以来，道教在理论上无重大建树，逐渐脱离时代，被边缘化是必然的。20 世纪 90 年代，道教界有人提出"生活道教"的理念，尝试开拓新路，受到教内外人士欢迎。但由于教内保守力量的反对，这一创举被迫停止，甚为可惜。"生活道教"不仅主张道教要走近民众现实生活，还要改良生活，提高生活，以自身特有的方式利益大众、服务社会。"生活道教"恰与"人间佛教"相对应，其内涵可以从"爱国爱族"、"生命道教"、"人文道教"、"民间道教"、"生态道教"、"人间神仙"等方面加以阐扬，是很有发展前景的，应当加以支持，继续进行探讨。现在，道教界任法融道长著有《道德经释义》，学术界李养正先生著有《道教义理综论》，卿希泰先生主编《中国道教思想史》，还有很多相关新著，都为道教理论创新积累了学术资源。道教义理的创新，必须加强核心经典的训练，必须接续以往儒、佛、道三教融合的开放包容传统，必须吸收当代人文与科学的新成果，必须符合构建和谐社会、和谐世界的时代需要。改革开放以来，在宗教学领域，道教学研究异军突起，发展迅猛；同时，学界与教界合作开展道教教育，进行道教典籍整理，举办道教文化学术研讨，学术氛围比较活跃。这几年道教界开展玄门讲经和问道活动，吸引道众提高理论素养，是好的经验。今后道教义理的创新，主要依靠道教界高道的努力，也离不开与学术界的沟通合作，教界与学界交流共进的传统要发扬下去。

2.要加大道教青年人才的培养力度。改革开放以来，在政府的关怀下，在道教界和学界前辈的努力下，道教出现一批弘道明德的优秀中青年人才，能够带领道众，建设新型道观，主动适应社会主义社会，发挥促进经济社会发展的积极作用。

但是，由于原有基础薄弱，道教青年人才仍远不能满足道教蓬勃发展的需要，宫观多、道长少的现象所在多有。例如山东烟台昆仑山神清观已经重建，河南王屋山阳台宫也已恢复，都缺少高道主持教务，都向中国道协伸出求援之手。因此，大力加强道教院校培育人才的力度，向各地宫观输送合格道长，是当务之急。一是加强中国道教学院的教务工作；二是鼓励各地道协道观办学；三是举办各种骨干训练班、研究生班。这些都需要教界与学界合作，充实师资的力量。

3.开发养生文化资源是道教利益大众服务社会最重要的途径。道教是重生乐生的宗教，不追求死后灵魂得救，而主张性命双修，炼养生命，提升生命的质量，从而达到健康长寿的目标，因此积累了内涵丰富的祛病健身的养生文化。它的神灵崇拜和长生不死的信仰属于教内的精神追求，而它的养生文化却超越了信仰的边界，能造福于社会大众，对于当代为身心疾病困扰的人们，尤其是一份珍贵的文化营养，最值得社会各界共同研发运用。道教养生文化是多层次的：兼生命哲学、养生原则、炼养方法、治病医学而有之。它重视生命的整体性、动态性，生命体同环境的有机联系，保养生机，开发潜能；强调心理训练（性功）与生理训练（命功）兼修共进，以期形神相养、身心俱健；它总结出静功与动功相结合、内养与外炼相协调的一系列养生方法；它在防治疾病上，形成融合药物治疗、心理治疗、饮食治疗、行为治疗、信仰治疗为一体的综合式医学模式，凝结为许多重要的医学著作以及口传身授的治病健身经验，成为我国中医药学的重要组成部分。它的"自然养生"、"清静养生"、"以德养生"的养生原则，对于现今陷于忙累、恣肆、烦恼之中的人们有很好的调节作用和参考价值。道教界应与学术界、医务界、实业界一起，认真整理研究道教养生文化，除去其神秘的成分，提取其科学内容，结合新时代的需要，创造出新形态的养生理论和方法，以多种途径向社会普及，为提高全民的身心健康做贡献。现在许多道教宫观开办养生堂，为社会人士疗病健身服务，方向上是值得肯定的鼓励的。有的在管理上存在这样那样问题，应不断予以改进，但不能因此而放弃这项工作。中国道协成立道家养生委员会是件好事，应该得到社会的支持；道教界也要虚心听取批评和建议，不断总结经验，不断改进工作。

4. 道教宫观文化如何管理和发展，要总结经验，继续探讨。道教宫观是道教活动场所，供奉神灵，拜神祈福，修道讲经，是集中体现信仰的神圣性和宗教行为的地方；它还承载着道教的文化成果如人生箴言、雕塑与绘画、建筑艺术、典籍文物等；它也是道教团体日常工作生活的地方；它又是道教与社会交往的基地，承办民间性节日、庙会、旅游等一系列文化活动；为了维持道教的生存和活动，宫观还要经营自养经济与社会生活发生广泛联系。在现代化新形势下，道教宫观受到市场经济的冲击，也由于社会的急速变革而面临着与时俱进、管理与活动方式的转型问题。其中最突出的是道教宫观文化与社会旅游产业的协调问题。两者之间有统一也有矛盾。宫观的神圣性与文化性是发展旅游的精神资源和审美高地，旅游产业可以为宫观文化提供保养、建设资金，扩大宫观文化的影响力。但是，地方上发展旅游容易着眼于经济效益，从而滥用宫观资源；旅游的兴旺也会影响道门的清静，腐蚀一些道士的心灵，从而影响道教的健康发展。还有一个现实的问题：宫观所在名山胜地的开发往往由地方出资，形成规模较大的景区，因此在景区管理上宫观与地方发生矛盾，门票价高，普通信道民众不能随意进山祭拜神灵，使宫观与民间下层道众隔绝，宫观孤独化，从而动摇道教的根基。佛教寺院也有同类问题。这类问题需要地方政府与道教宫观协商处理，做到统筹兼顾，而要以保护文化和发挥社会效益为前提。中央有关部门应给予指导，并出台相关规定。

道教宫观文化管理，已涌现出一大批先进的典型。如任法融道长主导的陕西老子楼观台，黄信阳道长主导的北京吕祖宫，黄至安道长主导的衡山南岳玄都观，丁常云道长主导的上海钦赐仰殿，袁志鸿道长主导的北京东岳庙，李光富道长主导的武当山诸宫观，胡诚林道长主导的西安八仙宫，他们的宫观管理经验都值得深入总结，在交流中推广。吉林市玄天岭玄帝观，在陈崇真、马高平师徒二人努力下，白手起家，依靠社会各界支持，数年内重修观阁，大功告成；同时与政界、学界及当地社会各界建立了和谐关系，成长起一批义工队伍；注重端正道风，以德弘道，为民众提供社会文化服务，赢得良好声誉，为东北地区道教树立了一个先进的榜样，社会应予以支持和鼓励。

5. 道教要发挥积极作用必须处理好"道"与"术"的关系。老子是道教的导师，他的《道德经》蕴含着宇宙、社会、人生的大智慧，用贯通天、地、人的大道提升道教，指引道教，保证道教有一个宏大而高远的精神方向，避免道教下落为一般的世俗崇拜。而且老子对中华文化有全局性影响，在世界上有崇高威望。所以中国道教界要高举老子这面旗帜，用《道德经》"道法自然"、"尊道贵德"的理念从事道风建设，参与社会事业，推动世界和平。同时道教又是注重道术的宗教，"道无术不行"，包括丹道炼养术、斋醮科仪术、治病健身术、祈禳消灾术、符箓星命术，等等。道士通过道术修炼自身并为民间提供宗教服务。道术最与民间信仰衔接，边缘模糊，互有交错，道教由此扎根于基层民众。若无术则道不能进入民间，若无道则术流于低俗，所以应当是以道导术，以术体道，互相结合。但现实中道与术常常脱节，出现许多负面问题。中国民间信仰杂而多端，管理上面临许多困难。有些民间信仰接近道教，有些则接近佛教。道佛二教如自身教风纯正，管理有序，可以把部分民间信仰吸纳进来，既便于管理，又利于整合、提高民间信仰，不失为一种可行的民间信仰管理模式。台湾道教将妈祖信仰吸收到自身管理体系是成功的。大陆也出现这种模式，如甘肃礼县现有民间信仰场所 64 处，其中纳入佛道教管理的有 48 处，占总数的 75%，这些民间信仰场所易于脱离庞杂无序，走上正规化的道路。

（三）伊斯兰教

伊斯兰教是世界三大宗教之一，教徒有 15 亿人口，主要流行于阿拉伯族群。中国伊斯兰教信徒约 2100 万人，主要在十个少数民族中流行，基本全民信仰，而其中最大的穆斯林群体，一在回族，二在新疆维吾尔族。中国伊斯兰教与中华传统文化有不同程度的结合，逐渐成为中华文明的组成部分，同时保留着鲜明的民族特色。中国伊斯兰教的民族性在五大宗教中是最突出的。

1. 中国伊斯兰教与民族问题相交织是宗教工作必须优先关注的重点。中国伊斯兰教不追求国家政权，只满足于在族内兴教；同时伊斯兰教涵盖信教民族社会文化的方方面面，成为一种生活方式。宗教问题于是成为民族问题的组成部分，民族关系决定宗教关系，宗教关系影响民族关系。我们既不能把民族与宗教混同，因为民族性大于宗教性又比宗教性更加稳定；同时也不能将民族与宗教分割，因为两者是血肉相连的。我们要以人为本，着眼点在人，在民族平等、团结、合作、和谐，发挥各民族人民的经济社会发展积极性，为此而尊重人的信仰，尊重民族的信仰。因此处理民族宗教问题，必须首先牢牢树立民族平等互尊的意识，那么尊重民族信仰选择和自由的问题就随之解决了。伊斯兰教信仰又处于十个民族价值体系的核心，是其民族的精神依托，信众视之如生命。尊重这些民族就必须尊重伊斯兰教；信任和依靠这些民族，就必须信任和依靠广大的穆斯林。

汉族人口多干部也多，我们在边疆民族地区工作的汉族干部，总体表现是好的，能够为民族团结、边疆发展做贡献。为此，编写或修改民族与宗教政策干部读本，对民族地区干部尤其汉族干部进行马克思主义民族观、宗教观的教育与培训是必需的，务求做到普遍轮训，达到合格的标准。

2. 中国伊斯兰教界要发扬爱国守法传统，处理好国家、民族、宗教之间的关系。伊斯兰教是跨国界的，又与十个民族相结合，它的国际性与民族性都比较突出。宗教界要发挥积极作用，必须把国家认同、民族认同、宗教认同三者统一起来。冷战结束以后，意识形态淡化，国际上民族主义出现新浪潮，民族与宗教意识上升，其中民族分离主义、宗教民族主义和宗教极端主义和滋生的暴力恐怖主义也传染到中国，影响边疆的安定团结。因此中国伊斯兰教界尤其在新疆的穆斯林，一定要加强爱国意识，维护民族团结，抵制"三股势力"的破坏活动，并视其为教团发挥积极作用的首务。要从信仰上确立国家认同是第一位的，在这个大前提下确立民族认同和宗教认同。为此，一要在"卧尔兹"讲经中体现爱国守法观念；二要提倡伊斯兰温和主义；三要表扬先进宗教界人士和信众模范；四要切实关心和改善穆斯林生活；五要依法及时惩处"三股势力"破坏活动。做好信教群众的工作，把他们团结在党和政府周围是第一位的，是工作中心，这样才能孤立和瓦解敌对势力。在这个问题上绝不能迷信行政的强制的力量，而要花大气力为民兴利、赢得民心，充分依靠和发挥宗教界人士的爱国情怀和主动性、自觉性。团结了大多数，问题就好解决了。十年来中国伊斯兰教界开展"解经"工作，以伊斯兰经典为依据，以时代精神为导向，编写"卧尔兹"，把伊斯兰教传统的爱国、和平、团结的思想融入其中，在提高伊斯兰信众宗教素养的同时也有效地增强了他们的国家观念、法制观念和社会责任，也培养和锻炼了理论人才，应当坚持下去并做得更好。西北回族伊斯兰教和平传入，接受中华传统文化的仁爱通和精神熏陶较为深厚，新疆维吾尔族伊斯兰教当初是武力传教，后来由于地域的间隔与中原文化交流相对稀疏，而受境外原教旨主义影响较多，宗教极端主义易于传播。为了更好地引导新疆伊斯兰教走温和主义道路，今后除了加强内地与新疆的政治、经济联系以外，还要加强彼此的各种形式的文化交流，其中包括回族穆斯林与维吾尔族穆斯林之间的宗教思想对话与沟通。两者有共同的宗教语言，而又各有特点，容易在交流中互补共进。现在有的地方由于强调属地管理而禁止不同地区宗教界的民间来往，这不利于宗教走向开放，而封闭易于形成保守和偏执。

3. 正确处理教派之争和门宦遗留问题，增进宗教内部的和谐。伊斯兰教和基督教皆属亚伯拉罕系的一神教，其排他性传统深厚，不仅彼此历史积怨甚深，而且教内的教派分裂与冲突不断。基督教历史上两次大分裂（公教与正教、老教与新教），新教教派林立。伊斯兰教分成逊尼与什叶两大教派，还不断有新教派分出，往往发生对抗。两教进入中国后排他性减弱，包容性增强，但先天遗传仍有表现。西北地区甘宁青的伊斯兰教主要矛盾在教派冲突。清代有新教老教之争，被清廷利用。民国以来和新中国成立以来，也发生多起教派冲突事件，包括教派内部教权之争，成为社会不安定因素。教派以老教派格底木信众最多，还有伊赫瓦尼是新兴教派，皆属逊尼派。赛莱菲耶是 20 世纪传入中国的新兴教派。还有西道堂，被称为汉学派。在苏非主义影响下，结合中国家族制度，形成许多教团组织，其中有四大门宦：嘎底林耶、虎非耶、哲赫林耶、库不林耶。这些年，为打破教派之争，倡导建设团结大寺，举办平安清真寺活动，就近选择清真寺礼拜，淡化教派意识，促进宗教和谐，都是成功的经验，例如吴忠地区就做得较好。甘南西道堂内部团结，与其他教派和谐，与周边各大宗教融洽，与各个民族和睦，其经验值得深入总结与推广。

1958 年伊斯兰教制度的民主改革运动中，废除宗教中的封建特权和等级压迫剥削制度，使教会与社会主义制度相适应。门宦制度中的违背社会公共规则成分要剔除，但门宦本身是宗教组织形态和传统，社会要加以尊重，即使有不当之处也要由教界人士自觉加以改革，不宜用社会运动方式进行冲击。门宦也面临着许多问题，如教权继承之纷争，不同门宦之摩擦，贫富差距之扩大，拱北建筑之豪华，新老门宦之矛盾等，如何做好引导工作，通过教内人士的努力，消解其消极作用，增强其积极作用，尚任重而道远。

4.在城市化过程中重建穆斯林社区。城市化是现代化的必然过程，在这一过程中如何使伊斯兰教传统文化与现代化相衔接，使以清真寺为中心的教坊社区与当代社会建设相协调，是有待继续探索的新问题。要适当打破原有教坊社区文化和成员身份的单一性与封闭性，有多民族成分和多样性文化进入，有益于开阔穆斯林眼界，习惯于超越固定民族与宗教的现代生活，这是一种社会进步。城市化过程中新的小区建设，在有利于保持伊斯兰教正面功能的同时，要加大现代社区多功能建设的力度，统筹安排医疗卫生、国民教育、商品流通、讯息交通、金融借贷、福利保障、社会救助、文化活动等各项利民事业，并给穆斯林从事工商农副业经营提供方便，使民众能够安居乐业。

5.要安置好穆斯林流动人口，发挥其积极作用。随着社会转型和城市化进程的加快，我国人口流动大幅度增加是必然现象，总的趋势是从落后地区流向相对发达地区，即从农村流向城市，从西部流向东部。其中近些年西部穆斯林流向东部南部城市大约有200万人。这一新的现象带来经济、社会、民族、宗教诸多问题，要加以妥善解决。首先要认识到这是好事情，它既能沟通东西部经济，回馈现代化信息，有效解决西部民众的就业，增加其家庭收入，也给东部注入新鲜血液，能弥补东部某些行业的欠缺，促其经济发展，例如许多人从事我国与阿拉伯世界的商贸翻译工作，开办清真食品与穆斯林用品产业。也有求学深造者，集体打工者，从事各行各业。同时人口流动推动了民族和文化的交流与融合，促进了传统与现代的互补，有益于多民族共同繁荣发展。流动穆斯林给东部送来一股淳朴的民风，也是一种贡献。但是也带来一些问题，主要有：西部穆斯林融入东部社会出现困难，发生矛盾，一些青年失业，进入非法团伙；西部穆斯林与东部穆斯林因文化的差异而造成摩擦；宗教事务管理原有的模式不能适应穆斯林流动人口的宗教生活。流动穆斯林面临三大不适应：对现代化程度较高的市场经济生活不适应，对以汉族为主体的社区生活不适应，对缺少清真寺、不能正常做礼拜的宗教生活不适应。为此东部地区的政府和社区要主动关心他们，与他们建立联系，帮助他们熟悉环境，找到合适的工作，尽快与当地社会融为一体。流动穆斯林比较集中和有条件的地方，可以建立新的社区，使之安居。政府宗教管理部门要与相关部门协调，妥善解决新来穆斯林宗教生活的场所问题，视这项工作为分内之事，又要对当地各系统人员尤其是安置西部穆斯林集体就业的机构领导加强民族宗教政策宣传教育工作，尊重外来务工穆斯林风俗习惯并学会友善相处；要多多依托东部当地伊斯兰教协会，补充教职人员队伍，发挥其协调穆斯林与政府与社会、穆斯林之间关系的作用，把西来的穆斯林团结起来，从事合法经营和正常宗教生活。提倡东西部穆斯林之间互相沟通、学习、互补，西部穆斯林要学习东部穆斯林的革新开放精神，东部穆斯林要学习西部穆斯林忠厚尚德精神，共同进步，而不要互相指责，更要避免新的教派冲突。要把流动穆斯林中的优秀分子选拔到当地伊协和相关部门中担任一定的社会工作，通过他们更好地团结当地穆斯林群体，参与和谐社会建设。

（四）基督教（天主教与基督新教）

基督教是世界三大宗教之一，是目前最强势的宗教，信徒22亿，为世界第一大教，背后有西方发达国家支持，扩展速度很快。中国基督教曾经在鸦片战争及其以后在一定程度上被西方帝国主义所利用，成为侵略中国的工具，由于历史的原因，中国基督教与中西关系纠结在一起，加上它与中华文化差异较大，本土化程度不高，一直被中国人视为洋教。新中国成立以来，中国基督教界开展爱国自立运动，基督新教成立"三自"爱国会，主要目标是摆脱外国势力对中国教会的控制，使教会成为爱国教徒自办的事业。改革开放以来基督教淡化了历史的负面形象，增加了与西方现代化相联系的正面形象。基督新教以传教即信仰的理念和市场传销的方式，大规模传教，信教人口以每年100万的速度增长，而且出现大量处于灰色地带的私设聚会点，天主教则存在着地上教会与地下势力的分离。西方敌对势力利用基督教的文化扩张推进政治性的渗透，以期达到控制中国的目的。于是，基督教问题引起有关部门和一些社会人士的忧虑，成为有待解决的重大宗教问题。

1.加强基督教爱国团体自身的建设，着力推进基督教中国化的事业。中国天主教"一会一团"和基督教"两会"是在爱国自立运动中形成的，代表着中国基督教发展的方向，作出过重大贡献，与社会主义社会建立了协调的关系，继续发挥它们在中国基督教界的作用是发挥整个基督教积极作用的基础。但是，随着时间的推移和老一辈有威信的教界领袖的老逝，随着爱国团体一定程度的官僚化和运作体制的陈旧，它们不复有昔日的蓬勃气象，影响力降低了，与许多信众相脱节，往往在思想上、行动上跟不上时代的步伐。因此大力加强基督教爱国团体自身的思想建设、人才建设、组织制度建设是非常必要的。天主教民主办教，基督教神学思想建设，方向正确，但有效推动并不容易。思想建设与人才建设是相结合的，要加快中青年神学家队伍的成长，把老一辈神学家开创的中国特色神学事业继承下来并加以发扬。如天主教傅铁山主教提出的"五教同光，共致和谐"，基督教代表人物赵紫宸提出的"伦理神学"，吴雷川提出的"折中神学"，谢扶雅提出的"辩证神学"，吴耀宗提出的"实践神学"，丁光训提出的"博爱神学"，陈泽民提出的"和好神学"，汪维藩提出的"生生神学"，这些神学都充满了中国精神和开放的气度，淡化了基督教理论的独尊、排异等负面性，能更好地适应中国多宗教和谐共生的环境。可惜这项事业后继乏人，青黄不接。基督教神学是教会的灵魂，中国基督教神学目前在世界上偏于陈旧保守，亟须开拓创新，需要一批兼融中西、贯通传统与现代的中国风格的新神学家与新神学，这是发扬基督教爱国爱教传统、发挥基督教积极社会作用的根本途径。神学思想建设要从实际出发，逐步提高，并鼓励多种形态、多样观点，不宜于规定一种模式。天主教"一会一团"、基督教"两会"要把神学建设作为头等大事来抓好。组织制度建设方面主要是推进民主办教，创新教务管理和方式，促使教务工作重心从上层转移到下层，深入教众，为他们提供切实的服务，赢得他们的信任。为适应今后教务多样化的需要，可否在两套班子中有所分工：中国天主教爱国会和中国基督教"三自"爱国运动委员会侧重于统一战线与社会工作，中国天主教主教团和中国基督教协会侧重于教会内部工作，而后者要加强，从而使爱国团体的教会属性增大，更能发挥带领信教群众的作用。

2. 破解地下势力与私设聚会点的难题。天主教地下势力的存在和基督教私设聚会点，是建设和谐社会和发挥宗教积极作用的重大隐患和障碍，处理这个难题既有难度又并非十分困难，既可以久拖不决也可以较快解决，主动权操在政府手里。破解的基本思路是实行阳光政策，与其让其在地下暗处扭曲地活动，不如引导到地上来让其在阳光下正常活动，依法进行管理。天主教的地下势力的消失有赖于中梵关系的正常化，在坚持基本原则的前提下经过互让妥协达成协议，承认梵蒂冈某些纯宗教权力，符合 1957 年中国天主教友第一次全国代表会议决议精神，与国际通例一致，形成统一教会，对我国利大于弊。基督教私设聚会点可以考虑不一定非纳入"两会"而后承认其合法性，只要真正爱国守法，不受外国势力操纵，信教出于自愿，确实是非政治性组织，可以由地方基层政府部门准予登记，化整为零，实行分散管理，并进入社区管理体系。它们参差不齐，各自独立，无须也不宜建立跨地区组织。它所产生的与原爱国团体与政府的紧张关系主要是人民内部矛盾，宜于化解，不宜于打压激成政治问题，反而埋下更深的隐患。政府既要珍惜和维护与基督教两会的合作传统，又要善于团结未登记的信教群体，需要统筹兼顾，最好的办法是鼓励"两会"人士主动帮助政府做好团结处在灰色地带教徒的工作，使这项工作成为"两会"的应尽责任。事实上各地已出现各派团结合作的教会。

3.认真进行调查研究，摸清情况，改进社会管理工作。根据《基督教在中国农村的快速传播及其对宗教管理的重大挑战——基于基督教 10 省 20 村传播状况的调研报告》（修远经济与社会研究基金会、孙冶方经济科学基金会系列研究报告），调研发现，北方农村基督教比南方发展快，在许多地方成为主导性信仰，相比之下，传统民间信仰已支离破碎；而南方尚有祖先崇拜为主导性信仰体系，所以基督教传布较慢。由于基督教作为一神教的不宽容性，排斥其他信仰，遂使许多农村社会分裂为两个群体，并逐渐介入农村的社会及政治事务。由于农村社会保障和信仰的欠缺，基督教能够加以弥补，为弱势群体提供生活资助和精神安抚。由此可知，要解决基督教过快发展的问题，需要综合治理：一要发展农村经济，尽快改善民生；二要推动新农村建设，在医疗、养老、教育等方面满足群众的需要；三要给传统民间信仰以生存和发展的空间，形成宗教间的相互制约与均衡。

有的青年学者在天主教的太原、石家庄教区做调查研究后发现，天主教在神学层面上尚未形成完整的中国化神学，但在基层教区弘教和活动的层面上已经逐步与中国民间传统相结合，走上了本土化的道路。例如：在道德说教上强调孝道、和善、积德，在弘教福传方式上采用民间喜闻乐见的诗歌、快板，在礼仪与庆典方面则容纳了中国传统的祭祖、婚礼、葬礼仪式，因此天主教确实在变，在向中华文化靠拢。这一趋势应当得到鼓励，它迟早会影响到天主教的神学本土化进程。

4.提倡基督教界研读中华文化经典，与儒学及其他宗教进行对话。孔子和儒学倡导仁爱中和之道，老子和道家倡导自然清静之道，养成中华民族热爱和平、宽厚包纳、关怀民生的品格。佛教的中国化主要是吸收了孔老的思想，才有禅宗和人间佛教。伊斯兰教的中国化主要是吸收了宋明理学（融会了佛、道的新儒学）的思想。利玛窦在中国传布天主教之所以受到欢迎，是由于他采取了天主教儒化的路线，可惜后继者抛弃了这条路线，致使天主教和基督新教的中国化进程迟缓而曲折。当代中国基督教神学家吴耀宗、丁光训等又重新致力于基督教与中华文化（主要是孔、老）的会通，于是成绩斐然。但由于一段时间内政治运动的连续干扰和"文化大革命"的冲击，这项事业又被中断，基督教青年一代与之间隔，未能有效传承下来，基督教中国化进程又一次遭到挫折。儒家的"仁"与基督教的"上帝是爱"相通，道家的"道"与基督教的"道成肉身"的"道"相通，儒家的"和而不同"和道家的"贵柔守雌"能消解基督教的"耶稣以外无拯救"的信仰霸权意识和救世主心态，消解扩张性传教的偏执。这件事情做好了，基督教中国化的事业就可以获得成功，中国基督教抵御境外势力渗透、独立自主自办教会的问题就好解决了，中国基督教与其他宗教与社会的和谐关系也易于建立，与社会主义社会相适应、发挥积极作用就有了坚实的思想信仰上的基础。因此，基督教界领导层应当要求教职人员在熟读《圣经》的同时还要多读些中华传统文化经典，如《周易》、《论语》、《孟子》、《老子》、《庄子》，还要研读老一辈神学家的论著，把这项内容安排到神学院的教学课程之中。还可以举办各种培训班与讲座，邀请研究中华文化的学者讲学，打破较为封闭的学习方式。还可以邀请国外开放的自由主义神学家来中国讲学，如孔汉思、保罗·尼特、库比特等。还可以邀请佛教界与道教界高僧高道、中国伊斯兰教界的大阿訇来基督教神学院讲学或进行对话。这些都是加快基督教中国化、现代化转型的有效途径和方法。

四、一种文化战略的思考

为使中国多种宗教能够长期与社会主义社会相适应并且发挥积极作用，除了研究各种宗教自身的特点、现状及其社会正功能如何发挥之外，还必须研究宗教共处的关系、宗教整体态势与社会的关系，研究如何造就良性的宗教生态。只有形成良性宗教生态才能实现宗教与社会之间关系的长期稳定与和谐，才能从根本上有益于宗教发挥积极作用，有效地对应境外势力利用宗教对我国进行的恶意渗透。

从历史经验来看，中国古代的宗教生态是多元通和模式，这一模式保证了宗教对中国传统社会的稳定与发展主要起积极作用。其成功之处有：第一，作为引导宗教的政治意识形态和社会主导思想本身不是宗教性的，而是人本主义的儒学，有较强的人文理性，提倡温和主义的中和之道，它不仅能够包容各种宗教，还能促使各种宗教走非政治化的道德宗教的道路，不使极端主义泛滥。第二，在中外文化关系上始终保持民族文化的主体性、主位性，同时以儒家和道家的互补为底色与根基吸纳和改造外来文化包括外来的佛教、伊斯兰教、基督教，使之中国化，中华文化从未被外来义化所同化。第三，宗教之间的关系、宗教与人文学说之间的关系不但基本和谐，还互通互渗，渐行渐近，形成融会的趋势。第四，民间宗教和习俗为主流大教的发展提供信仰的社会基础，主流大教从民间宗教中汲取营养，也防止民间宗教介入社会政治和冲突。我们今天的社会制度与古代不同，但从文化生态学与社会管理学的视野考察，古代的经验中包含着普遍性的成分，可以给我们有益的启示。

近现代连续不断的社会革命运动使中国获得了新生，不可否认在宗教文化生态上造成了暂时的失衡，在新制度稳定和发展以后，必然要求重建良性宗教生态，以适应新时代的文化建设。尤其在全球化时代，文化竞争日趋激烈，文化发展与文化安全上升为国家战略。它要求在新的历史条件下，处理好社会主义思想与宗教的关系，传统宗教与外来宗教的关系，各种宗教之间、宗教与社会之间的关系，主流大教与民间宗教的关系。这是一个文化战略问题，必须要有长远的眼光。为此，这里提出八个字的战略思考："多元通和，固本化外。""多元通和"是指多种宗教和谐共生，互学互助。"固本化外"是指中华传统信仰文化要有大的创新发展，形成新的民族主体文化，同时用中华文化的精神柔化外来宗教，使之适应中国现代社会生活。具体地说：第一，用中国特色社会主义理论引导宗教，用中国化的马克思主义宗教观新形态"宗教和谐论"促进宗教关系和谐，保证中国宗教沿着理性、文明的方向发展。第二，大力弘扬中华文化，特别是孔子儒学和老子道家，加强中华民族的民族认同，用儒家仁爱中和之道与道家自然清静之道去影响外来宗教尤其是基督教，加速其中国化进程。第三，保持各教的民间平等和辅政地位，防止一教坐大，防止任何宗教介入政权运作和被外来势力所利用。抵御境外势力利用宗教的渗透，是一项复杂的综合的工程。其中的非法和犯罪活动可用司法手段予以处理。问题的难点在于渗透活动大量以基督教信仰文化传布的方式进行，而我们又不能与基督教为敌。文化的相互渗透自古已然，不能用行政或司法手段去应对，硬手段的应对是无效的。精神文化的流行只能用精神文化加以平衡。我们要对中华文化抱有信心，只要发扬起来，它是有强大吸引力和融化力的。现在世界上许多大国都有自己的颇具民族性的文化生态和文化战略，只是有的明讲有的不明讲而已。阿拉伯世界的国家以伊斯兰教立国，自不待言。美国是移民社会，宗教众多，又实行政教分离，信仰自由，而它的文化底色是基督新教，这是不会动摇的。所以它的历届总统除一位是天主教徒外其余皆是基督新教徒，它的内政外交都渗透着基督教精神，它的政治领袖有深深的基督教情结：以上帝特选的民族自居，要"解救"全人类，为此不惜使用武力。每个民族都有自己的主体文化，民族文化要不断更新，但不能放弃，否则这个民族就不能自立于世界民族之林。因此经济全球化决不意味着文化一体化和趋同化。我们不仅要建设现代强国，还要建设文化强国，这样才能实现中华民族的真正复兴。

中国未来的文化，在社会主义核心价值主导下，能够建成民族性、现代性、包容性兼具的新文化，使文化的主导性与多样性、民族性与开放性有机结合起来，形成良性生态，这是社会主义社会长治久安的重要因素。我们要为此而努力奋斗。

第八章　宗教生态论

一、从生态学到文化生态学，再到宗教生态学

生态学是近代兴起的自然科学新学科，研究生物系统与环境系统的相互关系。当代生态学与人文学科相结合，发展出文化生态学和生态哲学。美国人类学家斯图尔德打破"单线进化论"，提出"多线进化论"，首次把生态学应用于人类文化研究，创立文化生态学。他重视文化对不同环境的适应和由此形成的文化多样性，认为这些各有其核心属性的不同类型文化之间，并不存在必然的进化顺序，它们是平行发展的。① 西方马克思主义者考察社会发展与生态环境的关系，提出生态马克思主义。我国学者余谋昌著有《生态哲学》（陕西人民教育出版社 2000 年版），站在辩证唯物主义哲学世界观的高度考察生态环境和社会发展的关联。学者方李莉在《文化生态失衡问题的提出》（《北京大学学报》2001 年第 3 期）一文中提出了与自然生态不同的文化生态问题。戢斗勇《文化生态学论纲》（《佛山科学技术学院学报》2004 年第 5 期）尝试构建文化生态学理论体系。最近若干年，陆续有人文学者把文化生态学的理论与方法运用到宗教文化的研究，提出并着力建设宗教生态学理论，研究在一个相对独立的信仰文化圈内，宗教诸种关系及其态势，包括宗教内部的

---

① 参见［美］史徒华:《文化变迁的理论》，张恭启译，（台湾）允晨文化实业公司 1984 年版。

关系、宗教之间的关系、宗教与生存环境（自然与社会）之间的关系，研究宗教多样性结构及其适应社会过程中的动态平衡、失衡、重建的规律，并涉及文化圈之间的关系。如俄国学者克拉斯尼科夫就著有《宗教生态学》（《现代外国哲学社会科学文摘》1999 年第 10 期）。中国宗教学学者从中国的历史与实际出发，用宗教生态学的眼光，考察中国宗教适应社会的多层次性和动态适应的复杂多变性，以便更好地推动宗教关系的和谐，充实中国特色社会主义宗教理论，促进和谐社会与和谐世界建设。我写了《宗教文化生态的中国模式》（《中国民族报》2006 年 5 月 16 日）和《中国宗教文化的多元通和模式》（收入《民族宗教学导论》，宗教文化出版社 2009 年版）。陈晓毅著《中国式宗教生态——青岩宗教多样性个案研究》（社会科学文献出版社 2008 年版）。宗教生态论的探讨引起政界学界越来越大的关注，因为它关涉文化建设的战略思考和社会的长治久安。

马克思强调环境（包括物质实在与社会存在）改变人并决定精神文化，同时又认为人能改变环境，指出："环境的改变和人的活动的一致，只能被看作是并合理地理解为变革的实践。"[1] 恩格斯在《反杜林论·概论》一书中指出："当我们通过思维来考察自然界或人类历史或我们自己的精神活动的时候，首先呈现在我们眼前的，是一幅由种种联系和相互作用无穷无尽地交织起来的画面，其中没有任何东西是不动的和不变的，而是一切都在运动、变化、生成和消逝。"[2] 由此可知，马克思主义哲学总是用相互作用和生成发展的眼光来认识宇宙、社会和文化，这其实就是生态学的哲学理论基础，生态学只是把这种世界观和方法论用于考察某种系统中事物运动的内部与外部联系而已。科学发展观第一要义是发展，核心是以人为本，基本要求是全面协调可持续，根本方法是统筹兼顾。这实际上

---

[1] 《马克思恩格斯选集》第 1 卷，人民出版社 2012 年版，第 138 页。
[2] 《马克思恩格斯全集》第 26 卷，人民出版社 2014 年版，第 23 页。

就是社会生态论，把中国社会作为一个大生命体和大生态系统，以人的尊严、幸福和全面发展为中心，激发社会生命的活力，协调社会机体各部位之间的关系，在良性互动中实现社会大生命体的健康运行。落实在宗教领域，管理者就不能满足于分别去处理各种宗教问题，而要对中国宗教生态在宏观上有整体性的把握，对中国宗教生态的平衡、失衡与重建有长远的战略目标，以保证中国宗教与社会主义社会能长期协调，避免出现病态化趋势，使社会稳定又有朝气。

二、宗教生态论的特质和主要指向

（一）特质

宗教生态论与宗教个案研究、宗教历史与现状研究不同，它的重心不在阐明各种宗教自身的状况与发展，它侧重在宗教关系及其态势的考察上。宗教生态论也与宗教本质论、要素论、功能论不同，它的任务不在揭示宗教的一般特征并归纳出它的社会作用，它关注的是生活中宗教系统的生成与变化，宗教系统与环境的关系，文化共同体生存的总体态势。它吸收西方"文化圈"理论的要素，又不为其既定模式所限，而着眼于大的文化共同体内诸多宗教与非宗教文化之间的有机联系。它与宗教和谐论、宗教文化论有交叉，但又不重叠。它的特质在于把现实生活中相对独立的社群共同体（如民族、国家、地区）范围内的宗教文化与世俗文化，看作是一种社会生命系统，内部有其结构层次，外部与大环境的社会文化系统相依互动，有调适也有矛盾，在内部不断更新和与外部环境交互作用中维持生存和发展的活力。宗教生态论就是研究宗教生命系统动态运行机制的理论，它把宗教看作活的文化，目的是促成宗教关系和谐。

（二）宗教生态论重视自然环境与经济类型对宗教文化的影响

苏联苏维埃学派提出"经济文化类型"的理论，认为前资本主义时期有三种经济文化类型：渔猎采集型，锄耕农收型，犁耕农业型；又提出"历史文化区域"的概念，它指向共同的社会经济发展和长期交往、互相影响形成相似文化生活的人们居住区。我国老一辈学者钱穆在《中国文化史导论》中指出，人类由于自然环境之不同而形成生活方式之不同，从而促成文化精神之不同，大致有三种类型：游牧文化、农耕文化、商业文化。学者张践认为，从历史上看，经济是影响民族宗教关系的重要维度。[①] 这一看法肯定了宗教发育状况受经济发展水平与类型的影响，是有道理的。如：原始氏族宗教的自然崇拜、多神信仰与巫术活动，对应着渔猎经济时代的氏族社会特点和需要；古代民族国家宗教的政祭合一与高位神、职能神崇拜，对应着农牧经济时代民族国家的稳定与发展；近代世界宗教的扩展与改革、民族国家宗教的转型，对应着工商经济的发达和市场经济的竞争；当代民族宗教的冲突与宗教民族主义影响力的提升，对应着经济全球化时代民族国家关系紧密而又矛盾空前增多的特征。从地理文化学的角度，还可以从自然环境的差异说明神灵与崇拜活动的多样性。如临近湖海江河的族群崇信海神、水神，依山而居的族群虔信山神，以农耕生产为生的族群崇拜土地神和五谷神，商业发达地区的族群则喜供财神，如此等等。直到今天，自然环境对人们宗教信仰的直接影响仍然存在，例如东南沿海居民对妈祖海神的崇拜，青藏高原居民对雪山神的崇拜，仍在延续。不过，随着现代经济的普遍发展和宗教文化的广泛交流，宗教生态中自然地理的制约和原有经济类型的影响，日渐在减弱，成为次要的因素，而且多存在于各种原生型宗教文化区域。

---

① 参见张践：《多元社会视角下的民族宗教关系》，载《民族宗教学导论》，宗教文化出版社 2009 年版。

（三）宗教生态论视野下亚伯拉罕系宗教生态模式与印度系宗教生态模式

人类社会自古就是多民族多区域多信仰多宗教的世界，宗教文化类型众多，丰富多彩，又在发展中不断分化、组合、更新、流播。从宗教生态论的角度看，它的生存模式是千差万别、变动不居的，又表现为交叉、重叠和大系统包含诸多小系统的复杂态势。宗教的分类，有进化论的分类，有地理学的分类，有语言学的分类，有神灵观的分类，有人类学和社会学的分类，有文化变迁与传播学的分类，不一而足。宗教生态论的主要任务不是阐述世界各种宗教的历史与现状，而是研究世界宗教中有巨大影响的几种大系统的宗教文化生态模式，从而更好地把握世界宗教的宏观格局。

秦家懿、孔汉思在其合著的《中国宗教与基督教》（中文版，三联书店1990年版）一书中指出，世界有三大宗教河系。第一大宗教河系，源出于闪米特人，以先知预言为其特点，形成亚伯拉罕系三大一神教：犹太教、基督教、伊斯兰教。第二大宗教河系，源出于印度民族，以神秘主义为其特点。第三大宗教河系，源出于中国，其中心形象既不是先知，也不是神秘主义者，而是圣贤，这是一个哲人宗教。该书对三大宗教河系各自特点的概括未必准确，但从宗教史上概括出三大宗教河系，即规模宏大的三个宗教文化系统，望之犹如天上银河系之壮伟，是有见地的，它们确实是世界诸多宗教中最具典型意义的三大生态发展模式。我们需要先对这三种模式中的两种模式的特点作出新的说明。

亚伯拉罕系统宗教生存与发展模式可称为一元分化式。三大教以亚伯拉罕（伊斯兰教称易卜拉欣）为共同先祖，以《旧约》为早期经典，先有犹太教，再分化出基督教而有《新约》，又分化出伊斯兰教而有《古兰经》，同出一源，在经典启示和先知代言上依次承接，有因有革，相续出新。犹太教与犹太民族对接，构成一族一教、同体互融的生态，从而保证了苦难

流移中的犹太民族有精神支柱和身份认同，不致离散沉沦。基督教的出现
和发展，则是适应了地区性多民族的罗马帝国的精神需要，同时基督教成
为欧洲各民族的统一身份。由于欧洲文化的深度基督教化，在蛮族入侵和
罗马帝国解体之后，欧洲各民族仍然是文化上的共同体。在近代宗教改革
和民族国家纷纷出现并逐步实行政教分离之后，基督教仍然是欧洲共同体
和派生到美国、加拿大的民族国家的精神纽带和文化底色。随着西方帝国
的殖民活动和在全世界的扩张，基督教进一步从文化上加强了向外的传播
渗透，使它的生态空间扩大为跨越五大洲、四大洋的超型文化圈。仅就美
国而言，其宗教生态模式可称为一元多教式。美国是移民社会，多民族必
然多宗教，它又在法律上强调政教分离和保护信教自由，因此宗教文化表
现为自由竞争，丰富多样。但这只是在政策层面上如此，在文化生态上却
一直以基督新教为基础或底色，而后容纳其他各教，并非真正平等地对待
所有宗教。美国主流社会有很深的"WASP"（白种人的盎格鲁－撒克逊
新教徒）情结，美国价值、美国政治与外交都浸润着基督新教精神。例如
美国以上帝拣选的民族自居，要承担"拯救全人类"的责任，因此它要
领导和称霸世界；美国的历届总统除一位是天主教徒外，余皆为基督新教
徒，就职时要按着《圣经》宣誓；美元上印有"我们坚信上帝"的字样，
其"爱国誓词"也强调公民要效忠的美国"归上帝主宰"；它的社会道德
以新教伦理为导向，认同勤俭致富、荣耀上帝；它的核心价值如民主、自
由、人权及强烈的选民意识都根源于基督新教的个体意识（上帝爱每个人、
在上帝面前人人平等），《独立宣言》认为人权是"从上帝那里被赋予"的。
美国的伊斯兰教和其他宗教只在局部范围生存，远不如基督教那样有全国
性影响。在"911"事件发生以后，穆斯林群体经常成为国家安全部门监
控的对象。这就是美国宗教生态结构的现实特点。伊斯兰教一向与阿拉伯
民族的社会高度一体化，对民族的政治、经济、文化有全方位全过程的影
响。它既适应了阿拉伯民族在强盛时期统一帝国扩展实力和文化的需要，

也能够在阿拉伯民族衰落和分裂时期维持精神家园的需要。它的生态空间随着与基督教较量的胜负而时大时小，但在中心区域是稳定的。当代阿拉伯世界中有些国家是世俗政权，但伊斯兰教仍具有国教地位，保持着主导文化的作用。在经济全球化迅猛发展的今天，伊斯兰教原教旨主义不能适应现代化的需要，与社会环境之间出现种种生态失衡的状况，不得不进入它的转型期。犹太教、基督教、伊斯兰教都是一神教，其崇拜的神灵是绝对唯一神，它至高无上，唯一无二，全知全能全善，不承认任何他神。由此之故，其原教旨主义必然唯我独尊、强烈排他。由于同而不和，三教内部必然不断分裂，形成教派互斗；外部必然不断对抗，造成宗教冲突。基督教分出天主教、东正教和新教，伊斯兰教分出逊尼派、什叶派和其他教派，彼此不可能重新联合。中世纪基督教的"十字军东征"和伊斯兰教的"圣战"，当代基督教强势族群的强权主义与伊斯兰教弱势族群的宗教民族主义之间的冲突以及巴勒斯坦与以色列的对斗，都说明亚伯拉罕系统的宗教文化生态是一元分化模式，彼此渐行渐远，存在着内部紧张的基因，在争斗中优胜劣汰，平衡是暂时的，不平衡是常态的。根据钱穆的理论，亚伯拉罕系统的文化属于游牧商业文化大类，其特点是向外寻求，流动，进取，战斗，一曰空间扩展，二曰无限向前。因此其发展过程表现为大起大落，大开大合，内外竞争激烈。在世界由于经济全球化和科技高度发展而成为"地球村"的形势下，在人类面临共同的生态、社会危机，却四分五裂的状态下，在和平与发展成为时代主题的今天，作为世界主流文化重要部分的亚伯拉罕系统原有的宗教生态模式，越来越显现其陈旧和与国际社会生态健康化的不适应。主要是在贵斗哲学支配下的原教旨主义和宗教极端主义流行，必然导致民族宗教激烈冲突，如不有效加以制止，将把人类引向灾难。因此，亚伯拉罕系统宗教生态必须做大的调整，关键是壮大开明派的力量，抑制极端主义，倡导贵和的、理性的宗教温和主义，并使其主导宗教的发展方向，这是内部的决定性因素。同时，通过平等开放式的宗教间对话和强大进步舆论，从外部予以推动。

印度宗教生态模式可称为一元多神嬗变式。婆罗门教起源古老，以《吠陀》为经典，以梵天、毗湿奴、湿婆为三大主神，以《吠陀》天启、祭祀万能、婆罗门至上为三大纲领，信仰梵我一如、业报轮回，与印度社会的种姓制度（四大种姓：婆罗门、刹帝利、吠舍、首陀罗）相结合，全方位覆盖了印度的社会文化。在一元宗教内部，则天、空、地三界诸神众多，各司其职，掌管人间万象万事。为适应时代的变化，婆罗门教也经历了后期吠陀和梵书时代、奥义书时代和经书时代的不同阶段，这是小嬗变。公元前 5 世纪以后，释迦牟尼创立的佛教兴起，主张慈悲为怀，众生平等，反对种姓制度，获得社会中下层的欢迎，甚至得到刹帝利阶层和国君的支持。公元前 3 世纪孔雀王朝，阿育王尊佛教为国教。印度种姓制度根深蒂固，经历了数百年婆罗门教与佛教的对抗，婆罗门教吸收了佛教、耆那教和民间信仰的若干成分，演化为新婆罗门教，即印度教，再加上伊斯兰教的强势进入，逐渐将佛教挤出印度。印度教重新占据除了伊斯兰教社区以外的印度社会的精神世界。这是一次大嬗变。梵天、毗湿奴、湿婆成为三位一体的至上神，重视瑜伽的修行之道。印度教对于民间的多神崇拜很有包容性，能够同时容纳苦行主义与纵欲享乐，其种姓分别也有松动，小的嬗变时有发生。但它与印度民族文化结合较深，其教义的普世性较少，虽然信徒众多至今仍未超出民族的范围，非单没有成为世界性宗教，而且在外部与伊斯兰教和锡克教不断发生冲突，以至于 20 世纪中叶在英国殖民主义策动下，转信了伊斯兰教的原印度居民中心区，从印度分裂出去，建立了巴基斯坦，彼此间在克什米尔问题上的对抗，至今仍在延续。这是印度宗教生态的又一次大嬗变。按照梁漱溟的观点，西、中、印三种文化路向和根本精神不同，各有优劣。西方文化向前求进，中国文化调和持中，印度文化反身向后。印度文化确实长于冥思反观，追求神秘主义体验和内心解脱，所以内向炼养式和苦行式宗教发达，同时也锻炼了体悟思考能力，推动了哲学型宗教的繁荣，奥义书和佛经代表着直觉思维的最高水平。在印度社会文化大环境（主要是种姓制度和神灵的民族色彩鲜明）中，印度教最适宜生存延续，而佛教的普世性、平等观与社会的等级制、民族意识之间的紧张始终不能有效消除，于是它悄然退出印度，经过南北两条通路而走向世界。佛教在中国遇上儒家的仁和之道和道家的虚静之道，找到适宜的文化环境，于是蓬勃发展，形成佛教发展史上新的高峰期，跨出了它演变为世界性宗教的关键一步。

（四）中国宗教生态的多元通和模式

中国自古就是多民族多地区多宗教多信仰的国家，没有一神教的传统，却有多元文化和谐互动的深厚传统。从自然与经济生态来说，地理整体单元和农业为主、农牧互补，形成民族众多并内向会聚及边缘伸展。中国幅员辽阔、地理多样，因而有众多民族及其文化。但中原农业发达，文明先进，民族间的争斗、交往、迁徙，其主流指向中原，内聚力强大。同时中原文化不断向四周辐射，周边游牧民族入主或认同中原，又带动边疆进入中华版图。西部北部有高山沙漠，既是屏障又有陆路交通与境外连接。东部南部有大海形成海防，又可与世界海路相通。从民族生态上说：一方面民族与文化多样，另一方面多民族又内向融合，生成主体民族汉族，像磁铁把多民族吸引在它的周围，彼此共处，互相渗透，形成中华民族多元一体格局。这种民族结构和生态，直接造成中华文化多元通和的成分结构和关系生态：中华文化在成分结构上有双层性，即数十个单元民族文化各有自己特色，同时作为多民族共同体的复合型中华民族，又有文化的主体性和共同性；在关系生态上以和谐、接近为主旋律、总趋势。从社会类型来说，中国在农业文明发达基础上把早期氏族血亲关系扩展为宗法关系，形成牢固的家族社会。家庭是最重要的社会单位，夫妇、父子、兄弟是基础关系，君臣是父子的扩大，朋友是兄弟的延伸。中华民族在农业文明与家族社会土壤里生长出亲情、乡情与群居智慧，追求和谐稳定，喜欢用家庭、乡里的眼光看社会看世界，亲近土地和自然，产生出孔子、老子为代表的以儒家道家互补为主脉的中华思想文明，既重人文道德，又重自然本性，以中和之道为精神方向，逐步建设起中华信仰文化多元通和生态系统。

中华信仰文化多元通和模式的主要表现：第一，人文性与宗教性融通。人文理性引导宗教信仰，两者互为补充。孔子儒家仁礼之学和老子道家道德之学，本质上是人学，崇拜圣贤超过神灵，它们规定着中国各种宗教发展的主流路向，即神人一体，以善为教。从而避免了欧洲中世纪神权政治和神学垄断，使宗教义理贴近现实生活，有益道德教化。而宗教又弥补了儒道两家缺少彼岸追求和神灵慰藉的不足。汉魏到近代，儒、佛、道三教鼎立是中华信仰的主体架构，其中儒为导向，佛、道辅翼，三家相得而益彰。第二，民间性与正统性互补。民间宗教与正统大教相别又相互流动，形成民俗文化与精英文化的互动，不仅同时满足了上下阶层的信仰需求，而且在互动中保持着宗教的生命活力。民间宗教可分为民俗性宗教和组织化宗教。前者如家族之祭祖，农业、牧业、海事诸神及行业神崇拜，岁时节庆祭祀，人生礼仪，佛道教影响下的宗教民俗，各种生活神（王母、财神、城隍、寿星、文昌、药王等），巫傩风尚，宗教性禁忌等。后者如白莲教、大乘教、八卦教、罗教、黄天教、弘阳教、三一教、天地会等。正统大教则有国家郊天宗庙社稷之祭礼，道教、佛教和陆续传入的伊斯兰教、天主教、基督新教。民间宗教吸收正统宗教的营养，正统宗教以民间宗教为基础。发展中彼此有竞争有摩擦，但又相互依存和转化。组织化民间宗教具有不稳定因素，往往成为社会抗争力量的旗帜。第三，民族主体性与多元开放性统一。中华民族信仰文化有鲜明的民族主体性，表现为：一是敬天法祖为全民尊奉数千年不变的基础性信仰（不可脱离，但可兼信他教）；二是以儒道互补为底色，以仁为体，以和为贵，以生为本，以德为上，追求福寿康宁的核心价值，提倡自强不息、厚德载物、刚健中正的民族精神，具有和而不同、尊重差异、包容多样的博大胸怀。因此它在文化上必然是开放的，易于接受外来宗教并使之中国化。佛教是请进来的，经过儒道两家的洗礼，成功地实现了中国化，进入主流文化。伊斯兰教传入后，与儒家礼教、理学相结合，成为中国多元文化的组成部分。天主教与基督新教在传播过程中受到西方帝国主义的利用，出现曲折与冲突，但爱国守法的团体、人士和活动仍然被中国接纳，有正常生存空间，只是中国化的过程较为漫长。第四，通和性与多样性并存。在儒家"和而不同"和道家"有容乃大"思想引导下，不同宗教互相接近、彼此和谐而且会通，成为风气，历代王朝文化政策主流是三教和多教并奖，有的还举办三教会讲，使得信仰关系以和谐为主旋律，还出现二教或三教共信的"信仰混血"现象。百家异说可以殊途同归的观念深入人心，信仰的多样性被视为正常普遍现象而得到尊重，在政府的民族宗教政策上则表现为"因俗而治"、"兴教安边"的路向。于是，中国宗教以其突出的多样性与和谐性而得到"宗教联合国"的称号。第五，连续性与阶段性共显。中国信仰文化生态在长期发展中有变化而无断裂，前后相续，有因有革，一直与古老文明源头活水血脉相连。传统的"尊天敬祖"长期不变。儒学的仁和之道、五常八德、天人一体等人学之理，古今不易。道家的尊道贵德、道法自然、重生尚柔等朴真之则，常驻常新。同时，不变又寓于变动之中，呈现出发展的阶段性。上古是多神共生的氏族原始文化，而后是尊天敬祖的三代宗法文化，再后是理性觉醒的春秋诸子文化，继后是学教并重的秦汉礼仪文化，此后是时间最长的三教和多教繁荣的中古德性文化，最后是中西交汇的近代变革文化，目前中国文化仍处在变革之中。中华信仰文化生态的发展，如同百川汇集的长河，水量充沛，含质丰富，不断有新流进入，也常有弯道和险滩，那不过构成了一道道不同的风景线，而河水继续奔腾向前，流向人类文明的海洋。

三、宗教生态论拓宽和丰富了宗教学的理论体系

西方宗教学在 130 多年间发展出很多学派，形成很多分支学科。中国宗教学在 30 多年间也成长迅速，颇有自己的特色。从历史、理论、现状三大研究领域来综合分类。其一，有宗教史学，包括原始宗教史、各教宗教史、国别、民族或地区宗教史、世界宗教史；其二，有宗教学理论，包括宗教学原理、宗教人类学、宗教社会学、宗教传播学、宗教心理学、宗教文化学、宗教哲学和民族宗教学；其三，有宗教现状研究，包括世界宗教现状，中国宗教现状，各国的宗教理论、法规与政策。中国正在建设中国特色社会主义宗教理论，它是马克思主义宗教观的继承和发展，也是对世界宗教学已有成果的综合创新。宗教生态论是其中新兴的重要理论。它创造性地体现了唯物辩证法的世界观，又补充了宗教人类学、宗教社会学、宗教文化学等学科的不足，也能使宗教史学和宗教现状的研究开出新的境界。

1. 宗教生态论的宗教关系整体结构理论，弥补了宗教社会学家分别关注宗教与社会之间某些联系、某些功能（进化论、功能论、冲突论、补偿论等）的局限，而能从整体上全面研究某种社会大系统中宗教之间、宗教与社会的复杂多层关系，把握其关系结构方式，这样人们对特定宗教的位置和作用会看得更加清楚。例如，伊斯兰教在伊斯兰国家社会文化系统中是贯彻社会上下的唯一的全民精神支柱和精神家园，也是它的政治文化，须臾不可离；而伊斯兰教在中国社会文化系统中则处于从属和局部的位置，与其他宗教是平等的，只在 10 个民族社会文化生活中起主导作用。又如，中国五大宗教在政治上是平等的，而在中国社会文化结构中的地位和作用是不同的，佛道二教进入中华主体文化之中，具有全局影响，而伊斯兰教、天主教、基督新教虽然教徒人数超过佛教道教，但在中华文化中

仍处在边缘状态，只有局部影响。加上国际社会与文化生态的影响，天主教、基督教与中西关系相连，伊斯兰教与国内民族关系相连，具有佛道教所无的特殊作用。不了解宗教关系整体结构，五大教的社会属性与作用就说不清楚了。

2. 宗教生态论的生命系统运行机制理论，用一种大生命观考察宗教文化的生存和发展，弥补了教别史、文化圈理论只见树木不见森林的孤立考察某种宗教及其影响的缺陷，也避免了宗教哲学缺乏具体生动性的不足，而把宗教文化作为社会生命共同体，关注其生命系统的内在动力、循环、遗传、更新、调节、修复，及与外部环境交换质素、信息的运行机制。这样，宗教不仅呈现为动态的事物，而且是不断在进行新陈代谢的有生命活力的事物。宗教生态系统是立体化的多层次的生命系统，从世界宗教生态到地区宗教生态，再到国家民族宗教生态，再到地方或教别宗教生态，一直到教团和家庭，大系统隶属小系统，母系统派生子系统，层层套叠，错综交叉，收缩扩张，起伏兴衰，既需要分别考究，又需要整合综论。例如东亚地区的宗教生态，以中国为腹地，形成儒学文化圈、佛教文化圈、道教文化圈的三重叠加的东亚模式，其辐射范围包括朝鲜半岛、日本列岛和越南，波及东南亚各国。东亚宗教生态系统是在中华仁和精神引导下，通过文化的和平交流方式形成的，没有政治集团操控，不伴以战争掠夺流血。儒、佛、道在传播的过程中又不断与东亚各国的国情和文化相结合，形成各自的特色。如儒学在朝鲜半岛发展出"性理之学"，在日本发展出"朱子学"、"阳明学"；佛教在朝鲜半岛发展出"五教九山"，在日本发展出"净土真宗"、"时宗"、"日莲宗"，在越南发展出"竹林禅派"、"莲宗"、"元绍禅派"；道教在朝鲜半岛出现了特色官署"昭格署"和特色道观"福源观"，在日本与天皇制有密切关联又影响了神道教的发展。近现代以来，在西方文化强劲冲击下，"东亚文化圈"衰弱破碎，儒学在中、日、越三国被边缘化，基督教传播神速。20世纪80年代以来，儒学在中国衰而复兴，在东南亚新加坡等国的影响有扩大之势。可见，宗教生态系统的兴衰变异，是内外因素交互作用的结果。

3.宗教生态论的文化生态圈与分布的识别方法，能够使人们对宗教的认知，不停留在抽象概念或现象描述上，而能把宗教历史、宗教理论、宗教现状结合起来，从系统论的视野和异同比较的角度识知其多样性和类属，从而将世界宗教和中国宗教有机连贯起来，组成一幅彼此相通而又颜色各异的图式。世界上的宗教是多种类多层次的，看似无序杂多却有类属序列。已有的地理学分类、语言学分类、进化论分类、社会学分类、现象学分类似乎都不能恰当揭示人类宗教真实的生存状态。而文化生态圈的分类会使各种宗教的动态分布景象在我们头脑中清晰起来。从古至今，世界宗教的生灭、兴衰、变革一直在进行中。从目前相对稳定的宗教生态模式看，大致形成如下若干主要生态圈和分布：（1）以欧洲和北美为腹地的基督教（包括天主教、基督新教、东正教）文化生态圈，并延展到五大洲，以亚洲为新兴区；（2）以阿拉伯半岛和阿拉伯民族国家为腹地的伊斯兰教文化生态圈，扩展到五大洲，与基督教文化生态圈多有重叠；（3）以东亚和东南亚为腹地的佛教文化生态圈，在其他各洲均有数量不等的教徒；（4）以印度为主区的印度教文化生态圈，在斯里兰卡和印巴有争议的克什米尔也有印度教群体，此外一批印度教徒随着移民而迁居欧美；（5）以中国为主区的以儒道互补为底色的中华多元通和文化生态圈，它对周边国家尤其对东南亚地区的华人文化有一定影响；（6）日本以神道教为底色的多教共存文化生态圈；（7）与犹太民族相结合的犹太教文化生态圈，主区在以色列，而在美国和俄罗斯都有一定数量教民群体；（8）欧亚两洲北部乌拉尔—阿尔泰语系各族信仰的原生型宗教萨满教文化生态圈，虽不断有其他宗教进入，但萨满教在民俗文化中仍有深广的影响。

以上八种宗教生态模式的发展及其相互关系，决定着世界宗教未来的走向。

四、宗教生态论与中国宗教生态建设

宗教生态论有益于中国社会主义者总结历史经验，确立今后中国宗教文化发展战略，引导宗教长期平稳地适应社会主义社会，促进社会和谐。

（一）历史经验教训

中国历史上形成的宗教生态多元通和模式，基本上适应了多民族多宗教的国情，与农业文明、家族社会形成和谐关系。这期间也有不适应发生，如南北朝至唐有"三武一宗灭佛"，清后期对伊斯兰教新教的镇压，主因是执政者宗教政策一时失当，造成政教关系短期紧张。不同文化之间的论争与张力，只要局限在理论范围而不激化为暴力冲突，有益于彰显各自特色与彼此借鉴，激发向前的活力，这是文明发展的规律。

民国以来，中国社会进入社会变革剧烈时期，进步力量与革命团体致力于民族独立解放事业，来不及细心研究宗教文化的调整与发展问题，在西方科学主义和文化激进主义影响下，对中华传统文化（包括宗教）进行猛烈冲击，批判与否定有余，转化与建设不足，出现"打倒孔家店"、"汉字落后过时"、"取代宗教"等"左"的文化口号与思潮。新中国成立以后特别是 1957 年以后，文化上只强调"兴无灭资"，对中华传统文化虽有"批判地继承"的方针而不能落实。改革开放以来，我们的文化理论与政策（包括宗教理论与政策）回归唯物史观与理性温和的轨道，把传统与现代结合起来，弘扬中华文化，吸收人类文明成果，进行综合创新。在宗教问题上抛弃"宗教残余论"、"宗教鸦片论"，提出"宗教适应论"、"宗教文化论"、"宗教和谐论"，于是宗教领域面貌焕然一新。

但是在宗教生态问题上我们还缺少深入反思：历史上的多元通和模式如何评价？哪些原因造成了宗教生态的失衡？我们的失误在哪里？对这些

问题必须有清醒的认识。

（二）我国宗教生态失衡的表现和原因

1. 表现。一是在现今中国宗教中，外来宗教的比重远大于中华传统信仰，道教佛教加在一起，亦不过半，而唯一土生土长的道教是五大宗教中群体最小的宗教；二是历史上主导诸宗教精神方向的儒学不仅被边缘化，而且被妖魔化，在许多中国人心目中是负面的形象；三是民间信仰缺失，填补这一缺失最具活力的是尚未充分中国化的基督教，基督教以历史空前的过快速度在城乡增长（每年增约 100 万教徒），成为正式信徒最多的宗教，削弱了中国宗教文化的民族主体性，急剧地改变着中国宗教原有的结构版图；四是地上地下教群的二元存在，使统一的宗教生态破裂，处在灰色与黑色地带的宗教群体在病态中生存。

2. 原因。近代以来，中国主流社会人士受西方科学主义和基督教中心的影响，对中国固有宗教道教佛教和民间信仰加以歧视和排挤，又大力批判孔子儒学，遂使传统宗教生态失衡。

（三）宗教生态多元通和模式的重建

1. 中国宗教多元通和模式是一种良性生态模式。它是民族多元一体格局和多样文化相依共荣在宗教关系上的表现，最有益于宗教自身的健康发展与和谐社会的建设，最有益于社会主义社会的长治久安。它也有益于"一国两制"与两岸文化和平交流。它还有益于推动宗教对话与世界和平。而宗教暗中发展，或一教坐大，或宗教关系紧张，或外部干扰不断，都不符合社会主义的本质要求。但在新的历史条件下，重建工作应有新的特色新的内涵。

2. 多元通和，固本化外——文化战略的思考。宗教结构的失衡、信仰基础的削弱和生存病态的存在，既然是长期所积，那么重建良性生态当然也非短期之功。在诸多建设中文化建设是软性的又是较难的，而文化建设中信仰文化重建更是无形的又是最难的，需要长期推动。文化之间的平衡只能靠文化的力量来实现，舍此，其他手段都不能成功。实行宗教政策与建设宗教生态不是同一层面的问题：在法律和宗教信仰自由政策面前，各教一律平等；在建设宗教生态任务面前，要从民族发展全局利益出发，具有战略眼光、宏观目标，把保护民族性文化放在首位。从文化战略上考虑，我们的长远目标是八个字：多元通和，固本化外。"多元通和"要求在中国特色社会主义核心价值指导下各宗教之间一律平等，和谐互尊，还要相互沟通、相互学习，形成爱国守法、行善积德的文化联合体。"固本化外"要求加大中华传统信仰文化重建的力度，继承和发扬中和之道的优良传统，加快各种外来宗教中国化的步伐，使之如同佛教那样成为中国和谐社会的有机组成部分。

3. 用社会主义的核心价值引导宗教生态的重建。在历史上，引导多元宗教的思想是人文的儒学，其宗教观是温和的"神道设教"之说。在今天，引导多元宗教的思想是人文的中国特色社会主义，其宗教观是马克思主义无神论。既坚持无神论，又尊重有神论，它是新时期建设宗教多元通和生态的必要社会条件。它与儒学异在不保留天命鬼神的思想空间，同在不反宗教而能加以包容，并发挥宗教的积极作用。它与以往的无神论同在都不承认神灵实在和灵魂不死，异在它承认宗教存在的必然性与长期性，不赞成与宗教为敌，而要给予尊重，与之合作。社会主义的核心价值强调以人为本、共同富裕、公平正义、互尊和谐，它是社会主义思想与中华文化的有机结合。在它的指引下，人文理性与科学理性是社会思潮的主流，社会文明得以日趋提升，宗教理性也将不断加强，宗教关系才能走向和谐。新的社会主义文化体系，以习近平新时代中国特色社会主义思想为指导，把主导性与广泛性、先进性与多样性统一起来，建成能够满足各民族各阶层各地区多种文化需求的中华民族共有精神家园。

4.进一步弘扬孔子儒学和老子道学，促其实现当代转型，展现中华文化的崭新风貌和新时期文化的民族精神，发挥其融合不同文明的传统优势。要早日使儒家的五常（仁义礼智信）八德（忠孝诚信礼义廉耻）和道家的道法自然、尊道贵德，重新成为当今中国社会的普遍伦理的基础，并不断辐射到宗教伦理；用儒家中和之道和道家柔和之道促使各种信仰中温和主义成为主潮流，推动宗教关系日益和谐。儒道互补是中华文化的底色和民族文化标识，是中华民族文化共同体最强劲柔韧的精神纽带。今后也将如此。陈水扁台独势力执政时期，大力推行文化上的"去中国化"，使中华文化良性生态遭到一定破坏，两岸有良知的中国人都感到痛心。我们要引以为戒，反其道而行之，共同致力于中华文化的固本培元工作。

5.有效地推动天主教、基督教神学中国化的事业。作为一神教的基督教，其原教旨主义认为"耶稣以外无拯救"，有强烈排他性，容易被西方霸权主义利用，成为对外扩张的助手。这样的基督教不适于中国和谐社会建设与多元通和宗教生态的需要，必须与儒道思想相结合，不断地中国化，也就是不断地温和理性化，减弱其排他性，增强其包容性，减弱其洋教性，增强其中华性，才能使它成为中国和谐社会文化的有机组成部分而不是异物。中国特色神学建设是基督教适应当代中国社会的关键。西方敌对势力图谋中国基督教化，我们的对策便是基督教中国化。这是保持宗教文化的民族主体性与对外开放性相统一的唯一可行之路。老一辈爱国基督教神学家早已在做神学中国化的工作，并推出一系列理论成果。如赵紫宸的"伦理神学"，吴雷川的"折中神学"，谢扶雅的"辩证神学"，吴耀宗的"实践神学"，丁光训的"博爱神学"，陈泽民的"和好神学"，汪维藩的"生生神学"，都贯穿着孔子、老子的仁爱中和之道。这一事业尚后继乏人，要大力组织和培育年轻开放而有中华文化素养的基督教学术队伍，他们将肩负起使基督教真正融入中国社会的重任。

6.有序地落实中国民间信仰政策。中国民间信仰有深厚久远的传统，历来占据中国宗教市场的最大份额。其历史特点：一是多神崇拜，二是神学粗杂，三是融入民俗，四是地方差异，五是边缘存在。其中，有独立组织的民间信仰往往家族传承，有流动性、不稳定性；民俗化的民间宗教（习称民间信仰）则多与村社家族相结合，成为一种民俗文化生活。民间信仰是民间社会的精神依托和稳定要素，也是儒、佛、道三教成长和回归的土壤。它也存在着低俗诡异、妨碍科学的缺陷，有被利用来骗钱害人、煽惑谣言混乱的负面作用，所以需要正确引导和依法管理。目前民间信仰正在自发重建中，社会管理者要视其为正常文化现象，给予合法生存空间，纳入社会生活运行轨道。台湾地区的经验证明，发达的民间信仰，对于形成中外宗教关系的动态平衡，有巨大作用。多年来天主教与基督教不足百万信徒，非单未出现过快发展，而且信众数量有下降的趋势。有些少数民族地区不以信仰世界三大宗教为主，而有自己传统民间信仰，如北方萨满教，南方麽教、师公教、毕摩教、东巴教等，该地民众要求与信仰五大宗教同样的合法信仰权利。因此，落实民间信仰政策，是消除信仰歧视、实现信仰自由的重要体现，也是重建多元通和宗教生态信仰基础的重要步骤。

7. 克服佛教道教"上层化"、"商业化"倾向，发扬其仁慈天下、爱国尚德、中道不偏、平等互尊的精神，促其更好地面向民间、服务大众，涵养生命、生发智慧，向着道德宗教、文化宗教的方向发展，那么佛道二教便可为发挥传统的文化优势，为宗教生态建设作出重要贡献。

伊斯兰教在十个信教民族的精神生活里居主导地位，其宗教生态建设的主要任务，一是抑制宗教极端主义，提倡宗教温和主义，实现宗教和睦；二是把国家认同、民族认同、宗教认同三者统一起来，牢固树立爱国意识、法律意识和民族团结意识；三是淡化教派意识，改铸"圣战"观念，发扬中国伊斯兰教忠厚教人、和平化世的精神，实现教内团结。

宗教生态论将使中国社会主义者获得正确处理宗教问题的整体观、动态观和驾驭全局的能力，努力创建多元通和的中国模式、中国经验，使各种宗教在宪法、法律范围内，在社会生活的不同领域，各得其所，各尽其职，以自己的方式为社会和谐发展服务，进而为改善世界的宗教生态、推动文明对话尽一分力量。

第九章　宗教传统论

　　中国自古就是一个多民族多信仰多宗教的国家，宗教文化是中华文化的有机组成部分，在中华文明仁和精神陶冶下，形成优良的传统，与西方历史上民族宗教冲突不断、而今矛盾加剧的情况相比，中国宗教包容、厚德、和平的传统显得更加可贵，值得我们自觉认真传承并发扬光大，这是今日积极引导宗教与社会主义社会相适应的源头和根基。

一、中国宗教的优良传统

　　1.宗教生态是良性的多元通和模式（与亚伯拉罕一元分化模式相比）。其特点是：其一，人文性与宗教性互动。在孔子"清明安和"与老子"尊道贵柔"思想熏陶下，儒学、道学等人文学说具有温和性格，不反对宗教而主张神道设教，影响到国家的宗教政策比较宽容；佛教、道教等宗教具有较强的理性智慧，温和主义是主流，没有出现大规模的宗教狂热和极端主义。其二，多样性与和谐性结合。宗教形态之多为世界之最，被称为"宗教的联合国"，然而和谐是主旋律，中原未发生宗教战争，没有宗教裁判所，也没有一教垄断，而且彼此沟通，相互吸收，甚至许多人成为"宗教的混血儿"。其三，民族性与开放性统一。以儒学为主干，以儒道互补为底色，以儒、佛、道三教为核心，形成信仰文化的民族主体性。同时，各种外来宗教陆续进入，只要爱国守法都可以正常生存，有的是传进来的，有的是请进来的，先后与孔、老的思想相融合，成为中华多元文化的组成部分。其四，体制性与民间性共存。既有列入国家祭祀典礼的敬天法祖教和各种合法大教，又有大量民间宗教，包括组织化的宗教、民俗性的宗教和少数民族民间宗教与原始崇拜，上层宗教引领民间宗教，民间宗教构筑信仰土壤。

2.爱国与爱教相统一是一贯的传统。尤其在近现代中国人民反抗外来侵略、争取民族独立与解放的斗争中，各大宗教人士主流表现是好的，积极投身抗外侮、救国家的抗日运动，并动员组织教民出力出钱，为国效劳。佛教弘一法师号召"念佛不忘救国"，赵朴初居士为抗日事业作出巨大贡献。道教大师陈撄宁提倡新仙学是为了强族救国，"信仰道教即所以保身，弘扬道教即所以救国"。伊斯兰教界成立"中国回民救国协会"，经学家虎嵩山提出："天下兴亡，穆民有责"，马本斋组织回民支队，作战勇敢。中国基督教、天主教人士募集抗日捐款，组织医疗救治伤员，安顿战争难民孤寡，做了大量爱国公益工作。中国伊斯兰教西道堂敏生光教长说："热爱祖国是信仰的一部分"，因此中国宗教界把爱国看作是自己的神圣职责。同时，中国宗教界不是狭隘的民族主义者，他们有开放的心胸，致力于世界和平事业。

3.高度重视行善积德和发挥道德教化的作用。各教都努力把爱神与爱人结合起来，把劝善去恶放在教义和活动的第一位。佛教《增一阿含经》说："诸恶莫作，众善奉行，自净其意，是诸佛教"，讲慈悲："无缘大慈，同体大悲"。道教讲"尊道贵德"、"报怨以德"，主张功德成神，积善成仙，修仙之道，"要当以忠孝和顺仁信为本"，全真道践行"忍耻含垢，苦己利人"。中国宗教很早便是道德宗教，影响所及，中国伊斯兰教强调仁厚、慈爱、孝亲、诚信、和平，中国天主教和基督教强调上帝是爱，荣神益人，爱人如己，不做伪证，并致力于社会公益慈善事业。在中国，社会不允许以爱神的名义迫害不同信仰的所谓"异端"，不容忍提倡仇杀和诱人为恶的邪教，坚决抵制宗教极端主义和暴力恐怖主义的蔓延。

4.与时俱新、勇于革新的传统。宗教的核心经典与教义是不能改变的，但宗教对经典教义的解释、宗教的组织制度与活动方式必须随着时代的变化和进步而不断作出调整，以适应新形势的需要，否则就会成为社会前进的阻力或被社会所淘汰。中国宗教史说明，中国主要宗教都有开拓创新的活力，因而长期延续和发展。佛教从印度传入后，与儒家道家相结合，适应中华重视忠孝道德的需要，强调在入世中出世，形成中国化的佛教——禅宗，又发挥佛教中关怀现实的要素，创立人间佛教，为净化人生、改良社会作出贡献。道教经历了多次整合，形成全真和正一两大教派，由早期强调肉体长生到后期强调精神解脱和性命双修，近现代由提出新仙学到提出生活道教，努力实现时代转型。伊斯兰教与宋明理学相结合，强调两世吉庆、和睦邻里，淡化"圣战"的信仰排他性，强调与私欲作斗争，重视家族团结和祖先崇拜，形成中国式伊斯兰教教派。利玛窦传入天主教，采取尊礼俗、融儒学的传教方针，受到欢迎。而后由于罗马教廷的阻挠，这一传统一度被中断，直到当代爱国天主教人士摆脱外国势力控制，重新开辟路径推动天主教中国化进程，基层教会已有许多成功经验。当代中国基督教吸取曾被西方列强用为侵略工具的教训，发起爱国自立的本色化运动，成立"三自"教会，老一辈神学家从事与中华文化融合的新神学建设工作，提出："伦理神学"（赵紫宸）、"折中神学"（吴雷川）、"辩证神学"（谢扶雅）、"实践神学"（吴耀宗）、"博爱神学"（丁光训）、"和好神学"（陈泽民）、"生生神学"（汪维藩）。

5.宗教界重视自身的文化素养，努力发挥宗教的文化功能。历史上中国宗教教团除在个别时期和人物参与国家政治活动外，一般不介入政界生活，而主要在社会文化领域活动和发挥作用，为繁荣中华文化作贡献。如佛教哲学、文学、语言、艺术有丰厚的积累，道教内丹学、养生学、医药学、民俗文化都很发达，伊斯兰教在伦理学、教育学、建筑艺术上都有独创，基督教与天主教在引进西方人文、科技、公益慈善、教育、医疗上有积极贡献。佛道教的寺观往往与周边环境形成一体化的审美殿堂和生态佳境，成为旅游胜地。中国宗教界高道大德也推动各族各国之间的友好往来和文化交流，宗教成为不同文明间沟通对话的桥梁。如佛教玄奘法师赴印度取经，鉴真和尚东渡日本，道教丘处机祖师西行雪山见成吉思汗一言止杀，郑和下西洋宣示友好，利玛窦和一些传教士推动中西文化交流。东亚中、日、韩三国间文化来往，儒、佛、道三家都起了重要作用。

二、发扬优良传统，适应当代中国社会， 发挥宗教积极作用

1.在中国特色社会主义宗教和谐论指导下，吸收现代文明成果，借鉴历史经验，建设新型的政教分离和政主教辅的政教和谐关系。中国古代宗教界主流从不干政，但辅助中央政权稳定社会秩序，在国法范围内进行宗教活动，"不依国主则法事难立"（道安）。今日时代不同了，社会主义者主政，而政教关系仍然是政主教辅，宗教界要找准自己的位置，适应社会主义社会制度，不干预行政、司法、教育，主动做好社会服务，成为政府联系教众的桥梁，遵守宪法和法律法规，把教团内部的事情办好。

2.发扬宗教界爱国主义传统，摆正国家认同、民族认同、宗教认同三者的关系，使之一致起来，而以国家认同为第一位。祖国不仅是政治和文化共同体，也是中华民族命运共同体，是各民族荣辱与共的共同家园，也是宗教与世界平等交往的依凭。要使爱国主义成为信仰的组成部分，防止敌对势力利用宗教进行损害国家利益、破坏民族团结的活动。边疆地区伊斯兰教界要坚决反对宗教极端主义、民族分裂主义和暴力恐怖主义，维护国家统一、民族团结和社会安宁。基督教界（广义）要警惕西方敌对势力的恶意渗透和文化霸权主义，在坚持"三自"原则的基础上，开展与国外

基督教界的友好交流，协助政府尽早消除地下教会、私设聚会点的灰色地带，使整个基督教活动正常化有序化。

3. 在更高的水平上重建中国宗教多元通和生态模式，并使之成为国际上各宗教间和谐共生的模范。在中国历史上，各大宗教人士之间是友好的，有争论和矛盾，但能以文明方式进行，如魏晋三教之争。只有在上层统治者插手或外国势力利用时才发生对抗冲突、暴力流血事件，而真正宗教领袖是反对的。各宗教既然追求博爱，就能做到爱他族爱他教，彼此宽容尊重，相互学习合作，像历史上儒、佛、道三教走向会通那样，渐行渐近。国际上一方面民族宗教冲突不断，另一方面文明对话与不同信仰间和谐共处逐渐成为潮流。中国五大宗教应率先联合起来，形成与社会和谐的宗教共同体，有经常沟通的渠道，有稳定合作的方式。为了彼此深入了解，可以像历史上三教人士那样开展经典互读。同时善待五大教以外的信仰，包括东正教、各地区的民间信仰、各少数民族民间宗教。遵循"政治上团结合作，信仰上互相尊重"的原则，及时化解矛盾，促进宗教与社会、宗教与宗教之间的和谐。

4. 学习中华经典文化，推动神学中国化建设，更好地适应中国社会。宗教适应社会主义社会的基础是爱国守法，更深层更长久的适应是建设中国特色的宗教神学理论。中国佛教是外来宗教与中华文化融合最成功的宗教；伊斯兰教其次，各教派程度不同；基督教（广义）在努力，尚任重而道远。佛教面临如何创新人间佛教的挑战，藏传佛教更有个开拓新形态的任务。道教是本土宗教，也面临如何创新教义教理以适应现代社会的问题。伊斯兰教在当代的神学建设不如明清之际和民国时期那样活跃，而且地区发展不平衡，特别是新疆伊斯兰教如何摆脱原教旨主义的束缚，避免极端主义的侵入，通过解经建设具有温和主义的教理学说，是一项战略目标。中国基督教神学家赵紫宸、丁光训等在神学建设上的成就，未能很好地加以继承发扬。目前中国基督教神学思想比较保守，容易与社会形成隔膜。建议教界人士多读一些儒道两家经典如《论语》、《孟子》、《老子》、《庄子》，吸收其仁和、涵虚思想，在老一辈神学家基础上创新神学，总结基层教会的先进经验，使中国基督教更包容更开放，成为其他宗教的好邻居。

5.继承和发扬中国宗教重视积德劝善的传统，进一步发挥宗教的道德功能。一是把爱神与爱人结合起来，把行善救人作为信仰第一要务。二是把教堂寺观建成社区的道德高地，使教徒聚居地形成良好道德风尚，主动抵制拜金主义和各种犯罪。三是大力开展社会公益慈善事业，依据国务院宗教局等五部委发布的《关于鼓励和规范宗教界从事公益慈善活动的意见》，做好本教的公益事业，这是宗教界与社会主义社会相适应、发挥促进社会和谐与经济社会发展的重要途径，它既能体现宗教救世的情怀，在公益事业中提升自身的形象，使宗教健康发展，又能直接服务大众，帮助弱势群体排忧解难，辅助政府之不及，改善社会风气。宗教的公信度较高，在救灾、养老、恤孤、助医、助教等方面皆可大有作为，港台地区的经验可以借鉴。

6.继承和发扬中国宗教追求真善美的文化传统，积极参与社会文化建设。宗教要与权力和财富保持距离，回归文化本位，凸显宗教的文化性，发掘、整理、研究和开发丰富的宗教文化资源，在哲学、伦理学、心理学、文献学、医药学、语言文学、艺术、民俗、养生等领域，作出有价值的成果，为社会精神文明做贡献。与社会一起开展物质与非物质文明遗产保护工作，努力使文化遗产转化为活生生的文明创新动力和民族凝聚力，提升综合国力，扩大中国文化的世界影响力。宗教信仰属于教徒，宗教文化则属于全社会。宗教文化性为宗教与社会相适应开辟了广阔的空间，有益于丰富大众的精神文化生活，陶冶人们的审美情趣，推动学术文化的繁荣发展。希望宗教界不断提高文化素养，在文化领域多出一流人才和精品。党的十七届六中全会关于文化的决定指出："发挥宗教界人士和信教群众在促进文化繁荣发展中的积极作用。"政、教、学界一起努力，使中央的精神得到落实。

宗教要更好地与社会主义社会相适应，发挥它在促进经济发展、文化繁荣、社会和谐中的积极作用，关键是要有一支爱国爱教同时政治、宗教、道德、文化素养很高的教团队伍。他们能兼修中西文化，既有中国深情，又有世界胸怀，老、中、青能够相衔接。学术界可以在教职人员培训工作上发挥辅助的作用。

第十章　民族宗教论

一、缘起

民族宗教学的构想起始于 20 世纪 90 年代中期，距今不过十多年。研究宗教学并关心民族宗教问题的几位学界朋友，深感民族与宗教的关系是一个全面认识中国和人类历史文化的大问题，有很强的理论性和学术性；同时它也是一个关乎民族团结、社会稳定和国际和平的重大现实问题，正在受到社会强烈关注。在客观上，民族与宗教的关系既密切互动又复杂多态，无法切割；但由于学术研究的细琐分科和社会管理部门的习惯分工，民族问题与宗教问题往往被分开对待，中国的民族学长期忽视宗教研究，中国的宗教学也不甚关心民族问题，民族与宗教之间相互关系的研究，遂成为一个学术盲区。西方有宗教人类学，而涵盖面较宽，并不突显民族性与宗教性的关系。但是，国内外民族问题与宗教问题交织的现实却向学界提出了研究这一新课题的重任，并给予这项研究以巨大的推动。90 年代以来，已陆续有相关著作问世。如吕大吉、何耀华主编的《中国各民族原始宗教资料集成》多卷本（中国社会科学出版社于世纪之交陆续出版），张声作主编的《宗教与民族》（中国社会科学出版社 1997 年版），张践的《中国历代民族宗教政策》（首都师范大学出版社 1999 年版）、《宗教·政治·民族》（中国社会科学出版社 2005 年版）。2002 年以来，中央民族大学的《宗教与民族》集刊（牟钟鉴主编，宗教文化出版社出版）已出多集，汇集了大批各地的研究成果，创造出良好的学术氛围。还有数量日增的各民族宗教研究的综合性和专题性作品问世，都为研究的新开展积累了学术资源。

2005 年末，中央民族大学启动"985 工程"二期建设项目，成立"当代重大民族宗教问题研究中心"，建立以吕大吉为顾问的学术专家组，对实施民族宗教研究项目进行论证，决定着手建立民族宗教学理论体系，就民族宗教学的研究对象、范围、方法，核心理念的内涵与外延，主要议题和思路，作出理论的说明；从多种学科的视野，对民族与宗教之间相互关系的不同层面，作出系统的阐释。这是一项创新性集体学术研究工作，吕大吉研究员贡献出许多智慧，张践教授、游斌教授、曹兴教授、王志捷副教授和张咏博士直接参加研讨写作，由我来总其成，经过三年左右的努力，撰成并于 2009 年出版了《民族宗教学导论》（牟钟鉴主编，宗教文化出版社出版）这部学术专著，搭建了一个民族宗教学的理论框架，努力把民族学与宗教学结合起来，期望它能够催生出一个新的学科。与此同时，中央民族大学校内外专家通力合作，在民族宗教学范围内，完成了一系列课题研究，出版了《民族宗教关系的社会理论考察》（张践著）、《壮族原生型民间宗教调查研究》（梁庭望主编）、《新中国处理少数民族宗教问题的历程和基本经验》（龚学增主编）、《基督教在中国——处境化的智慧》（赵士林、段琦主编）、《回族伊斯兰教与西部社会的协调发展——以宁夏吴忠市为研究个案》（杨桂萍主编）等著作，资助出版了十多部民族宗教研究著作和博士论文，丰富了民族宗教学的学科内容。这些著作问世以来，在社会上尤其在民族宗教系统受到欢迎，初步发挥了良好的社会效益。

二、民族宗教学的学术渊源

其学术渊源来自中华文化、西方民族学、宗教学和马克思主义民族观、宗教观。

（一）中国古代的民族观和宗教观

在古代，影响国家民族政策与宗教政策的思想主要是孔子和儒家的民族观与宗教观。儒家的民族观重文化、重礼义，轻血统、轻地域，可以称之为"文化的民族主义"。孔子是殷人之后，却认同周人的文化，说："周监于二代，郁郁乎文哉！吾从周。"（《论语·八佾》）他认为华夏比夷狄先进之处在于礼乐兴盛。对于文化落后的民族，他主张以文明的方式感召他们，反对武力征讨，说："远人不服，则修文德以来之，既来之，则安之。"（《论语·季氏》）因此孔子赞赏管仲之仁："桓公九合诸侯，不以兵车，管仲之力也，如其仁，如其仁。"（《论语·宪问》）同时，孔子提出"和而不同"（《论语·子路》）的理念，用以处理多样性文化之间的关系，为多民族文化的生存与发展，开拓了广大的空间。儒家的天下观是超越民族国家的，子夏听孔子说过："四海之内皆兄弟也"（《论语·颜渊》），这就是天下一家的思想。孟子主张"用夏变夷"（《孟子·滕文公上》），而其内容则是用先进的礼乐文化去提高夷狄文化。至于缔造和推动礼乐文化的圣贤，其民族出身可以是夷狄之邦，说："舜生于诸冯，迁于负夏，卒于鸣条，东夷之人也；文王生于岐周，卒于毕郢，西夷之人也。"（《孟子·离娄下》）大舜与文王虽是夷人而能代表先进文化，就被视为华夏的圣贤。孟子与孔子一样坚决反对民族间的战争征伐，斥之为霸道，主张以仁德行王道，相信"仁者无敌"（《孟子·梁惠王上》）。费孝通先生说："以儒家为代表的民族观，既具有民族优越感，有贱视夷蛮戎狄的一面，又具有兼容并包，促进民族接近与亲善的一面，而以文化放在区分华夷的首位，促进了民族间的认同。"[1]

---

[1]　费孝通主编：《中华民族多元一体格局》（修订本），中央民族大学出版社1999年版，第338页。

以儒家为代表的宗教观，具有中和理性的特点：其一是"敬鬼神而远之"，与神道保持距离，又加以尊重；其二是"神道设教"，肯定宗教的道德教化功能；其三是"敬天法祖"，保持人们对自然与人生本源的尊崇。这种宗教观指导了历代政权的宗教政策，以政主教，儒、佛、道三教并奖，本土宗教与外来宗教共存，各民族多样性宗教在"因俗而治"、"兴教安边"政策引导下得到合法生存空间，促成了中华文化多元通和模式的形成。

传统社会在等级制度下，存在着民族压迫与宗教歧视，这是需要加以剔除的传统中的糟粕。

（二）西方民族学与宗教学的交叉发展

近代达尔文生物进化论冲破了基督教神创世界的神学樊篱，催生了人类学和宗教人类学，在人类早期文化研究中民族与宗教研究交叉进行、同步发展，出现了以缪勒、泰勒、斯宾塞、弗雷泽为代表的文化进化论学派，格雷布纳、施密特的"文化圈"理论，博厄斯的文化相对论，迪尔克姆、韦伯、马林诺夫斯基的文化社会学与功能主义理论，以弗洛伊德为代表的人类与宗教心理学。他们用理性去说明民族与宗教的产生和功能，用跨民族、跨学科的眼光进行比较研究，关注宗教在氏族文化和民族形成中的作用，考察宗教与社会、宗教心理与社会行为的互动，为民族宗教学的建立积累了丰厚的学术资源，其中尤其是文化相对论乃是西方诸多人类学中最具民族文化多元平等现代意识的学派，应予高度评价。其他如文化结构论、文化符号论、多线进化论、文化生态学、宗教哲学等，都从不同角度提供了多方面认识民族宗教问题的智慧和学术成果，值得我们认真加以借鉴吸收。

西方民族学（或人类学）与宗教学的不足：一是往往带有欧洲文化中心论的偏见，视异域民族文化为低级粗俗文化；二是民族学与宗教学虽有交叉，却没有在理论上整合成为独立的民族宗教学，宗教人类学研究民族宗教，但没有自觉地以严格意义上的"民族"为视角考察宗教；三是中国的民族与宗教资料被严重忽略了，有时被曲解了。西方民族学与宗教学是以西方历史文化为大背景的，不能简单套用在中国民族宗教研究上。

当代西方学界出现了一批突破传统、勇于创新的民族学宗教学学者和著作。在民族学领域，美国安德森、法国德拉诺瓦、英国霍布斯鲍姆等，用新的观点考察民族的复杂性、变动性，引起诸多争议。在宗教学领域，有英国希克，美国保罗·尼特、贝格尔、佩顿，德国蒂利希、孔汉思、库舍尔，印度潘尼卡等。这些学者反思基督教文化模式的局限，提倡宗教多元论，主张宗教对话，为民族宗教学的创立提供了新视野、新思路。

（三）马克思主义民族理论、宗教理论和苏维埃学派

马克思主义与中国实际相结合，指导了中国革命的成功和社会主义建设，马克思主义唯物史观统领下的民族观宗教观在不断中国化过程中，对于处理和解决中国民族问题、宗教问题，发挥了巨大作用，也深刻影响了中国的民族学和宗教学研究。

马克思主义民族观依据人类学的资料，深刻阐明了家庭、私有制和国家的起源，论述了人类从氏族到民族和国家的形成过程，以及民族的内涵与外延；指出民族压迫源于阶级压迫，只有消灭私有制，解除阶级剥削和压迫，民族对立才能消失；提出实现民族事实上平等的理想，坚决反对沙文主义、殖民主义和帝国主义，努力实现全世界无产者和各民族的联合。马克思主义民族观在中国人民反对帝国主义侵略压迫、实现中国独立解放和各民族大团结的实践中取得巨大成功。在探索中尤其在苏联模式形成中也出现过失误和不足，如：过分强调民族问题与阶级问题的一致性，忽略其差异性；斯大林关于民族四要素（共同语言、共同地域、共同经济、共同文化）的概念有得有失，不完全适用于衍生型民族；苏联模式未能实现

民族平等，却强化了大俄罗斯主义，导致了苏联的解体。

马克思主义宗教观是唯物史观的组成部分，核心内容是揭示宗教产生和存在的根源和演变规律，用社会现实力量、矛盾与形态去说明宗教信仰及其变化，把宗教信仰看作压迫人们的人间异己力量在人们头脑中的幻想的反映，是人性的异化，因此反对向宗教宣战，而主张致力于社会改革和建设，实现社会的合理化和人性的回归，尊重宗教信仰自由，实行政教分离，使宗教信仰成为公民私人的事情。在民族与宗教关系上，主张从民族生活中揭示宗教的秘密而不是相反。

十月革命之后苏联民族学界创立的苏维埃学派，在理论上提出"经济文化类型"和关于民族的较为严格的定义，对中国有借鉴意义。勃罗姆列伊认为：民族是历史上形成的、具有共同的相对稳定的文化特点和心理特点，并意识到自己的统一和与其他构成体有区别的人们的总体。这个定义重视文化、心理和民族意识要素，对斯大林的民族定义有所突破。

（四）中国当代民族研究宗教研究

民国时期中国引进民族学，出现一大批优秀学者，如凌纯声、吴文藻、岑家梧、费孝通、李济、李安宅、林耀华、杨成志、林惠祥、杨堃等，一面介绍西学成就，一面深入进行民族学田野调查，形成一批有价值的成果。新中国成立以后，民族研究在理论与实践上有四大成果：其一，进行民族识别工作，确定56个民族的身份；其二，进行全国少数民族社会历史调查，积累了丰厚的资料；其三，共时性族群一律称民族，不再用氏族、部落的称谓，历时性族群则称原始民族、古代民族、现代民族，不再称奴隶制民族、封建制民族、资本主义民族；其四，确立社会主义平等、团结、互助的民族关系，实行民族区域自治。改革开放以来，民族学恢复和发展很快，其中费孝通提出"中华民族多元一体格局"，是中国民族学一大创举，对于认识中华民族复合型结构有重大启示作用。

民国时期中国没有引进宗教学学派，却在对宗教的认识上和宗教史研究上采用了现代理性态度与方法，开创了宗教学术研究的新局面，陈垣的道教研究、汤用彤的佛学研究可作为代表。新中国成立以后，至20世纪60年代初，毛泽东提出研究世界三大宗教的任务，播下了种子。改革开放以来，社会主义者拨乱反正，以"文革"为教训，重新认识马克思主义宗教观，并加以中国化。确认：实行宗教信仰自由政策、依法管理宗教事务、坚持独立自主自办的原则、积极引导宗教与社会主义社会相适应为政府宗教工作基本方针，强调发挥宗教在促进经济社会发展中的积极作用，先后提出宗教社会论、宗教适应论、宗教和谐论，努力建设中国特色社会主义宗教理论。学术界于1979年起正式开创宗教学研究，提出"宗教四要素"说、"宗教四层次"说、"宗教三层面"说，推动中国式宗教社会学、宗教人类学、宗教文化学、宗教生态学、宗教哲学研究，开展佛教、道教、伊斯兰教、基督教、犹太教、民间宗教、新兴宗教、中国宗教史以及各民族宗教研究，硕果累累。这些成果为民族宗教学的建立创造了厚实的学术基础。

三、民族宗教学的理论构想

（一）民族宗教学的研究对象、范围和方法

民族宗教学是民族学和宗教学的交叉学科，是一门新兴的人文学科。它的研究对象是：研究民族与宗教的互动关系，探讨民族的宗教性与宗教的民族性，而重点是阐释宗教在民族形成、民族演变、民族生活、民族国家、民族文化和民族关系中的地位和作用，基本上属于宗教学的分支。凡涉及民族与宗教之间的关系问题，以及与民族宗教相关的问题，都在民族宗教学的研究范围和视野之内。从当代民族宗教问题的实际出发，民族宗

教学要着重关注两大问题：一是不同宗教在不同民族生存发展、社会文化中的地位和作用；二是宗教在多民族国家内和世界范围的民族关系中的地位和作用。

现代学界在使用学科名称中，常将"人类学"、"民族学"、"社会学"并用或混用，原因在于三学科都在研究人类社会及文化，又有国别学术传统的差异。我们认为，从学科发展趋势看，人类学更侧重于人类历史文化研究，民族学乃是从民族共同体看社会文化，社会学则愈加关注重大社会现实问题。民族宗教学是在严格意义上使用民族学的概念，不与一般人类学混用，而专注于研究以民族共同体为载体的宗教。

民族宗教学区别于相邻学科的地方，在于它的主轴是研究民族与宗教的互动关系，各种议题均围绕这一主轴展开。民族是属于社会实体的范畴，宗教是属于精神文化的范畴，两者相异又交织，形成复杂、动态的对立统一关系，其间的种种情形与变化远未被人们自觉认识，因而成为迄今民族学、宗教学的空缺，现实中的重大民族宗教问题得不到深刻的解释。全面揭示民族与宗教之间多重交错关系，进而阐述民族宗教对社会政治、经济、文化的广泛作用，正是民族宗教学的主要任务。

民族宗教学的研究方法，以唯物史观为指导，以民族学与宗教学相结合为特色，并综合运用社会学、文化学、历史学、民俗学、政治学和哲学等学科的理论与方法，进行综合研究。在诸多研究方法中，广泛运用类型分析方法是民族宗教学研究方法的突出之点，即：通过分析比较，归纳国内外民族宗教类型，研究说明其间的异同。因此，它的视野是跨文化比较研究，它以文献与田野调查资料为基础，又不停留在现象描述上，重视理论概括，又不停留在抽象概念和逻辑推理层面上，而要以经验材料为依据对民族宗教进行文化模式的理论提炼和分类说明。此外，民族宗教学重视历史与现实的贯通，关心当代民族宗教问题的最新动向与特点，使研究贴近时代，保持鲜活的生命。

（二）民族宗教学主要概念的内涵与外延

1. 民族。

（1）民族概念的内涵。

参照诸家之说，提出关于民族的定义如下：民族是历史上人们在共同祖源认同基础上形成的文化共同体，是在与他族交往比照中产生一体感，意识到自身具有共同文化、共同命运的稳定的社会人群。祖源认同、文化认同、民族意识是民族形成的三要素，而共同文化传统则是民族的根本尺度。民族文化是指特色鲜明、为该民族大多数成员所认同并形成牢固传统的文化，因此主要是民俗文化和信仰文化，并由此形成特定的共同心理、共同情感和共同气质。宗教往往为许多民族提供价值理想和精神支柱，处于民族文化的核心或深层位置，成为维系民族共同体的精神纽带，宗教对于民族的重要性也就在这里。

（2）民族概念的外延。

在国内外民族学界，不仅对民族概念的理解多有差异，而且在民族的分类上也各有不同。以地域分类者有之，以经济分类者有之，以人种分类者有之，以语言分类者有之，以宗教分类者有之。民族宗教学则依据民族的产生、发展、形态的不同对民族进行分类，避免平面化和静态化的缺陷。

原生型民族。民族形成后，一直保持着自身的同一性，相对独立发展，在血缘与文化上未与其他民族发生大交融，也未被他族同化。如犹太族、日本大和族、朝鲜族、藏族、羌族、彝族等。

融合型民族。由许多民族融合而成，血统交杂混血，文化多元汇合，往往形成较多人口，地域分布较广，内部有较大差异性、多样性的大型民族共同体。如汉族、俄罗斯族、印度斯坦族，以汉族最为典型。

衍生型民族。是晚生民族，在民族交往和分化中形成。如中国回族、前南地区穆斯林族，印巴分治后形成两大新的民族。

复合型民族。由许多单元民族复合成更大的民族共同体，内部形成双层结构。复合型民族不等于多民族国家，不单纯依靠政治的力量，文化认同比政治认同更根本，仍然是文化共同体和命运共同体，而祖源认同被相对淡化。中华民族是最典型的复合型民族。费孝通指出，中华民族"多元一体格局中，56 个民族是基层，中华民族是高层"，他称之为"既一体又多元的复合体"。此外，美利坚族、阿拉伯族都具有复合型民族特征，又各有差异。"复合型民族"的提出是民族宗教学的理论创新，有助于我们打破平面化视域，认识民族存在形态的复杂结构，认识民族关系的交错重叠，这一立体化的新视角增加了对实际生活的解释力。

集合型民族。它是前复合型民族的民族集合体，既有相当程度的文化亲缘关系，又更多地依靠政治、经济共同利益的推动，一批民族结成地区性、跨民族的更大的民族集团，但内部各民族独立性很强，只能达到一定程度的联合。欧盟便是典型，它不纯粹是一个地区性经济政治联盟，也有共同文化（特别是基督教）的背景。土耳其迟迟不能加入欧盟，信奉伊斯兰教是一个重要障碍。

2. 宗教。

（1）宗教概念的内涵。

恩格斯说："一切宗教都不过是支配着人们日常生活的外部力量在人们头脑中的幻想的反映，在这种反映中，人间的力量采取了超人间的力量的形式。"[①] 吕大吉根据恩格斯关于宗教信仰的定义，扩展为"宗教四要素"说（即宗教观念、宗教体验、宗教行为、宗教体制），用以完整地揭示宗教作为社会文化体系的多层结构，得到社会广泛认同。我们认为：宗教不仅是一种超世的精神信仰，也是一种信仰支配下的社会实体、社会力量，

---

① 《马克思恩格斯全集》第 26 卷，人民出版社 2014 年版，第 334 页。

而且还是一种信仰影响下的社会文化。

（2）宗教概念的外延。

学界对宗教的分类，有语言学的分类、进化论的分类、现象学的分类、社会学的分类等，而以进化论的分类影响最大。标准不同，分类自然有异，各有自身的价值。历时性的分类有多种：其一，部落（原始）宗教、民族宗教、世界宗教；其二，灵魂崇拜、自然崇拜、多神教、一神教；其三，自然宗教、伦理宗教、普世宗教；其四，自然宗教、神学宗教、道德宗教；其五，原生性宗教、创生性宗教；其六，传统宗教、新兴宗教；等等。共时性的分类亦有多种：其一，多神教、一神教、泛神教；其二，制度宗教、民间宗教、习俗宗教；其三，宗教文化圈，如基督教文化圈、伊斯兰教文化圈、佛教文化圈、萨满教文化圈，等等。

（3）民族宗教。

传统的文化进化论所说的民族宗教，是指氏族—部落之后与民族或民族国家相结合的宗教，尚未突破民族的范围，不是世界性宗教。如：印度教、锡克教、神道教、犹太教、道教等。

在实际生活中，"民族宗教"的应用范围扩大了，它泛指世界上各民族的宗教，包括世界三大宗教：佛教、基督教、伊斯兰教。由于人们从民族与宗教关系上看宗教，便把一切宗教视为民族宗教。如在中国，人们把伊斯兰教、藏传佛教、南传佛教、萨满教，称为民族宗教，也把少数民族信仰的基督教称为民族宗教。其深层原因在于，一切民族都有宗教性，一切宗教都有民族性。世界三大宗教超越了一族一国，但其经典教义仍然保持着鲜明的地区民族特色，其世界化的过程也是不断在新的地区民族化的过程，在现代国际生活中它们代表着不同民族集团的诉求，并没有变成真正普世的人类宗教。因此，民族宗教学所使用的"民族宗教"概念，既包括狭义上的族教合一的宗教，也指称与民族问题相联系的一切宗教，当然包括世界宗教和汉族宗教。

（三）民族宗教学的核心理念、主要议题及思路

民族宗教学的核心理念是："族教和谐，多元互补"。按世界民族的一般情形，民族是宗教的社会载体，宗教是民族的精神家园，宗教是民族认同、民族关系的重要因素。宗教可以促进民族交流、和解与社会稳定，发挥传承文化、维系道德、利益大众的积极作用；宗教也可以为民族极端势力或大民族主义所利用，加剧民族矛盾与冲突，也由于宗教自身的排他性而发生宗教之间、教派之间的纷争与流血，严重损害民族之间或民族内部的和谐与合作。民族宗教学在价值观上不持中立态度，它批评一切文明中心论、文化霸权论和文明冲突论，认同文明多元论、文化平等论和文明对话论。文明的进步必然表现为民族团结、宗教和睦、民族与宗教之间的良性互动。因此，必须确立和实践民族宗教的多元和谐、平等对话、共生共荣的现代文明原则，促进民族宗教之内、之间的和解，以期达到世界的永久和平。这是民族宗教学的基本认知和宗旨所在。

其主要议题与思路如下：

1.从发生学的角度阐释宗教在民族形成中的作用。

从氏族到民族，就是从血缘集团到文化共同体，宗教是文化的决定因素。其一，超越氏族祖先，寻找各氏族共同认可的英雄祖先，形成远祖崇拜，确定民族起源的神圣代表。其二，氏族图腾扩大为民族标志，或构建综合图腾作为民族徽号，如龙图腾成为华夏族的文化符号。其三，在自然崇拜、祖先崇拜基础上，形成至上神（天神）崇拜，为古邦国和民族国家的出现提供信仰上的合法性和根据。宗教的认同性与排异性推动了民族自身的认同及与他族的相异，这是人类早期民族史的共同历程。

2.融摄历史学的视野，阐释民族与宗教的互动历史。

（1）宗教限于民族。

古代社会，宗教是民族文化包罗万象的纲领，神是民族的保护神，是

自然与社会的主宰者和人间行为的监督者。中国古代，"敬天法祖"是华夏祖的民族宗教，具有不可动摇的神圣地位，是全民族的普遍信仰。

（2）宗教超越民族。

世界三大宗教：佛教、基督教、伊斯兰教，原先都是民族宗教，因其信仰的普适性因素，在世界性经济文化交流推动下，或在世界性帝国的扩展中，逐步突破民族的界域，成为世界宗教。世界化与民族化同时并进，使三大教在保持其核心教义的同时，在教理、活动、组织等方面出现多样形态，它们是跨民族的，又是贯穿民族的。

（3）民族超越宗教。

近代民族主义运动中，欧洲纷纷建立民族国家，打破基督教教权一统天下，民族成为主身份，宗教成为次身份。在奥斯曼帝国瓦解以后，伊斯兰教共同体分化出许多民族国家，世界性教权不复存在。佛教没有建立世界性帝国，民族国家的建立无须大力突破佛教，但使教权服从政权，并赋予佛教以更鲜明的民族国家色彩。

（4）在当代民族与宗教关系错综复杂。

现代文明发展，政教分离、教育与宗教分离是大趋势，因此，一般情形下，民族身份是主要的，宗教身份是从属的，民族关系决定宗教关系。在一定条件下，宗教身份凸显出来，盖过民族身份。一个民族依据形势的变化，使民族身份与宗教身份交替隐显。有些民族，族教关系紧密；有些民族，族教关系疏松。有些民族，宗教是其民族精神的旗帜；有些民族，宗教是其民族文化的底色。宗教既可以加强民族凝聚力（特别是全民一教的民族），又可以分裂民族(或因教际冲突，或因教派冲突)，成为离心力。宗教与时俱进，可以推动民族进步，社会繁荣；宗教保守偏激，则会迟滞民族发展，破坏社会稳定。在民族关系上，宗教开明人士能够发挥宗教的桥梁作用，促进文明对话；宗教极端势力亦可以使宗教成为民族和解的障碍，加剧文明的冲突。

3. 融摄社会学的视野，阐释民族宗教与社会要素的互动关系。

（1）影响民族与宗教关系的四大要素：民族、国家、宗教、意识形态。

民族是一种稳定的非组织化的常处隐性状态的社会共同体。国家是处理民族矛盾的机构。民族认同与宗教认同有时一致、有时交错，都具有信仰的终极性。宗教是古代多数国家的意识形态。近现代国家，自由主义或社会主义成为主流意识形态，宗教被边缘化。冷战结束以后，民族主义成为各国最强而有力的意识形态，并常伴有宗教的巨大影响。

（2）影响民族与宗教关系的四个维度：民族、宗教、经济、政教关系。

在不同经济类型（渔猎、农牧、工商、全球化）中，民族宗教关系亦不相同。政权影响民族宗教关系最为直接。政教关系四种类型：政教合一、神学政治、政主教从、政教分离。不同类型的社会，民族宗教关系的形态亦不同。

（3）民族、宗教、国家相互组合的四种模式：一族、一教、一国；一族、多教、一国；多族、多国、同教；多族、多教、一国。第一种模式中族教关系最为紧密。随着现代文明的进步、宗教信仰自由度和移民的增加，一国而多族多教的情况越来越普遍化，国家的开放度和处理民族宗教问题的能力成为影响民族宗教关系的关键因素。

（4）当代文明的发展趋势是宗教与政权相分离，与国民教育相分离，与民族现代化事业相分离，宗教退出公法领域，信仰成为公民私事，教会作为非政府组织在法律范围内活动。而在宗教传统深厚的国家，宗教仍然是国家意识形态，与民族精神高度结合；即使实行政教分离的发达国家，宗教依然是主体民族文化的底色，以或明或暗的方式影响国家政治理念、政治人物与外交政策，在公民身份背后，民族身份和宗教身份并未消失，仍在发挥作用。所以公民投票在很大程度上是特定民族成员和特定宗教信徒在投票，这常常被人们所忽略。

4.融摄文化学的视野，阐释不同类型民族文化中宗教的作用。

（1）基督教与欧美民族文化。

现代西方欧美文化是在古希伯来宗教文化和古希腊人本文化互动中发展出来的。基督教提供了精神信仰、人生价值和社会道德原则。希腊哲学提供了科学理性和人文哲学。两者互相渗透又互相冲突、互为主导。欧洲中世纪上千年，基督教神学占压倒优势，延缓了社会的发展。文艺复兴运动、宗教改革运动、近代启蒙运动，冲破基督教文化垄断，发扬人文理性、科学理性精神，促进了科技文明和资本主义工商经济的飞速发展。基督教通过改革，增加了宽容精神，接纳了人道主义，退出政权系统、国民教育和科学研究，出现推动资本主义发展的新教伦理。"两希"文化取得一个新的平衡。

在现代西方社会文化中，基督教已不能主导一切，在市场经济推动下，世俗文化特别是功利主义和时尚文化长盛不衰。但基督教仍然是西方民族文化的底色，在现实中，它固守信仰和道德阵地，并保持对社会生活的深刻而普遍的影响。在美国，基督教为多数人信奉，教会一向活跃，对社会政治、道德、民俗、外交都在不断发挥作用。美国是移民社会，而其核心价值来自基督新教，美国人有很深的"白种人的盎格鲁－撒克逊新教徒"（WASP）情结，它深刻地影响着美国的国际战略和外交。

（2）伊斯兰教与阿拉伯民族文化。

阿拉伯民族的认同主要体现为对伊斯兰教的认同，民族文化与伊斯兰教文化合为一体。近现代阿拉伯世界出现许多民族国家，而跨国界的复合型阿拉伯民族的主身份标志还是伊斯兰教。有的保持政教合一，有的政权世俗化却仍以伊斯兰教为国家意识形态。宗教与民族意识、民俗文化紧密结合，成为民众的生活方式。哲学、伦理、法学、文学、艺术都有浓郁的伊斯兰教色彩。可以说，伊斯兰教对阿拉伯民族文化的影响是全方位的。

阿拉伯民族主义运动总是具有伊斯兰教的鲜明印记。

（3）印度教与印度民族文化。

印度教是迄今世界上最大的历史最久的多神的民族国家宗教，是印度斯坦族的主体信仰。它经历过古代吠陀教、婆罗门教、印度教三个历史阶段，至今保持着强盛的生命力，与印度民族性相结合，主导着多数印度人的精神世界，全面影响着印度的政治、经济、社会、文化和民俗。印度实行政教分离，国家意识形态交织着西方价值观和印度教两种倾向。历史上佛教兴起，以众生平等的教义冲击婆罗门教的种姓制度和民族界域，终因传统习惯力量深固，而被挤出主流社会，新婆罗门教复兴，是为印度教。同时传入伊斯兰教，出现锡克教等教派。佛教则走出印度，走向世界。印度教同印度民族的关系，与伊斯兰教同阿拉伯民族的关系有所不同：前者是多神的民族国家宗教，后者是一神的世界性宗教。

（4）宗教与中华民族文化。（见6）

5.融摄政治学的视野，阐释民族宗教在当代国际政治中的地位和作用。

（1）冷战结束以后，社会主义与资本主义政治意识形态矛盾下降，民族矛盾上升为当代国际政治的主要矛盾，民族身份和宗教身份凸显出来。民族问题与宗教问题交织所造成的冲突与对抗，成为国际政治的热点和焦点。在经济全球化过程中，民族权益得失不平衡，文化成为民族国家综合国力和竞争软实力，受到空前关注，宗教作为民族文化的精神力量日益重要。市场经济带来的价值失落、道德滑坡引起人们的忧虑，宗教重新成为人们的心灵渴求。

（2）以基督教为背景的西方发达国家和以伊斯兰教为背景的伊斯兰国家之间在经济利益、价值观念上的斗争，成为诸多国际政治矛盾的重心所在。这里既有历史上的恩怨，又有霸权主义与反霸权主义的斗争，也有文明理念的冲突。

（3）霸权主义滋生国家暴力与侵略战争，民族宗教极端主义滋生暴力恐怖主义，互为因果，成为人类和平安宁的最大威胁。

（4）宗教成为地区性民族冲突的重要因素。例如巴以冲突，印巴在克什米尔问题上的冲突，都因民族因素与宗教因素交织而复杂化，不易解决。

（5）当代族教关系有四种类型：一是整体性族教矛盾，多数民族成员介入，最难解决；二是部分性族教矛盾，只涉及局部利益；三是移民性族教矛盾，往往牵动跨国的民族宗教感情；四是文化传播性族教关系，如佛教的跨族跨国传布，没有强权与武力的介入，宗教成为民族关系的桥梁。

（6）民族与宗教感情都可以激发出极大的能量。民族宗教的极端主义是民族对抗的催化剂、助燃剂；民族宗教理性能够化解民族仇恨，促进民族合作。没有民族宗教之间的和平，就不会有世界和平，所以推动民族和解、宗教对话，是世界的当务之急。

应当看到，世界上多民族多宗教及其文化差异，将是一个长期存在的社会现象，也是人类生活中比政治、经济更稳定更长久的重要因素。民族主义的存在与发展，宗教信仰的多样性与演变，在健康理念的引导下，都是正常现象。关键是温和主义要成为主流，能够彼此尊重，实行"和而不同"的原则。我们要反对和抑制偏激的尚斗的民族主义和宗教极端主义，提倡理性的贵和的民族主义和宗教宽容，平等对待民族宗教的"他者"，共同推动人类文明向更高境界转型。

6. 中华民族多元通和模式下的民族宗教。

（1）中华民族自古就是一个多民族多宗教多信仰的国家，它的民族格局是多元一体，它的信仰格局是多元通和，两者是对应的。这种模式与基督教为底色的欧美模式、伊斯兰教为覆盖的阿拉伯模式、印度教为主导的印度模式都不相同，是第四大信仰模式。

（2）中华民族信仰文化的多元通和模式的主要内涵与特征。第一，它

199

的文化基因具有综合性，宗教信仰从开始就是多神、多教，而且一直延续下来，文化源头上没有一神教的传统。第二，它的信仰文化长时期是人本主义与神本主义并行又互补，人道引导神道，神道辅助人道，没有出现神权统治社会及人学与神学对决的情况。第三，它的宗教具有多样性，包容各民族的特殊信仰，又以敬天法祖为整个中华民族的基础性信仰，以儒家礼教为轴心。第四，宗教关系以和谐为主旋律，摩擦与冲突是支流，而且各教之间渐行渐近，互相渗透沟通，传统宗教之间没有发生宗教战争和对异端的迫害。第五，以儒、佛、道为核心向外开放，包纳各族民间信仰，不断吸收外来的宗教与哲学，并使之中国化。第六，政教关系上是政主教从，儒家人学是主流意识形态，宗教始终处在从属地位。第七，作为主体民族的汉族，知识界重哲学轻宗教，民众中则流行多神崇拜，汉族没有主导性宗教；少数民族信教人数比重大，信仰虔诚度高，特别是基本全民信仰伊斯兰教、藏传佛教、南传佛教的民族，民族与宗教密切交织，民族的宗教性与宗教的民族性都比汉族强烈得多，同时汉族与少数民族都普遍接受儒家礼教道德的熏陶而具有共通性。这是中华民族多元一体格局在信仰文化上的体现。

（3）多元通和模式的成因。第一，民族融合未采取"文化替代"方式，而采取"文化综合"方式，汉族的"混血"带来文化的"混血"。第二，地理单元的整体性与半封闭半开放状态，中原地区经济文化的发达，使各族不断向中原汇聚，又不断向边疆辐射，有利于文化多元通和，有中心，有外层。第三，长期的农业文明与家族社会，养成中华民族和平、礼让、互助的品格。第四，传统社会三大精神支柱：儒、佛、道三教和三教宗师孔子、老子、释迦牟尼，都强调以人为本、仁爱慈悲、和而不同、平等宽容、中和不偏，深深影响了中华民族信仰文化和不断进入的外来文化。

（4）信仰文化的多元通和模式是中华优良传统，要继承和发扬。它最有益于多民族之间的和谐共处和多样性文化在互尊互学中共同发展；可以避免由于民族宗教的差异而引起冲突与对抗；也有益于一神教减弱其排他性，成为其他宗教的好邻居。同时这一模式也可为建设多民族多宗教的和谐世界，提供中国的智慧和经验。

费孝通先生论文化自觉的名言："各美其美，美人之美，美美与共，天下大同"，主张民族之间要自爱与互爱，自尊与互尊，自信与互信，最能表达民族平等的真精神，可以成为当代文明对待民族宗教关系的普遍规则，如能走向世界，将是人类一大幸事。

（在本文写作中，涉及从历史学、社会学、文化学、政治学视野看民族宗教的段落，分别概括吸收了游斌、张践、王志捷、曹兴各位学者的观点，又作了加工调整。谨向他们表示感谢，并申明凡改动的地方，文责由笔者负责。）

第十一章　民间宗教论

一、多元视角下的民间宗教

民间宗教是对应正统宗教或主流宗教而言的，主要在下层民间流行，在历史上往往受到主流社会和宗教的歧视、排挤甚至打击，却绵绵不绝，始终拥有广大的信众，成为民间文化的重要组成部分。所谓正统或主流宗教如国家民族宗教（道教、印度教、神道教等）和世界三大宗教（佛教、基督教、伊斯兰教），它们得到上层社会的认可，进入社会生活的中心舞台。民间宗教也有自己的神业人员和知识分子，主流宗教也有自己的下层信众；但民间宗教的核心层没有融入社会精英群体，处于边缘状态，而主流宗教的核心层是社会精英的组成部分。

从宗教学的视野看，民间宗教与主流宗教一样，也具有宗教的基本要素，如超世的信仰、祭神的仪式以及相应的组织制度，因此，民间宗教也是常态宗教，它与主流宗教并没有高低贵贱之分。只是两者的存在形式、社会地位和社会功能有所不同罢了，而这种不同是一定历史条件形成的，是可以改变的。

从宗教史的实际看，民间宗教与主流宗教之间的关系是动态的相对的，两者既相互依赖，又相互转化。

从历时性上说，现今世界三大宗教和道教早期都属于民间宗教，然后经过提升而成。如印度佛教产生时是平民的宗教，主流宗教是婆罗门教，佛教后来上升为主流宗教并走出国门，走向世界，它在印度却下降为民间宗教。早期基督教是奴隶和穷人的宗教，产生300年后发展成为罗马国教（恩格斯）。道教产生于汉末，最初的五斗米道、太平道都是民间道教，经过魏晋南北朝葛洪、陶弘景、寇谦之、陆修静等的改造，成为主流大教，为上层社会认可。金元之际出现的全真道，开始是民间一个新教派，经过"北七真"的努力，特别是在丘处机西行雪山会见成吉思汗后，一跃成为主流宗教。另一种情况，琐罗亚斯德教和摩尼教在古伊朗都曾是主流宗教，后来衰落，传到中国后成为民间宗教。日本神道教一度是国教，1945年以后，下降为民间宗教。

从共时性上说，一个社会同时存在主流宗教与民间宗教，两者有冲突的一面，也有相成的一面。如欧洲中世纪基督教打击巫教，中国明清王朝镇压民间宗教，其中既有政治的考量，又有主流宗教的排斥异端在起作用。但依中国经验，民间宗教不断从主流信仰儒、道、佛三教中汲取营养，同时又为三教构筑起雄厚的社会信仰基础，形成信仰的沃土。再看主流宗教本身，除了表现为精英文化之外，还有民间文化的形态，如宗法性传统宗教既有列入历朝国家礼仪大典的祭天祭祖祭社稷的庄重仪轨，更有大量存在于民间的敬天祭祖拜土地的活动，共同维系着中国人的基础性信仰。佛教有高僧佛教，也有民间佛教。道教有上层道教，也有民间道教，与民间信仰混然杂处。美国则有所谓公民宗教，即是基督教散化于民众的形态。

二、民间宗教的分类

民间宗教的分类，不同角度有不同分法。意义较为重要的分类有三种：组织程度不同，起源与发展不同，民族身份不同。

（一）以组织程度来划分，民间宗教可分为组织化民间宗教和民俗性民间宗教

前者有独立的教团组织，有教主传承和教团制度，为抵御外部压力，其组织化程度往往不亚于主流宗教。马西沙、韩秉方所著《中国民间宗教史》，写的就是有独立教团的民间宗教的历史。后者没有独立的教团组织，其宗教活动的组织安排由民间乡社或宗族组织兼任，与民间的经济生活、人生礼仪、节日岁时紧密结合在一起，形成宗教性民俗，即人们通常说的民间信仰。如福建的妈祖崇拜、保生大帝崇拜都是。这类宗教活动也有临时的组织机构，也有庙宇的常设管理机构，但都不具有严格的教团性，有巫师主导活动，但没有教职体系，没有正规教徒，它和民俗文化打成一片，具有弥散性。

（二）以发生的方式来划分，民间宗教可分为原生型民间宗教和创生型民间宗教

前者源远流长，自发产生，集体创造。这类宗教大都带有原始宗教的色彩，延续了自然崇拜、鬼魂崇拜、图腾崇拜、祖先崇拜的传统，也多少添加上一些后起宗教的元素。民间的各种巫教大都属于此类。后者是由某一教主创建并发展起来的，虽然它也吸收了许多原生型宗教的营养要素，而其基本教义和教规是由教主人为创造的。明清时期在白莲教和罗教基础上发展出来的各种民间宗教皆属此类。这类宗教在主流社会打压下，为了拓展生存空间，必然依靠严密的组织纪律。

（三）以民族身份来划分，民间宗教可分为汉族民间宗教和少数民族民间宗教

前者表现为品类的杂多性和地域的差异性，历史上教门成百上千，此

起彼伏，而且"千里不同风，百里不同俗"，有东西之别、南北之异，甚至省际县际亦名目不同、花样繁多，又可跨地区流布，形成稳定与变动的双重性。少数民族的民间宗教又称巫教，北方（包括东北和西北）有萨满教，西南有东巴教、毕摩教、苯教、韩规教，南方有师公教、麼教、西波教，它们的活动以巫师为中心，与本民族的生活环境、传统文化及习俗紧密结合，又接受了其他民族信仰和外来宗教的影响，形成特有的宗教义理与活动方式，在保持民族文化特色上发挥着重要的作用。

三、民间宗教的特点与社会功能

（一）特点

1. 民间性：这是民间宗教的最大特点。民间性是指它的活动方式和范围是民间社会，不具有官方性质，不进入国家意识形态，其骨干队伍生活在民间下层，其信仰与活动贴近普通百姓的生活和需要，成为民间文化活动的重要内容。主流社会要依靠民间宗教稳定民间社会，正常情况下是容纳它又加强管理的；而民间宗教在多数时候也不去触动国法，满足于民间状态。

2. 地方性：民间宗教既然不是主流宗教，便不具备全国规模，而是地区性的宗教，因地因族而异，分散多样。汉族和少数民族的民间宗教都是如此。即使同一种教如萨满教，不同民族地区亦有不同特色，因为地理环境和历史文化不同。

3. 文化性：民间宗教是民众的文化样式，也是他们进行文化创造的有效空间。民众在生存活动之余，要充实、调节和美化自己的生活。通过民间宗教活动，保存历史的记忆，寄托美好的愿望，进行道德的教化，促进人际的和谐，发挥创造的智慧。所以民间宗教包含着故事、神话、音乐、舞蹈、美术、雕塑、戏曲等丰富的民间文化。虽然比较粗俗，但也朴实自然。

（二）社会功能

中华民族传统文化是由精英文化和民间文化共同组成的，雅俗互动，缺一不可。在信仰的层面上，民间宗教是民众的直接创造，又反过来直接满足民众的信仰需求，构成中国信仰文化的基盘。正如马西沙在《当代中国宗教研究精选丛书·民间宗教卷》"序"中指出的："民间宗教在中华文化中有特定的位置，是信仰主义世界的重要领域，构成了千千万万底层群众的笃诚信仰，影响着各个地区的民风、民俗，下层民众的思维方式、生活方式。它对中华民族性格的形成起过不可忽视的作用，对中世纪的宗教生活、政治生活发挥过重大影响，表现出惊心动魄的力量。""不仅如此，民间宗教像一些民众文化一样，是高雅文化、正统神学的孕育之母。"民间宗教中的民俗性宗教与主流社会的关系比较稳定。组织化的宗教与主流社会的关系在正常时期稳定，在非常时期不稳定。当它被各种社会力量所利用时，会成为一种社会运动。可以说，不研究民间宗教就写不好中国社会史、中国文化史、中国宗教史。

从文化生态看，民间宗教是中国宗教文化多元通和生态形成发展的基石和土壤，它制约着社会宗教关系，不使一教坐大，又促使外来宗教增加中国色彩，在多神多教的氛围中寻找自己恰当的地位，而无法肆意扩张。民间宗教的多神崇拜和多教混血的传统，易于消解外来一神教强烈排他性，使中国多种宗教之间、本土宗教与外来宗教之间，趋于和谐与接近。

四、在民间宗教问题上的认识误区及其来源

中国历史上的统治阶级从其自身利益和巩固等级秩序出发，对民间宗

教有时利用，有时打击。对于新兴的组织化的民间宗教疑虑较重，防范打压多于利用扶植。民间宗教本身又较多体现民众的心声与利益，常常成为民众反抗压迫的旗帜。而明清两代特别是清后期，宗教政策又偏离传统的"神道设教"和"多教并奖"的主轨道，使得民间宗教与主流社会的关系紧张起来。统治者加给民间宗教的罪名是"异端邪教"。民国以来，这顶帽子没有了，民间宗教一度活跃起来。新中国成立初期，鉴于许多组织化民间宗教成员混杂，有反共倾向，政府便以"反动会道门"的定性全部予以取缔，在当时的历史条件下是可以理解的。新中国成立以后，政府对于民族性民俗性民间宗教开始尚能容忍，不久便定性为"封建迷信"予以破除，把它们和主流五大宗教严格区别开来，前者被禁止，后者则是合法宗教。

歧视民间宗教和信仰观点是从哪里来的？根源有四：其一，来源于历史上主流社会对民间宗教的歧视。民间宗教有其偏狭性，民间信仰亦有其粗俗性，它自身要不断调整才能适应主流社会。但两者关系是否和谐也要看主流社会能否容纳它。历史上上层社会在歧视它、压制它的时候，视之为"淫祠"、"异端"。这种理念也影响到中国社会主义者。其二，来源于西方亚伯拉罕系一神教的传统。西方宗教界和宗教学界，以基督教为中心和模式观察世界宗教，视基督教为制度化程度最高因而也是发展最成熟的宗教，其保守派认为基督教应当传到全世界，取代所有其他宗教。因此在他们眼里，非但各种民间宗教是低俗的应予淘汰的，就是东方的佛教和道教也只是非典型性宗教，比基督教低一等级。中国人自觉不自觉受了这种观念的影响，只把五大教视为宗教，而不承认民间宗教是宗教。其三，来源于科学主义的影响。用科学与否去看待民间文化，视一切鬼神之道为"迷信"，为愚昧，妨碍科学的普及。其合理性在于民间鬼神之道确有愚昧的成分，也有骗钱害人者，妨害健康和生产者。但一些人看不到民间宗教对安抚民众心理、维系民间道德、活跃民众文化生活的功能，不是去引导提高它，而是去限制取缔它。

五、民间宗教在未来中国社会发展中的地位和特殊作用

（一）民间宗教将成为中国五大宗教均衡发展、关系和谐的共同基础

以上讲"民间宗教"，主要是从历史的角度谈论的。从目前中国现实出发，在政策上区分民间信仰与宗教，另有政策对民间信仰加以管理，这是要说明的。

这是历史和昭示给我们的经验。中国民间宗教往往融儒、佛、道和其他宗教于一体，其多神性、多教性、和谐性无形中制约和推动着五大宗教的发展规模和风格，不使一神教过度膨胀，又使各教互相尊重，共同发展。基督新教在中国传教一百多年，新中国成立前夕，只有教徒 70 万人。近三十年，基督新教迅猛发展，教徒已在三五千万人以上。其重要原因之一，以前的民间多神信仰抑制了基督新教的发展；后来民间宗教被不断扫除，宗教生态失衡，为基督教的大发展扫清了信仰上的障碍。不只如此，清除民间宗教，也弱化了儒、佛、道三教的根基，更有利于基督教的膨胀。台湾的宗教是多元的，民间宗教发达，天主教和基督新教信徒加在一起不足一百万人，这是宗教文化多元通和生态良性化的表现。香港地区梁家麟在《改革开放以来的中国农村教会》（建道神学院 1999 年版）中指出："中国共产党自立国以来，一直不遗余力地铲除民间宗教，将基督教在基层社会的农村中传播之最大障碍除去，为其提供了广阔的发展空间。""民间宗教在农村遭到全面取缔后，妨碍民众接受基督教的社会和心理因素均告去除，于是农民便将宗教感情转而投向基督教，基督教成了原有宗教的替代品。"民众的宗教观念和感情是无法通过社会运动扫除的，它会在适

宜的时候转移到新来的宗教上。当然，农民信了基督教，也会使它民间宗教化，带上巫教和功利的色彩。我们对基督教已经相当开放了，唯独对本土草根信仰还有诸多限制，这不是一个正常状态。

中国未来社会和文化建设的一个重要战略任务，是在社会主义核心价值主导下，恢复失衡的多元通和宗教文化生态，以满足广大民众信仰的多样性需求，同时借以凸显民族文化的主体性，使文化的主导性与多样性、民族性与开放性达到恰当的统一，这是中国长治久安的重要条件。为实现这一战略目标，必须对民间宗教与信仰加以引导，使之健康发育，在多元宗教并存和区域文化建设中发挥其作用。

（二）宗教的民间化将可能是现代和未来宗教发展的一个重要方向

从世界宗教发展新趋势看，民间宗教与主流宗教之间的界限正在消失，甚至主流宗教不断民间化、民族化、地区化、生活化。这一过程将会持续下去。近现代人类社会，政教分离、科学与宗教分离、教育与宗教分离是总的趋势，传统宗教因此而缩小了它的活动范围，政治身份被淡化了。基督新教相对于天主教便具有教派多样化、活动社区化的特点，它在西欧更是散化在世俗之中，有形制的活动越来越少了。在美国，非制度化的公民宗教日益兴盛，人们有信仰而不受教会组织的制约，认为更加符合人性。此外，世界上若干新兴的民间宗教如摩门教、巴哈伊教、创价学会等已与现代社会取得协调，获得普遍认可。五大宗教在当代中国大陆虽然是主流宗教，由于偏离政治文化中心，亦有民间化的趋势。在中国台湾，作为合法的宗教社团是很多的，包括传统宗教如佛教、道教、基督教，与新兴民间宗教如天帝教、天德教、轩辕教、一贯道等，都是合法的平等的宗教，原有的主流与民间的界限已经十分模糊。妈祖崇拜在大陆被视为民间信仰，在台湾归属于道教，其主流地位无可怀疑，而且成为两岸一家的重要文化纽带。台湾的经验告诉我们：一方面，原来传统主流宗教的政治优势与特权已经丧失，它们只能以民间社团的身份生存于社会；另一方面，新兴民间宗教经过改革与调适，除去了原有的秘密结社的封闭性和家族专制等落后性，特别是去掉了"三阳劫变"等鼓励社会动荡的教义，与主流社会建立起正常的沟通渠道、和谐互动的关系，得到社会精英群体的承认和参与，已经成为社会稳定的力量。由台湾的经验推断，经过改革、优化的民间宗教，包括组织化的和民俗性的民间宗教，是可以与现代化过程中的中国社会主义社会相适应的，而且将在未来多样化的宗教中占有较大的比重，并主要以地方性文化的面貌出现，更有利于社会管理。当然，民间宗教如果走向偏狭，被非法势力所利用，也会危害社会，就像主流宗教也会有霸权主义，也会发生极端主义，导致恐怖主义，这已经超出一般的宗教问题，需要依法惩处。因此，原有的主流宗教也不能满足于已有的合法状态，还要与时俱新，才能继续与主流社会相适应，不然也会发生纠结。

（三）少数民族地区的民间宗教，将对民族的经济社会文化发展，发挥特殊的作用

中国有 55 个少数民族，其中 10 个民族（回族、维吾尔族、哈萨克族、塔吉克族、塔塔尔族、柯尔克孜族、乌孜别克族、东乡族、撒拉族、保安族）几乎全族信仰伊斯兰教，还有一些民族主要信仰藏传佛教（如藏族、门巴族、珞巴族、裕固族、普米族、部分蒙古族），一些民族主要信仰南传佛教（如傣族、布朗族、德昂族、阿昌族），一些民族主要信仰基督教（如景颇族、傈僳族），一些民族主要信仰道教（如瑶族、白族、部分壮族）。

还有许多民族信仰原生型民族民间宗教，俗称巫教，其中包含着原始崇拜的成分，也混杂着佛教、道教和儒学的影响，如壮族的师公教、麽教，彝族的毕摩教，纳西族的东巴教，北方少数民族满、蒙古、锡伯、赫

哲、鄂伦春、鄂温克、达斡尔、朝鲜等族的萨满教。这些民族的民间宗教在当代一般都是非政治化的，没有国际背景，却是各民族传统文化的精神依托，并与民俗文化融为一体，是民族意识和民族凝聚力的重要体现。我们要实现民族平等、民族团结，就必须尊重各民族的文化传统包括他们的信仰，把各民族的宗教文化看作是中华民族文化的有机组成部分。如果我们只保护五大宗教而歧视民族民间宗教，势必在民族之间形成文化权利上的不平等，这对于不以信仰五大教为主的民族是不公正的，不利于各民族的共同繁荣。何况这些民族的民间宗教有爱国守法、好善重德、和平包容的传统，经过一定的引导、重建和提高，很容易与社会主义社会相适应，其心理功能、道德功能和文化功能的发挥，有益于民族地区的社会稳定、道德优化，以保证经济社会的发展，有助于民族文化生活的健康、丰富与活跃，使之具有鲜明的民族特色。由此可见，民族民间宗教的问题，关涉到民族政策的落实，不可等闲视之。

有些民族，民间宗教与外来宗教相结合，形成自己的信仰特色，民间宗教的历史作用不可小觑。如新疆维吾尔族历史上信仰了伊斯兰教以后，仍然保留了萨满教信仰，形成与回族伊斯兰教不同的特点。藏传佛教是印度佛教与藏族民族民间宗教苯教冲突又融合的结果，至今苯教仍有独立教派流传下来。

总之，要彻底实现民族平等、民族团结、民族互助、民族和谐，就一定要尊重彼此的宗教信仰，包括五大宗教和各种民间宗教与信仰。我们应当扩大自己的视野，更新已有的观念，给予爱国守法的民间宗教及信仰与其他宗教平等的地位，发挥它在促进经济社会发展中的积极作用。这是时代向我们提出的新课题，我们要创造性地完成它。

第十二章　温和无神论

一、有神还是无神

人类在这个问题上自古以来就没有统一的认识。有神论把世界二重化，认为在自然与社会之上或背后有神灵世界存在，而神灵不受现实法则约束，可以创造奇迹，能够支配人们的命运。无神论是对有神论的否定，不相信有超乎人间和自然的神秘力量存在，马克思、恩格斯称为"纯粹否定性的术语"①。在有神论和无神论之间还有泛神论，它把神性普世化，往往成为有神论走向无神论的过渡形态。当然这只是一个简单的界定，实际情况要复杂得多。在宗教有神论中间，有一元神论、二元神论和多神论，不同宗教、不同教派、不同时期，人们对其崇拜的神灵各有不同的理解和说法，差距可以很大；在各种有神论影响下又形成各自的丰富多彩的宗教思想文化体系，更不是"有神论"三个字所能概括得了的。泛神论也有多种形态，如有闵采尔的"人人都有神性"的基督教泛神论，有斯宾诺莎的"神即自然"的哲学泛神论，还有中国禅宗"人人皆有佛性"的佛教泛神论。无神论者都一样吗？也不是，可以说其中千差万别，只是在不承认神灵实在这一点上有共同性而已。无神论者中有的以某种哲学为信仰，有的以某种艺术为信仰，有的以民族或国家为信仰，等等，他们是有理想有精

---

① 《马克思恩格斯文集》第 3 卷，人民出版社 2009 年版，第 361 页。

神追求的。但也有相当多的无神论者没有任何崇高理想，是纯粹的物质主义者。在各式各样的无神论者中，我列举三种加以比较评说。

一种是无信仰的无神论者，他们不信宗教，但也没有其他信仰和理想。这里面还可分成两种人：一种人只顾眼前的生活，得过且过，按照冯友兰先生的"境界说"，他们活在"自然境界"里；另一种人有追求，但只追求个人的物质利益，不顾及他人和社会，他们生活在"功利境界"里。没有任何崇高信仰的人，便往往会只信钱，成为金钱拜物教徒。无神论者如果同时又是无信仰者是可悲的，他缺少人生的精神方向，心灵没有安顿处；这样的无神论者多了，对社会没有好处，因为没有信仰便难以有道德自律，社会道德容易受到破坏，这种无神论者也不会是社会主义的拥护者。

另一种是"战斗的无神论者"，其代表便是 18 世纪法国唯物主义者，如梅叶、拉美特利、狄德罗、霍尔巴赫、爱尔维修，他们的信仰是人本主义，其立场是反宗教的。他们对于基督教的神学和当时欧洲基督教会的黑暗腐败进行了尖锐生动的批判，起到了解放思想、促进人文的作用。但是，他们对于宗教只有无情的揭露，没有深刻的说明，认为宗教是一些人精心捏造出来的，欺骗了愚昧糊涂的群众。恩格斯在《布鲁诺·鲍威尔和原始基督教》中指出："认为一切宗教，包括基督教在内，都是骗子的捏造"[1] 的观点，在理性主义得到发展之后，"再也不能令人满意了"。战斗的无神论者简单化地否定宗教的观点和对宗教毫不宽容、坚决斗争的态度，所以马克思、恩格斯批评布朗基主义者和巴枯宁主义者，"他们都想成为走得最远、最极端的派别的代表者"，"他们要在无神论方面比所有的人都激进"，企图"用法令来取消神""在我们的时代唯一能替神帮点忙的事情，就是把无神论宣布为强制性的信条，并以禁止一切宗教来超越俾斯

---

[1]　《马克思恩格斯文集》第 3 卷，人民出版社 2009 年版，第 591 页。

麦的文化斗争中的反教会法令"。① 战斗的无神论以"与宗教作斗争"为己任，在苏联实践了七十余年，它给社会主义苏联造成的损害及其最后的失败是有目共睹的，历史教训应当记取。

还有一种无神论，即相信唯物史观的马克思主义无神论，也可以称为温和的无神论。这种无神论不信仰宗教又能以理性的态度说明宗教和对待宗教，其理论就是马克思主义的宗教观。马克思主义宗教观包含无神论，又超出以往的无神论，它不满足于证明神灵的不存在，它还要说明为什么神灵虽然并不存在而古往今来相信神灵的人却很多，为什么宗教作为重要的社会文化现象能够长期普遍地存在，为什么单靠教育手段不能促使人们走出宗教。它比以往的无神论要深刻，看到了宗教有神论产生和存在的社会根源和认识根源，历史地说明了宗教在人类历史文化中的地位和作用，所以它反对向宗教宣战，而主张通过社会改革和发展来逐步消除自然与社会异己力量对人的压迫，以促进人的解放、人的幸福和人性的回归。它从来不加剧和渲染有神论与无神论的争论，主张彼此尊重，真心实意地维护信仰自由，强调无神论者与有神论者的团结，引导人们集中力量去创造人间的天堂。这样的无神论是真正科学的无神论，它避免了武断、粗暴，能把宗教纳入人文学科的视野，客观地去研究和评价宗教，从而推动了宗教学的发展，使无神论上升为科学。温和的无神论是用中国话语表述马克思主义无神论，它也符合中华民族的优良传统。在中国历史上，宗教极端主义和激烈反宗教的思潮都难成为主流意识。儒家的人本信仰与佛教、道教有争论有融合，而以融合为主。不热心神道的孔子却主张"敬鬼神"，荀子和王充都是无神论者，却重视祭祀的正面作用，认为可以崇德继孝，可以报功修先。历代的大多数社会管理者都懂得"神道设教"，善于把各种宗教纳入社会控制系统和文化教育系统，使宗教成为社会稳定的因素。这

---

① 《马克思恩格斯文集》第 3 卷，人民出版社 2009 年版，第 361—362 页。

种历史智慧值得我们借鉴。

二、无神论者应避免思维极端化

时下流行的所谓"科学无神论"，夸大无神论与有神论作斗争的重要性，把思想信仰上的差别上纲为"谁战胜谁"的大是大非之争，似乎这一斗争决定着党和国家的命运，把问题说得很严重。有人写文章，认为无神论是"一切现代国家的立国之本"，"共产党领导的国家，就更是如此"，而目前"宗教的发展，可说已经形成了一个恶性的循环"，我们"面临有神论的步步进逼"，如果"掉以轻心，将会带来难以挽回的后果"。文章还历数有神论的罪状：其一是有神论促进了邪教，"'法轮功'的坐大成势，与有神论的长期铺垫有着直接的关系"；其二是有神论助长了腐败，"有虔信佛教以致成为腐败分子"；其三是有神论妨碍了教育，"修校无钱，修庙有钱"；等等。作者不承认宗教可以与科学相协调，不相信宗教可以劝人为善，不认为宗教思想体系可以有博大精深的内容。在这些人眼里，宗教有神论纯粹是消极的负面的事物，是与社会主义相对立的异己力量，是威胁社会主义前途的力量，是不能与之妥协的。[①] 这种看法是耸人听闻的，它不符合宗教的历史与现实，特别不符合中国宗教界的主流爱国守法、积极参加社会主义现代化建设的实际，它看不到宗教存在的必然性、合理性及其社会功能的多样性，又强加给宗教有神论许多不实的罪名，具有强烈反宗教的情绪，思想深处仍然是"以阶级斗争为纲"的斗争哲学在作怪。虽然作者自称为"科学无神论"，而对于宗教的复杂性和功能的两重性却无真正全面的科学分析，接近历史上战斗的无神论的水平，基本上属于旧唯物论范畴。它与马克思主义宗教观是两种不同的世界观，它与中央提出

---

① 参见沈漳：《加强科学无神论研究和宣传》，《中国社会科学院院报》2005 年 12 月 20 日。

的"积极引导宗教与社会主义社会相适应"与构建和谐社会的观念是背道而驰的。宣传这样的无神论只会打击宗教界的积极性，加剧宗教界与社会的紧张，妨碍民族团结与宗教和睦，给政府帮倒忙，使社会主义者自我孤立，所以是不可取的。

最近一段时期，国内有一些自称无神论而思维极端化的人，利用互联网传播西方霸权主义极右势力妖魔化伊斯兰教、侮辱穆斯林的图片、消息和文章，打着反对极端主义和恐怖主义的旗帜，把仇恨矛头集中指向整体伊斯兰教和穆斯林，称伊斯兰教为"绿教"，鼓吹"绿色威胁论"，否定它的主流是和平的宗教，把恐怖主义造成平民死伤的罪过转嫁在穆斯林头上。同时对于西方霸权主义在中东发动多次侵略战争造成几十万人的死伤和上千万难民的反人类罪行，以及由于它武力激化民族宗教矛盾从而为以"伊斯兰国"为代表的极端主义、恐怖主义的肆虐提供了温床的客观事实，却闭口不谈，充分暴露了这些人的西方强权大民族主义立场。他们的用心是要进行一场"新的十字军东征"，掀起全球性的"文明的冲突"，这是需要全世界正义的人们高度警惕和防范的。他们这样做在客观上是帮了"伊斯兰国"的大忙，使其不能孤立，那将注定打不赢这场关乎世界能否安宁和平的反对极端主义和恐怖主义的斗争。在国内，少数极端无神论者的言论在客观上有利于西方有人要把国际极端主义和恐怖主义这股祸水引向中国，破坏中国国际和平合作和"一带一路"建设的阴谋，说要"借用体制力量，把伊斯兰教放在体制的对立面、放到马克思主义无神论的对立面去打击"，这将引发新中国成立以来尤其改革开放以来在民族宗教关系上比较稳定的甘宁青地区的动荡。《宗教事务条例》（2017年修订版）第六十三条规定："宣扬、支持、资助宗教极端主义，或者利用宗教进行危害国家安全、公共安全，破坏民族团结、分裂国家和恐怖活动，侵犯公民人身权利、民主权利，妨害社会管理秩序，侵犯公私财产等违法活动，构成犯罪的，依法追究刑事责任；尚不构成犯罪的，由有关部门依法给予行政处罚；对公民、法人或者其他组织造成损失的，依法承担民事责任。"
中国社会主义者要牢牢把握引导宗教适应社会主义社会的大方向，继承和
发扬党的统一战线理论政策，在民族宗教领域团结一切可以团结的力量，
把广大信教群众团结在党和政府周围，这就需要在思想上树立马克思主义
宗教观，认清宗教的长期性与群众性，结合中华优秀传统文化，宣传马克
思主义无神论依据党的宗教工作基本方针，善待宗教，尊重和维护宗教界
与信教群众的合法权益，帮助他们发扬优良传统，改正缺点和不足，积
极、耐心而又有效加以引导，促进宗教关系的和谐与宗教中国化的事业。

三、温和无神论的主张

温和的无神论者一方面要有坚定的社会主义信仰；另一方面又能对其
他健康信仰（包括宗教信仰）心存敬意，表示应有的尊重，并不认为宇宙
的真理都在自己手里，头脑里有着现代社会文化多元化、信仰宽容和保护
信仰人权的观念。

温和的无神论者既不是信仰主义者，又超出了反宗教的立场，能够对
宗教作同情的理解、客观的评价，把宗教文化视为人类文化的组成部分，
对宗教的根源与本质、结构与功能作全面深入的分析，对于宗教在历史与
现实中的正负两面性有实事求是的说明，不断探寻宗教发展的规律和趋
势，不颂扬也不攻击，使宗教研究成为一门学问。

温和的无神论者不把无神与有神的矛盾提到首位，不制造两者之间的
对立，相反，还要推动两者之间的平等对话、互相理解，进一步去推动所
有文明之间的对话。无神论者与有神论者在信仰上是不同的，但彼此的关
系可以是和谐的，可以存信仰之异，求文明之同。现实生活已经证明，无
神论者与宗教信仰者可以成为很好的朋友与合作伙伴。

温和的无神论者心灵是开放的，不是封闭的和器量狭小的。他知道社

会主义文化要不断吸收人类文明各种成果，包括宗教文化的积极成果。他懂得在宗教有神论形态之下积藏着丰富的社会人生智慧和真善美的内涵，应当有选择地加以吸收，用以净化心灵、提升人生、改良社会。他还清醒意识到，社会主义事业的最终成功不能建立在宗教有神论普遍被无神论所取代的预设上，因此这项事业不能单靠无神论者来推动，还要团结广大宗教信众共同奋斗；爱国爱教的宗教界人士和群众，同样可以成为社会主义现代化的拥护者和可靠社会基础。

中央提出构建和谐社会与和谐世界，党的十六届六中全会提出进一步壮大和发展统一战线，要处理好政党关系、民族关系、宗教关系、阶层关系、海内外同胞关系。在这样的精神指导下，中国的社会主义者应当冲破"宗教鸦片基石论"的教条主义旧框架，调整自己的理念，重新认识宗教的本质和它与社会主义的关系，化紧张为宽松，建设新型的和谐的宗教关系。还要看到，在中国，民族问题与宗教问题交织在一起，建立和谐的民族关系与建立和谐的宗教关系密不可分。作为无神论的社会主义者是社会的主导力量，他们必须是温和的无神论者，才能够用贵和的哲学作指导，协调好民族关系和宗教关系，努力去推动和谐文化的建设。决不能用与宗教为敌的旧唯物论和贵斗哲学来指导工作，否则只能加剧内部矛盾、引发社会冲突，危害社会稳定。中国的社会主义者要走出国门、推动和谐世界的建设，同样要在信仰上采取温和宽容的态度，善于同占世界人口多数的宗教信徒交往、沟通、合作，淡化意识形态上的分歧，展示中国社会主义者平等谦虚的风度和博大能容的胸怀，用"和而不同"和"求同存异"的东方精神去化解民族对抗、宗教冲突，推动宗教对话、文明对话。只有马克思主义无神论者才能团结宗教界的健康力量，为世界和平与发展而共同奋斗。

中国宗法性传统宗教试探

一、问题的提出

中国历史上存在过哪几种大的宗教？这个问题似乎是不言而喻的。撇开原始宗教和古代国家宗教（指夏、商、周三代的宗教）不讲，也撇开普遍而持久存在的世俗迷信不论，在长达两千多年的封建社会里，大的宗教当然有佛教、道教、基督教、伊斯兰教，说得再宽泛一些，还包括各种民间宗教及少数民族传统宗教。儒学算不算宗教？儒学在中国中世纪思想文化中占主导地位，佛道为之辅翼，其他宗教的影响更无法与它相比。假如儒学是宗教，它便是中国历史上最大的宗教。史家习称"儒、释、道三教"，然而这里的"教"，乃是教化之义，非宗教之称。宗教的基本特性是出世性，构造出一个超人间的世界，认为它能拯救人间的苦难，使人得到解脱。儒家的天命鬼神思想确实包含着某种宗教性，但其基本倾向是入世的，以修身为出发点，以平治天下为最后归宿，所以它不是宗教。历史上凡是离开这一基本轨道而企图使儒学宗教化的儒者，如董仲舒、林兆恩等，都受到正统儒家的批评，未能成为主流派。假如儒学不是宗教，上述佛道等教便没有哪一种曾经成为中国人的主要信仰。佛教在隋唐时期鼎盛，其影响远远超出僧尼的范围而及于社会各文化领域，然而它的正式信徒也只有数十万人，以后各代也并没有增加很多。在家信教者比出家人多得多，但在全国人口中仍然占少数，而且这些人又染了多神崇拜之习，信佛只是他们崇拜活动中的一项而已。道教可以说是中国土生土长的大教了，然而它的信徒人数始终比不上佛教，它的宗教活动一般不列入朝典国事，道教信仰在民间影响大，但虔诚的信教者不多。至于基督教和伊斯兰教，主要在局部地区和某些民族中流行，对于中国的社会生活，并不具有全局性影响。现在的问题是：在中国历史上有没有一种大的宗教一直作为正宗信仰而为社会上下普遍接受并绵延数千年而不绝呢？我认为是有的，这就是宗法性传统宗教。

中国宗法性传统宗教以天神崇拜和祖先崇拜为核心，以社稷、日月、山川等自然崇拜为翼羽，以其他多种鬼神崇拜为补充，形成相对稳固的郊社制度、宗庙制度以及其他祭祀制度，成为中国宗法等级社会礼俗的重要组成部分，是维系社会秩序和家族体系的精神力量，是慰藉中国人心灵的精神源泉。不了解这种宗教和它的思想传统，就难以正确把握中华民族的性格特征和文化特征，也难以认识各种外来宗教在顺化以后所具有的中国精神。

中国宗法性传统宗教在古人心目中占有崇高的地位，它不仅在实际生活中为官方所尊奉，为民众所敬仰，而且为学者和史家所关注。

在《尚书》、《周易》、《诗经》及《春秋》三传中，特别是在《仪礼》和《礼记》中，都有关于早期宗教祭祀活动和祭祀理论的记述。《史记》的《封禅书》、《汉书》的《郊祀志》、《后汉书》的《祭祀志》，对于历来的宗教祭祀活动作了专题记载。由于宗法性传统宗教越来越与礼俗打成一片，汉以后的官修史书，多将祭祀事项载入《礼志》或《礼乐志》或《礼仪志》，而关于郊社、宗庙的制度与活动又总是放置在诸礼之首位、二位，在内容上占的比重也很大。唐宋以后典志体史书和大型类书，都给予宗法性传统宗教以重要的地位。《通典》中的"礼典"，《通志》中的"礼略"，《文献通考》中的"郊社考"、"宗庙考"，不仅汇集了祭礼丧礼的资料，还对古往今来的传统宗教祭祀制度的沿革作了认真的考证。《太平御览》有"礼仪部"，有关宗教祭祀的资料相当丰富。《古今图书集成》更是集古今宗教文献之大成，上起周秦，下至清初，包罗的时间最长。可见古人是极重视传统宗教祭祀的，他们把这种宗教视为最正宗的信仰，作为国家宗教来对待。然而，它却被近现代学者所忽略了。面对如此确凿的历史事实和如此丰富的文献资料，研究中国宗教史的学者似乎是视而不见，大家眼里只有道教和佛教。有些论著涉及历代的祭祀和丧礼，但多着眼于社会习俗，而不把它当作可以与佛教道教相提并论的正统宗教；或者把它与儒学混为一谈，用儒学宗教化的说法来代替传统宗教祭祀独立存在的客观事实；或者只把它看成是夏、商、周三代的宗教，秦汉及其以后则付之阙如，似乎这种宗教已经中绝，被佛道教完全取代了。例如王治心的《中国宗教思想史大纲》和香港地区陈佳荣的《中国宗教史》都是把祭天、祭祖、祭社稷当作战国以前的古代宗教来处理，秦以下便转到佛道教上面，不再提及它，这是令人遗憾的。按照这种写法，便会出现一个奇特的现象：汉代只有迷信而无宗教，因为它处在三代以下，和佛道教兴起（汉末）之前，这当然是说不通的。

宗法性传统宗教在历史上确实形成为礼俗，影响到人们的日常生活，但它不是一般的礼俗，而是宗教礼俗，具有鲜明的宗教特征。宗教礼俗化就是宗教的世俗化，这是多数宗教的共同趋势，佛道教也不例外，因此不能以此来否定传统信仰的宗教性。宗法性传统宗教与儒学确有交渗的地方，例如儒家经学中的礼学，有很大一部分就是研究祭礼和丧礼的，它是传统宗教的理论基础；一批儒家学者热心于宗教祭祀，不同程度地参与了祭丧之礼的修订和实行；儒学中的天命论和鬼神思想是传统宗教神学的重要内容。但儒学不等于宗教，儒学只是有一定的宗教性，但又有更多的非宗教性，它的轴心不在宗教祭祀，而在修身治国，所以主流派重人事轻鬼神，出现过一批主张无神论的儒者；传统宗教有确定的典章制度，有独立的前后相继的历史传统，为官方所掌握，基本上不受儒学学派分化和儒学思潮起伏的影响。也就是说，儒学有自己的学统，宗教有自己的教统，彼此影响但保持着相对独立的地位。中国宗法性传统宗教也不能混淆于一般的世俗迷信，它不仅有基本的信仰、严格的制度、经常的活动，它还有系统的理论、周备的礼仪，并为历代官方所尊奉，也为全社会所敬信，其正统地位是无可争议的。还要着重指出一点：宗法性传统宗教并非只存在于三代，它不间断地延续了两千多年，而且越往后越加系统完备；研究中国中世纪的宗教而不研究传统的祭天祭祖祭社稷，就不只是部分的短缺，而是主导线索的丧失，其失误是根本性的。

由此可见，研究宗法性传统宗教非常必要，不弄清楚它，就不足以澄清目前中国宗教研究中的一系列混乱，也就难以开创中国宗教研究的崭新局面，一部综合性的中国宗教史就无从着手进行。现在的任务，并不是由我们研究者利用一些资料把宗法性传统宗教拼凑出来、创造出来；现在所需要的仅仅是由我们研究者重新发现它，如实介绍和正确评价它。至于把它称作什么宗教是在其次的事情。我把它称作宗法性传统宗教自有我的理由，下文将有申述，别人也可以给它起另外的名字，但它是中国历史上客观存在的正宗大教，却是不容怀疑的铁的事实，只是还没有引起我们足够的注意罢了。

二、宗法性传统宗教的特点

（一）来源的古老性

天神崇拜、祖先崇拜以及其他一系列自然崇拜都起源于原始社会或国家形成初期。考古与古文献资料表明，土地崇拜、谷物崇拜和日月山川风雨雷电崇拜发生很早，是先民的普遍信仰。在君主等级制社会出现不久，鬼神观念也开始了等级的分化，在百神之上诞生出至上神，殷人称之为帝，周人称之为天。天神是人君在天上的后台，人君是天神在人间的代表，君权天授成为千古不易的真理，祭天成为历代君王独擅的特权。祖先崇拜发生于氏族社会，而男性祖先崇拜则盛行于父权制氏族社会。当中国从原始社会跨入私有制社会之后，非但没有抛弃氏族组织的外壳，反而更加强化、扩大了氏族与部落的血缘网络，家庭、家族成为社会国家稳定的基础。所以，以父系血统为脉络的祖先崇拜更加系统发达，祭祖与敬祖成为中国人的普遍的基本的信仰。总之，原始宗教、古代国家宗教、中世纪传统宗教，都是一脉相承下来的。

（二）发展的连续性

从世界范围来说，希腊、埃及、波斯、印度等文明古国，在原始社会和早期国家的阶段上，同中国一样，也盛行着天神崇拜、祖先崇拜、自然崇拜。但这些国家在进入中世纪以后，其古代宗教传统都发生了较大的转向甚至断裂。古代的希腊宗教为基督教正教所取代，埃及与波斯都转而信奉了伊斯兰教，印度则有佛教的崛起。在阿拉伯地区，在欧洲多数地区，古代宗教信仰基本上改变为伊斯兰教和基督教信仰。在大的文明古国中，唯有中国，其古代宗教传统没有中断，进入中世纪以后越加兴盛发达，越加严整周密。不论朝代如何更替，都没有影响到它的正宗地位；道教的兴起，佛教的传入，也不曾动摇它的国家宗教性质。对于多数中国人来说，敬天祭祖是第一义，不可放弃，而佛道的信仰属第二位、第三位，可以信，也可以不信。这种情况一直延续到近代辛亥革命前后，说明这种宗教有极为稳固的传统。

（三）仪规的宗法性

这种宗教的基本信仰就是"敬天法祖"。《礼记·郊特牲》说："万物本乎天，人本乎祖"，这是中国人对万物与人生本源的基本看法，祭天祭祖就是报本答恩的方式，敬天必忠君，于是忠道得以伸张；法祖则重丧祭，于是孝道得以发扬。忠孝之道乃是宗法等级社会的主要伦理规范，所以传统宗教有着强烈的宗法性。所谓宗法，就是巩固父系家族实体的一套体制，它以男性血统的继承关系为轴心，形成上下等级和远近亲疏的人际网络，以此决定财产与权力的分配与再分配，上有皇族，中有宗族、家族，下有家庭，它们是联系社会人群的普遍性纽带。嫡长子继承制是宗法制的关键所在，由此而有大宗小宗、嫡子庶子之分。由于宗法制最重父权和父系血统，所以它需要崇拜男性祖先，包括远祖与近祖，需要人们具有强烈的亲祖观念与感情。儒家伦理在本质上就是宗法伦理，它直接产生于宗法等级社会的土壤。这样看，传统宗教与儒学是同一株宗法等级社会的大树上结出的两个果实，前者是宗法主义的宗教形态，后者是宗法主义的理性形态。从宗教的组织活动上说，传统宗教没有一套独立的教团组织系统，它的宗教祭祀活动由国家、宗族、家族、家庭所组成的宗法组织体系来兼管。一个人在宗教祭祀活动中的地位与作用并不决定于他的宗教学识、才干、经验，只决定于他在宗法组织中的等级地位。天子是皇族的首席，所以独揽主祭天神和皇族先祖的神权。宗族、家族、家庭的祭祖活动，当然由族长和家长主祭。宗教祭祀是宗法组织的经常性的和分内的事务，没有另设宗教组织的必要，因此也就没有入教手续和教徒非教徒之分，宗法组织属下的成员都是信徒，即使他明确信仰了别的宗教，也仍然保留着尊天敬祖的信仰。所以对于多数中国人来说，传统宗教是接近于全民性的宗教。这种泛世性导致如下后果：公开背叛敬天法祖信条者固然罕有，虔诚而狂热的信徒也在少数，信仰保持在基础性信念的水平上。总之，与宗法制度、伦理紧密结合在一起，缺乏组织上的独立性，是传统宗教的最大特点，也是我称之为宗法性传统宗教的主要根据。

（四）功用的教化性

宗法性传统宗教一般不特别追究鬼神世界的具体情状和个人灵魂如何得救，也不特别看重祭拜仪规的细节，它最看重的是宗教祭祀发生在政治和伦理方面的教化作用。所谓"神道设教"，就是通过崇建神道来设立教化，是把宗教祭祀作为基本的教育手段来实施的，所以有"祭者教之本也"（《礼记·祭统》）的说法，这种宗教观点是伦理型的，很有代表性。为了达到神道设教的目的，宗法性传统宗教要求人们敬祭神灵时要有诚心，要严肃认真，其目的固然是为了获得神灵的好感，使之保佑自己，也同样是为了培养人们恭敬孝顺之心，改善人性，净化心灵。神道设教本身包含着神道和教化两大因素，凡强调先诚信神道而后才能教化人心的，属于有神论，这是传统宗教的主流派；凡只着重教化的功能，而把神道视为单纯教育手段的，则有走向无神论的可能，成为一种异端。荀子说："君子以为文，而百姓以为神"（《荀子·天论》），王充说："缘先事死，不敢忘先；五帝三王，郊宗之祭，不敢忘德，未必有鬼神能歆享之也。"（《论衡·祀义》）在这种思想泛滥的时候，祭祀活动就有可能流于形式，失落其宗教性，而与世间的礼俗融为一体。

（五）神界的农业性

中国地处温带，土地肥沃的中原地区早就发展出锄耕农业，并成为整个古代中国的经济命脉。在这种发达的农业经济基础上产生出种种光辉灿烂的物质与精神文明成果，因此中华文明主要是农业文明。与此相适应，从原始时代一直延续下来的自然崇拜，明显地以农业神崇拜为核心，自然诸神的神性都关系着农业生产。农业祭祀很早就出现了，对天地日月风雨雷电山川的祭拜主要是为了祈求丰年，而对土地和谷物的崇拜尤其成为农业祭祀的核心，于是有社稷崇拜。社是土地神，稷是谷神，代表着最重要的农业生产资料和劳动成果，因此享有殊荣。在整个中世纪，社稷之祭仅次于祭天，几与祭祖相等，这是因为民以食为天，农业是立国之本，收成的好坏直接影响到宗法等级社会根基的稳固性，所以社稷成为传统宗教的重要组成部分。中国历史上还尊奉一位农业大神号称神农氏，他被认为是农耕事业的创造者，世世代代受到祭祀，叫作祭先农。

三、敬天与祭天

天神崇拜大约发端于父系氏族社会的后期——部落联盟时期，具体情形已微茫难考。《论语·泰伯》说："唯天为大，唯尧则之。"《尚书·舜典》说：舜"肆类于上帝"。《墨子·兼爱下》引《禹誓》说，禹征伐有苗乃"用天之罚"。《尚书·汤誓》说："有夏多罪，天命殛之"，"夏氏有罪，予畏上帝，不敢不正"。《孝经》说："周公郊祀后稷以配天，宗祀文王于明堂以配上帝。"按照上述文献的说法，尧、舜、禹、汤、周公都敬祭天神，不过有时称天，有时称上帝，有时兼称而已。殷代的天神崇拜已由殷墟考古资料确切证明，卜辞中有"帝其令风"、"帝令雨足年"、帝能"降堇"、"降祸"的记载，说明上帝是自然和社会的主宰。周人有时也沿用"上帝"旧称，但多使用"天"或"皇天"、"昊天"、"苍天"或者将天与帝结合起来，称"天帝"、"昊天上帝"（后世用此称号最多）、"皇天上帝"等。《尚书》、《诗经》可以证明"天"是茫茫太空的神化，它被赋予至上神的神性以后，仍然保留了原有的浩渺性、覆盖性，比"帝"的称谓更能表现至上神的高深莫测和包容无边，因而也具有很大的模糊性，使得后来中国人的天神观念歧义纷出，在理解上有较大的发挥、回旋的余地，也容易被泛化为"天命"、"天道"等概念。如果说殷人的上帝只是该部族的保护神，它是喜怒无常的人格化了的至上神，那么，周人的天神便具有了主持正义公道、关心全社会利益、具有恒常赏罚标准的神性；它"唯德是辅"，不仅仅是王权的赐予者和保护者，同时又是王权的监督者、控制者；天子从天神那里取得统治人间的权力以后，还要"以德配天"、"敬德保民"，承担一系列社会责任，才能得到天神的恒久信任，保持政权的稳定，否则天命就会转移到异姓的有德者身上。这一思想的主要缔造者是周公。儒家的天命论可以用"死生有命，富贵在天"一句话来代表，它赋予天以非人力性，凡主观努力所不能达到的地方即可归之于天命。这样，先秦时期关于天的观念就有主宰之天、道德之天、命运之天三重性质，后世人们心中的天神就是混同了这三重性质的支配人间的力量。

敬天祭天其义有四。其一，效法天道以定人事。《周易》云："天垂象见吉凶，圣人则之。"《论语》云："唯天为大，唯尧则之。"其二，承天之佑，畏天之罚。《论语》："获罪于天，无所祷也。"《周易·象传》："利用祭祀，受福也。"《春秋繁露·郊语》："不畏敬天，其殃来至暗。"其三，感天之德，报天之恩。《礼记·郊特牲》："郊之祭也，大报本反始也。"《物理论》："祭天地，报往也。"其四，王者受命于天，祭天可以巩固王权。《五经通义》："王者所以祭天地何？王者父事天母事地，故以子道事之也。"《汉书·郊祀志》："帝王之事莫大乎承天之序，承天之序莫重于郊祀，故圣王尽心极虑以建其制。"由此可知，敬天是天下人普遍应该持有的信仰，但祭天则主要是君王自家的事情，天神崇拜是王权的精神支柱。

祭天的活动基本上有四种方式，即：郊祭、封禅、告祭、明堂祭，现分别简述如下。

（一）郊祭

这是历代君王祭天的主要方式。根据《礼记》、《周书》和《孝经》的记载，大约自周代起，正式于京城南郊祭天，当时天地合祭，以祖先配祭，行"燔柴"礼，就是积薪于坛上，放置玉帛及牺牲，点燃后使烟气上达于天空，还有相应的供品、音乐、祈祷等种种仪节。战国中期以后阴阳五行思潮流行，天帝因而分裂为五，出现"五帝说"：黄帝居中，具土德；太皞居东方，具木德，主春，亦称青帝；炎帝居南方，具火德，主夏，亦称赤帝；少皞居西方，具金德，主秋，亦称白帝；颛顼居北方，具水德，主冬，亦称黑帝。又有后土、句芒、祝融、蓐收、玄冥五神配五帝而为之辅佐。天子依四季的顺序分次祭祀五帝和五神。据《史记·封禅书》，秦国于四時祀白、青、黄、赤四帝，刘邦入关后增立黑帝祠，自此而正式有五帝之祀。但五帝之祀削弱了传统天神的统一性和至上性，不利于统一的中央政权的巩固，所以汉武帝依谬忌之奏，立祠祭天神太一，五帝降为太一之佐，而在祭祀制度上并无严格的规定。东汉时受谶纬的影响，在太皞、炎帝、黄帝、少皞、颛顼五人帝外，复有灵威仰、赤熛怒、白招拒、汁光纪、含枢纽五天帝出现，而每一朝代皆感应五帝之一而兴，故又称感生帝，其祀典亚于祭天而同于祭五帝。《孝经》上有"郊祀后稷以配天，宗祀文王于明堂以配上帝"的话，郑玄据以将天神分裂为二：祭昊天于圜丘，祭上帝于南郊。又以昊天加五天帝而为"六天"之说，魏明帝祭天即采郑说。晋武帝摈弃郑说，采用王肃之说，以为圜丘与南郊是一回事，并五帝为一神，同称昊天上帝，又于北郊设方泽祭地。自此以后有天地分祭之制。祭天有诸天体、气象之神配祭，祭地有诸山川河海之神配祭，南北朝各代时有增删变动，但都没有中断祭天的典礼。隋代因于前朝。唐代初采郑玄说，圜丘祀昊天上帝，南郊祭太微感帝，明堂祭太微五帝。高宗时又弃郑取王，合圜丘与郊为一，罢感帝祠，复又用以祈谷。开元礼大体确定了国家祭祀制度，以昊天上帝为最高天神，以地祇相配，五帝神从祀，余及各种神灵，以尊崇的祖先神配祀，皇帝亲祭天于南郊。宋因唐制，无大变动。明代嘉靖皇帝以制礼作乐自任，确定分祀天地；复朝日夕月于东西郊；在正阳门外五里大祀殿之南作圜丘祀天；于大祀殿祈谷；作方泽坛于安定门外之东用以祭地；在坛制、神位、祭器、供品和礼仪上均臻于完备。清代基本仿效明代祭天之制，以圜丘北为祈年殿。郊天之礼仪一般是：由钦天监预卜吉期时辰，前一日皇帝至天坛斋宫斋戒，祀日穿天青礼服，上香并行三跪九叩礼，奠玉帛，燔柴，奏祀乐，献祭。正月祈谷与夏季雩祈亦在天坛举行。各朝皇帝南郊祭天，或一年一次，或两年、三年一次，有时因战乱而停止稍长时间，但大致上未曾中绝，只要社会安定下来便及时加以恢复。皇帝亲郊的时候居多，有时也遣官代祭，但主祭的名分仍归皇帝一人，这是天子独享的神权。

（二）封禅

如果说郊祀是国家经常性的祭天方式，那么封禅就是特别隆重、难得举行的祭祀天地的大典。祭祀的地点必须在东岳泰山。祭祀的方式是：在山上筑土为坛以祭天，报天之功，曰封；在山下小山除地，报地之功，曰禅。行封禅之礼须有两种情况之一出现：一是改朝换代，"易姓而王，必升封太山，报告成"（《白虎通》）；二是世治国盛，"昔古圣王，功成道洽，符瑞出，乃封太山"（《尚书中候》）。封禅大典虽然隆盛光彩，但要耗费巨大人力物力，以供应皇帝一行沿途费用，所以即使自视为治世之君者，也常因财用不足而放弃封禅的打算。历史上行封禅大典的君王屈指可数。《史记·封禅书》载管仲所说古者封禅七十二家之事，微茫难信，三代封禅之事当或有之，亦难细考。史料有确凿记载的封禅皇帝有：秦始皇、汉武帝、汉光武帝、唐玄宗、宋真宗数人。齐桓公、魏明帝、晋武帝、宋文帝、梁武帝、隋文帝、隋炀帝、唐太宗等君王皆有封祷之议而未能行。汉光武帝封禅，曾封藏玉牒于山顶祭坛石函内，外人不得见其内容。唐玄宗行封禅礼时，出玉牒以示百僚，其词曰：

有唐嗣天子臣某敢昭告于昊天上帝：天启李氏，运兴土德。高祖太宗受命立极。高宗升中，六合殷盛。中宗经复，继体不定。上帝眷祐，锡臣忠武，底绥内艰，推戴圣父，恭承大宝，十有三年，敬若天意，四海晏然。封祀岱岳，谢成于天，子孙百禄，苍生受福。

此即奉天承运、敬天安民、祈天赐福之意。

（三）告祭

在新朝初建、新君初立、建都、迁都、封国以及其他国家大事进行之际，要举行告天之礼，以表示事情重大，需要特意报告上天，求得上天的认可，取得合法的名义，用以稳定政局、安定民心，此之谓告祭。告祭不同于郊祭，没有相对确定的祀期，也不经常举行；又不同于封禅，无须皇帝亲自到泰山举行大典。《论语·尧曰》载商汤灭夏以后行告天之祭，曰："予小子履敢用玄牡，敢昭告于皇皇后帝，有罪不敢赦，帝臣不蔽，简在帝心。朕躬有罪，无以万方，万方有罪，罪在朕躬。"这大概是最早的告天文词。据《史记·周本纪》，周武王灭纣后举行过告天社祭，历数殷纣暴行，表示受天命代殷。周平王迁都洛阳，曾用牲于郊以告天。此后，东汉刘秀即帝位时筑坛告天，魏文帝登坛受禅时燎祭天地五岳四渎，开权臣以实力为后盾实行和平更权之先例。不久刘备于成都称帝，昭告皇天上帝后土神祇，历数曹氏篡汉之罪，以恭行天罚、复兴汉室自任。这样在曹魏与蜀汉两地同时出现了两种对立的天命，可见天命实际上是"人命"，是人根据自己的需要造出来的。晋武帝代魏，宋武帝代晋，齐高帝代宋，梁武帝代齐，陈高祖代梁，都是以实力为依凭的宫廷政变，又都要走一番"禅让"的过场，并且都于南郊设坛举行告天仪式。其告天文大同小异，无非是历数前朝罪恶，罗列自己的功绩，表示取彼而代之乃是上合天心，下顺民意，不得不如此，并非出于一己之私欲，又祈求上天多多保佑，国泰民安，祚运长久。此后，"天命不于常，帝王非一族，失德必坠，得道可王"的思想深入人心；天神的权威是永恒的，人间的君王是可变的。这样无论朝廷如何更替，天神崇拜都能够继续流传下去。隋文帝、唐高祖、宋太祖、宋高宗皆于即位时行告祭之礼。宋孝宗为帝行告祭，打破开国告天的惯例，光宗、宁宗仿效之。宋高宗巡行建康和兴师伐金时告天，宋宁宗兴师北伐亦告天，使告天的范围扩大。清代之制，凡登极、上尊号、万寿节、册立太子、册立皇后、亲征命将、修建郊坛太庙、岁旱祈雨等，皆祭告天地、太庙，有时加祀社稷。

（四）明堂祭

明堂始于周代，是天子颁布政令、月令、教令和举行宗教祭祀的地方。按《孝经》的说法，周公"宗祀文王于明堂以配上帝"。则明堂乃文王之庙，同时也祭祀上帝。受五帝崇拜的影响，《吕氏春秋》十二纪规定天子按十二月的顺序轮番住进类似明堂的不同房间内，祭祀当月相应的五帝五神，不同于太庙祭祖。按《礼记·明堂位》的说法，明堂用于诸侯朝拜天子。在建制上，一般认为有殿无壁，有盖有室，上圆下方，四周环以水。室则有五室、九室、十二室之说。自汉武帝采公玉带之说建明堂祭祀太一与五帝以后，明堂与五帝祭紧紧相连，成为天神崇拜活动的重要场所。蔡邕著《明堂论》，认为明堂以祭祖为主，兼有赏功、敬老、显学、选士等功能。郑玄认为明堂祭五帝五神，它与太庙、路寝（天子斋室）三者制同而实异。从明堂的历史发展看，早期具有多功能，后来偏重于祀五帝，成为郊祭的一种补充。五帝在初期等同于上帝，后来降格为昊天上帝之下的天神，而在群神之上，并且常常与天混同，所以明堂祀五帝乃是祭天的方式之一。汉魏时期多宗祀先祖于明堂以配上帝，有时也祀五帝于明堂。晋代一度除五帝位，旋即恢复，南朝皆祀五帝。唐代诸帝多于明堂举行秋季大享之典，祀昊天上帝，以五帝从祀。宋代设明堂于宫禁之内，或祀五帝，或祭天地，或布政布历。明代嘉靖皇帝定秋享于明堂，如郊天之礼。清代有堂子祭天之制，类似于明堂，告天之礼多行于此。

四、祭祖与丧葬

中国中世纪是宗法等级社会，男性血缘关系制约着人们的经济、政治关系，所以敬祖和祭祖成为社会精神生活头等重要的大事。崇拜祖先包括崇拜远祖与近祖，《论语》上有"慎终追远"的话，慎终就是隆重地操办父辈或祖辈的丧事，追远就是祭祀和追念有功有德的先祖。从理论上说，祭天比祭祖在前，其顺序是"天地之祭，宗庙之事"（《礼记·礼器》），但在事实上，祭祖和丧葬比敬祭天神还要重要。因为：第一，天神的观念抽象而模糊，祖先的观念具体而确定；不敬天者历代多有，怨天骂天犹可为社会所容忍，但不敬祖者世所罕见，祖先受辱、祖坟被掘最不堪忍受。"不孝有三，无后为大"，无后即无人祭祀先祖，祖灵不得血食，意味着一姓血统断绝，所以中国人极重后嗣，又热心于修祖坟、续家谱，确认门第宗系，有极强烈的寻根意识。第二，祭天活动限于朝廷皇室，祭祖的范围则要广大得多，几乎遍及社会各阶层。国有太庙，族有宗祠，家有祖龛，贫困之家也要立祖宗牌位。丧葬仪礼虽有厚薄之差，但在感情上重视的程度大都是强烈的。做官者父母去世，要辞官回家守丧，成为历代通制。第三，祖先崇拜的精神深深渗入天神崇拜，如视天与君王的关系如父子，故王称天子，又如将天看成众人之曾祖父（董仲舒），人们常用家族的眼光去看待天人关系，视宇宙为一家。

殷代的祖先崇拜颇为发达。据陈梦家《殷虚卜辞综述》的研究，殷人祀祖采用"周祭"，周祭又有小、中、大之分。殷朝末年，祖先神太多，因而出现"选祭"。殷代虽重男性血统，但未能建立起宗子继承制度，王位的继承多是"兄终弟及"。周朝代殷后，宗法制趋于成熟。周天子是天下的大宗，其王位由嫡长子继承，百世不迁。各庶子受封为诸侯或大夫，对于周王是为小宗，在其封内又是大宗；其庶子受封为卿大夫是为小宗，在其宗族内又是大宗，层层相递，形成宗族式的社会。与此相应，周人建立起宗庙祭祖之制。天子七庙，太祖与三昭三穆；诸侯五庙，太祖与二昭二穆；大夫三庙，太祖与一昭一穆；士一庙；庶人祭于寝（参见《礼记·王制》）。所谓昭穆就是隔代将先祖分成两列，便于合理确定其灵位与太祖灵位的远近位置。按《礼记·王制》的说法，天子诸侯祭祖一年四次："春曰礿，夏曰禘，秋曰尝，冬曰烝。"事实上最重夏祭，故后代常用禘来代表帝王祭祖之礼。祭礼还有"祫"，合祭先祖于太庙；"祔"，新死者与祖先合享之祭；"祧"，祭祀远祖或迁庙之祭。又有立尸制度，即用孙辈孩童作为祖灵的象征，对之供享祭拜，以明子事父之道。秦以后此制乃废，代之以木主。周人又重丧葬之礼，一般分成三大步骤：先殡，次葬，最后服丧。殡包括停尸与入殓，给亲友以吊唁哀哭的机会。葬包括出殡与下葬，正式安顿死者于地下。服丧包括穿丧服、节制饮食起居、定期祭悼等。所谓三年之丧是指死者神主入祖庙之日起到二十五个月后的大祥，守丧毕。

《周礼》、《仪礼》、《礼记》诞生于战国至汉初，在保存古代遗文旧制的基础上发挥出相当系统的典章礼制之学，其中也体现了儒家关于宗教祭祀的构想，尤以敬祭祖先为最详备。三礼把祭祖放置在仅次于祭天而与社稷平等的地位，云："建国之神位，右社稷而左宗庙"（《周礼·春官》、《礼记·祭义》）；认为丧祭乃诸礼之重心所在，故云："礼始于冠，本于昏，重于丧祭"（《礼记·昏义》），"礼有五经，莫重于祭"（《礼记·祭统》），它把祭祖与巩固宗法秩序和加强道德教化联系起来，故云："亲亲故尊祖，尊祖故敬宗，敬宗故收族，收族故宗庙严"（《礼记·大传》），又云："修宗庙，敬祀事，教民追孝也"（《礼记·坊记》）。三礼在前人丧制的基础上整理出关于丧服的五服之制，其基本原则是依照生者对死者的远近亲疏来确定丧服样式上和穿戴时间上的轻重。最重为斩衰，服期三年；次为齐衰，服期一年；再次为大功，服期九月；再次为小功，服期五月；最后是缌麻，服期三月。三礼中本来有许多理想的成分，自从成为经书之后，被认为是圣人之言、周公之制，应当加以实行，于是上述理论逐渐变成国家的礼仪，又渐渐下移为民间习俗。

汉代叔孙通定宗庙仪法，但不成熟，虽各帝王皆立宗庙，而祭法各异，天子七庙之说未能实行。魏晋南北朝多立一庙七室，为七庙之礼。唐太宗立七庙，唐玄宗创太庙九室，其后又有九代十一室；五年一禘，三年一祫。诸臣依官位品级而定庙制，上品四庙，中品三庙，下品二庙，嫡士一庙，庶人祭于寝。唐制：庶子官尊而立庙，则以支庶封官依大宗主祭，兄陪于位，这是官本位对于宗法丧祭的某种超越和修正。宋立国以后，以七室代七庙，室遂题庙号。由于太祖之位难定，常虚其位，或以开国皇帝为太祖，而嫡长子继承制又常以兄终弟及和大臣议立为补充，难有百世不迁之大宗，故祖灵的设置往往一时一变。朱熹曾感慨地说：太祖昭穆庙制一事，千五六百年无人整理。盖因时移世变，古制不可必复也。宋代宗庙之祭，除禘、祫之外，每岁有五享：四孟月及季冬。朔望则上食、荐新。还有朝享、告谢、新主祔谒等都是宗庙大祀。元代蒙古贵族仿传统庙制在大都建太庙，具七室，后又扩为十室，定太祖昭穆之神位：所异于传统者，一为于太庙荐佛事，二为保留蒙古割牲、奠马湩等旧仪。明代宗庙仪制几经变动，初有四亲庙，后为同堂异室，嘉靖中新建太祖庙及祧庙，并创皇考庙，宫中又有奉先殿，是皇室经常祭告祖先的场所。清代建太庙于端门左，其昭穆之序及祔祭多有变更。至宣统元年始定庙制，四孟享太庙，岁暮祫祭。宗室封王者立家庙，品官依品级定祭祖规格，庶人家祭。

在丧礼服制方面，唐以后有细密化、加重化的趋势。如唐代将曾祖父母齐衰三月改为五月，父在为母服一年改为齐衰三年。宋代取消了夫妻为男方父母戴孝的差异，妇人一从其夫。明代更为重男轻女，妇为舅姑、妻妾为夫皆斩衰三年，而夫为妻不过齐衰杖期，为岳父母不过缌麻三月。清代加重规定子妇亦得为子之众母服斩衰三年，并允许独子兼承两房宗桃，以大宗为重。

纵观中国历史上的祭祖与丧葬，就其宗法性的演化而言，可分为早期、中期、晚期三大阶段。周代为早期，行政系统与宗法体系相一致，全国如同一个大家族，祭祖既是宗教活动，又是政治活动。秦汉至宋为中期，以地域为基础的行政区划和选拔官僚制打破了无所不包的宗法体系，宗法制缩小为宗族内部的制度，祭祖不再是全国统一的政治行为，官阶品位有时比嫡庶之分还重要。明清是晚期，贵族的宗族与民众的宗族之间分野更显著，家庭的作用增强，祭祖活动更加分散和放宽，例如庶人以往只能祭父，明代就可祭祖父母，清代便可祭父、祖、曾、高四代祖先了。上述趋势并不表示宗法制的衰落，只意味着它的形态在变化，因为社会的行政系统固然在京都、州、县、乡，而人们的生活依靠和精神寄托仍在宗族与家庭，所以社会上祭祖敬宗的风气盛行不衰，它维系着上层社会与平民社会的正常运转，是中国人经久不懈的内聚力的重要保障。

五、社稷、日月及其他

（一）社稷崇拜

这种崇拜在宗法性传统宗教里占有与祖先崇拜大致相同的崇高地位，政权赖之以维持，法统赖之以延续，皇室赖之以稳定。中国以农业立国，社稷就是高级的农业祭祀，所以受到特殊的重视，成为国家政权的代名词。唐初社稷列为中祀，天宝以后升为大祀，直至清末。"社"不是一般的大地崇拜，它只祭拜特定管辖范围内的土地和耕地，因此社祭向来与北郊祭地祇是分祭的。"稷"也不是一般的植物崇拜，它只崇拜人工培育的粮食作物，即五谷，如《孝经纬》所说："社，土地之主也，土地阔不可尽敬，故封土为社，以报功也；稷，五谷之长也，谷众不可遍祭，故立稷神以祭之。"社稷之神最初就是指土地、谷物的神灵，后来出现宗教神话，由传说中的英雄人物来担当。传说后土为社，柱为稷，又说禹为社，周弃为稷，不同的族群有不同的说法。战国以后，五行说兴起，遂有"社者，五土之神也"（《礼记·外传》）的说法，于是国家社坛要用赤、黄、青、白、黑五色土铺垫，以示居于中央、统有四方。此后遂成为传统。古人祭社的习惯，选定某种树木或灵石作为社神的象征，使其神灵有所依凭。《论语》说："哀公问社于宰我，宰我对曰：'夏后氏以松，殷人以柏，周人以栗'"，也有用梓、槐的，而后代多用白石。从社的等级上说，可分为官社与民社，细分之则有：中央立太社，王国立国社，州县立州社、县社，民间立乡社、里社。社祭除有崇敬农神、祈求丰收的宗教意义以外，还是社会各阶层人群聚会、进行文体活动和情感交流的时节，具有团结地方、调节业余生活的社会意义，近代"社会"一词即源于古代社日聚会。

周代已立社稷，故《毛诗》有云"春耕籍田而祈社稷"（《闵予·载芟》）。根据《礼记·王制》的说法，"天子祭天地，诸侯祭社稷"，那么社稷就成为诸侯王国最高的祭祀。汉高祖立官社，配以夏禹，而未立官稷，至平帝时始立官稷，以后稷配食。魏晋南北朝常立太社、帝社、太稷。唐睿宗时，太社主用石，坛上被黄色，以四方色饰坛之四面及四陛。宋礼，太社太稷每年仲春、仲秋及腊日祭祀，州县社祭则春秋二祀。元代于和义门内筑二坛，社东稷西，社坛用五色土，稷坛一色黄土，社主用白石，埋其半于土中。明代京师及王国、府、州、县皆设社稷之祀，太社太稷共为一坛，太社以句龙配，太稷以后稷配。里社，每里一百户立坛一所，祀五土五谷之神。清代京师、省府、州县皆设社稷之祀。太社太稷之坛建于端门右，与宗庙对称，坛上敷五色土，每岁春秋仲月上戊日祭祀，皇帝亲莅坛奠祭。

（二）祭先农

此祭与社稷直接相关。周制，春季天子有籍田之礼，以示劝农，并祠先农。汉魏以后因之不衰。唐代有时以帝社为祭先农之坛，有时称为先农坛，肃宗以后籍田之礼废弃五十年之久。宋代于朝阳门外为先农坛，以后稷配享，先农由中祀改为大祀。明代建先农坛于南郊，有籍六百多亩。清代建先农坛于正阳门外西南，顺治、雍正、乾隆皆祭先农并行籍田礼。社神、稷神与先农神皆是农业神，于是有人将三者混淆，实行合祭。但社是土地神，稷是谷神，而先农所代表的是整体农业，所以终于没有被取消，因而形成社稷与先农并存的局面。此外还祭先蚕，由皇后主祭，它是男耕女织的自然经济在宗教祭祀上的反映。

（三）日月星辰之祭

此祭常依附于祭天，配祭于天坛，也有时另设坛位，作为祭天的补充，主要目的是祈求风调雨顺，保证农业丰收，故《左传》昭公元年说："日月星辰之神，则雪霜风雨之不时，于是乎禜之。"秦汉时期常祭日月于名山，或于殿下拜日月。魏以后，始于春分朝日于东郊，于秋分夕月于西郊。按《礼记·祭义》所说"祭日于坛，祭月于坎，以别幽明，以制上下"，北周祭月之坛建于坎中，方四丈，深四尺，隋唐因之。唐代以日月星辰之祭为中祀，宋代以朝日夕月为大祀。明代嘉靖中，建朝日坛于朝阳门外，西向；夕月坛于阜成门外，东向；夕月以五星、二十八宿、周天星辰从祀。降日月之祀为中祀。清代因明之制，皇帝于甲、丙、戊、庚、壬年亲祭，余年遣官祭祀。

（四）圣贤崇拜

中国远古有英雄崇拜传统，后来转化为圣贤崇拜，诸如姜太公、伍子胥、孔明、关公等历史人物皆奉之若神明，而其中最持久普遍的是祭拜孔子，成为一种准宗教行为。西汉元帝时起奉祀孔子及弟子，以后陆续于鲁郡和各地修建孔子庙，尊孔子为先圣先师。唐玄宗赠封孔子为文宣王，祀孔升为中祀。宋代起，不仅祭祀孔子及十哲，而且以历代大儒从祀。元代加孔子尊号为大成至圣文宣王，增设四圣神位；复圣颜回，宗圣曾参，亚圣孟轲，述圣子思，孔子之后袭封衍圣公，天下郡学书院皆修孔子庙，以时祀之。明代虽改称孔子为至圣先师，但崇祀有加，祭孔又祭四配、十哲，从祀先贤先儒近百人。清代以京师国子监为太学，立文庙。雍正中又追封孔子上五代王爵。光绪中，祭孔上升为大祀，礼乐仪注拟于君王。阙里有颜、曾、孟、子思四庙。历代祭孔可以视作儒学宗教化的倾向，但是在多数中国人心目中，孔子始终未能成为教主，而保持着大德先师的形象，所以祭孔的纪念意义要超过对偶像的膜拜。

（五）山川之祭

此祭由来已久，以其能出财用、为云雨，故崇祀之。山川之祭中最著者为五岳四渎。五岳是东岳泰山，南岳衡山，西岳华山，北岳恒山，中岳嵩山。四渎是长江、黄河、淮河、济水。每朝祭祀山川皆有常礼，有时单独祭祀，有时与地祇合为一坛。

（六）高禖之祭

高禖是禖神，主管婚姻，合两姓之好，延子孙之脉，所以敬祖重嗣必祭高禖。常常是皇帝为求子嗣而祭高禖。

（七）太岁

古无太岁之祀，元代始祭，明清因之。太岁即木星，乃十二辰之神。明代太岁坛在正阳门外西南，与天坛成对称，每岁孟春享庙，岁暮祫祭之日，遣官致祭。清代太岁殿在先农坛东北，正殿祀太岁，两庑祀十二月将。

（八）蜡祭

蜡同腊，是冬季之祭，祭祀农业、田猎、畜牧业诸神，报岁终之功，祈求来年丰收。按郑玄的说法，天子大蜡有八：先啬、司啬、农、邮表畷、猫虎、坊、水庸、昆虫。后来蜡祭之神逐渐增多，宋代近二百位，包括星辰、岳镇海渎、山林泽丘、四灵五虫等，于是蜡祭成为年终百业报众神之恩、祈来岁诸事之福的大合祭。

（九）历代帝王将相之祀

秦汉以前祭祀古圣王与英雄祖先，汉以后扩展范围，古贤臣成为祭祀对象。唐以后为历代开国皇帝和辅佐大臣立庙。宋代又增入历代中兴和守成帝王。明代京师历代帝王庙，岁以仲春秋致祭。清代康熙帝说："凡为天下主，除亡国及无道被杀，悉当庙祀。"于是增祀帝王达一百四十三人，从祀功臣四十人。这是历代贵族正统在宗教祭祀上的反映。

除以上各类祭祀，历代尚有许多繁杂的名目。如秦时有陈宝、杜主；汉时有灵星、宛若、薄忌太一、三一、冥羊、马行等；魏晋南北朝及隋有司中、司命、风师、雨师、司禄等；唐时有武成王、司寒、马祖、先牧等；宋时有九宫贵神、五龙、寿星等；明代有旗纛、城隍、司户、关帝等；清代有先医、贤良、文昌等。

六、结语

在论述了历代宗教祭祀的大致情况以后，我们可以对宗法性传统宗教的主要内容、特质及其历史命运和作用作出如下概括。

第一，传统宗教的神灵杂多而又有主脉体系，大致可以归结为天神、地祇、人鬼、物灵四大类。天神以昊天上帝为最高神，其次有五帝五神，再次有日月星辰、风雨雷电、司命司中司民司禄等，共同组成天界。地祇有后土、社稷、山川、岳镇、海渎、江河、城隍等，共同组成地界。人鬼有圣王、先祖、先师、历代帝王贤士等。物灵有旗纛、司户、司灶、四灵等。这四大类又以祭天、祭祖、祭社为轴心，形成一套由高到低的完备的郊天、宗庙、社稷的典制。明代嘉靖帝说："天地至尊，次则宗庙，次则社稷。"这是对传统宗教祭祀层次性的典型看法。远且不说，以明清两代为例，看其如何划分大祀、中祀、小祀的。明代以圜丘、方泽、宗庙、社稷为大祀，以先农、日月星辰、风雨雷电、岳镇海渎、山川等为中祀，以其他诸神为小祀。清初以圜丘、方泽、祈谷、太庙、社稷为大祀，以其他天神、地祇、日月、先王、先师、先农为中祀，以先医、贤良、昭忠等为群祀。乾隆中升雩为大祀，光绪末升先师孔子为大祀。历朝的大祀大致都限制在祭天、祭祖、祭社稷的范围之内，是国家最重要的祀典。这样在中国人心目中就有了一个在人间之上的神界与人间背后的阴间，对神鬼的崇拜成为中国人普遍的正宗的信仰。

第二，传统的宗教神权与君权、族权、父权紧密结合在一起，成为社会政治生活、家族生活和精神生活的有机组成部分。宗教神权为国家所掌握，执政者将宗教祭祀作为国事活动的重要内容。如明代一年中经常的祭祀仅大祀就有十三：正月上辛祈谷，孟夏大雩，季秋大享，冬至圜丘，夏至方丘祭皇地祇，春分朝日，秋分夕月，四孟季冬享太庙，仲春、仲秋上戊祭太社、太稷。共约中祀二十五，小祀八。这样看来，封建执政者的宗教活动是异常繁忙的，传统宗教作为国家宗教的性质是突出的。历代君王在取得最高统治权力以后，必须实行祭天、祭祖、祭社稷，才能表示继承了华夏正宗的神统、政统和礼统。君王对佛道诸教可信也可不信，但必须敬天祭祖。这种宗教对其他外来宗教有很大的自尊性，从而保持了自身的连贯性。清代康熙时，罗马教廷干预中国天主教徒敬天、祭祖、祭孔，其教士被严令排逐，证明中国固有的信仰和礼节凛然不可侵犯。

第三，传统宗教与传统礼俗融为一体。由于古人多从礼教的角度处理宗教祭祀，因此特重祭坛建制、仪规仪注，比较忽视宗教信仰与宗教理论的建设和深化，满足于关于天命鬼神的一般性观念。这样，宗教性常被世俗礼教的形式所湮没。从礼与俗的关系上说，上层贵族的宗教礼仪，逐渐影响到下层民间风俗，如祭祖、祭社、蜡祭等；而有些民间宗教习俗也被贵族所吸收，变成国家的正式祭典，如祭灶、祭户、祭关帝等，形成上下交流，使得传统国家宗教具有民间风俗的社会基础，因而能够盛行不替。

第四，宗法性传统宗教同儒家的礼学关系密切，或者说儒家的天命鬼神思想和关于吉礼凶礼的论述正是传统宗教的神学理论，因此两者有所交叉。但是，儒学毕竟是理论形态的学术文化，而传统宗教是以祭祀活动为中心的实体化和实践化了的社会事物；儒学以理性为基础，追求成圣成贤、安民济世，传统宗教以信仰为基础，期望神鬼的护佑，两者不可混为一谈。儒学中有宗教的成分，有些儒者热衷于宗教祭祀，但敬鬼神而远之者居多，并且只是看重宗教的德性教化功能，并不真信鬼神，宗教祭祀并非儒学题中应有之义，儒家主流派的兴趣仍在现实人生与社会伦理上面。由于得不到儒家学者强有力的支持，又受到中国传统文化重现实轻彼岸的影响，宗法性传统宗教的理论便发达不起来，未能形成博大严整的神学体系。

第五，宗法性传统宗教过分地依赖于国家政权和各阶层的族权，自身在组织上没有任何独立性，也没有教徒与非教徒的界限。这种情况一方面有利于宗法性传统宗教的存在和延续，只要宗法等级社会存在一天，它便需要支持和保护这种宗教；另一方面也使得这种宗教很难有跨越宗法等级社会的能力，如同佛教、道教那样延续到近现代，一旦中世纪社会土崩瓦解，传统宗教便随之消亡。因此，当中国从中世纪向近现代社会转变的时候，具体地说，在辛亥革命和倒袁之后，宗法性传统宗教便因得不到帝制的支持而从整体上坍塌了，剩下的只是余音的缭绕和民间习俗的惯性作用。

第六，宗法性传统宗教的历史作用具有两重性。一方面，它用"君权神授"的信条维护着君主专制制度，用天命鬼神思想来削弱下层人民对剥削压迫的反抗意识和对自然环境的改造意识，用崇宗敬祖的观念来束缚人们对狭隘性的族权、夫权的挣脱，因此具有很大的消极性，特别在帝制社会的末期。另一方面，当崇奉传统宗教的统治集团处在上升时期或者相对健康的状态时，传统宗教对政权的维护作用便具有积极的因素。当执政集团中有人肆无忌惮、置一般原则于不顾时，其他人也会用神权的威力和历史教训来劝导、限制乃至更换这样的成员（包括帝王），使执政者有所戒惧和收敛。传统宗教无疑是一种巨大的凝聚力，它所形成的宗教礼俗是维系中华民族共同体的重要精神力量，对于社会道德风尚的改良有积极推动作用，因此应当给予它一定的历史地位。

（原载于《世界宗教研究》1990 年第 1 期）

中国宗教生态的多元通和模式

一、中国宗教史的宏观表述

中国是一个多民族多宗教的国家，其主体民族汉族是一个多神多教的民族。中国宗教史源远流长，多元起源，多样性互动，在发展不断整合成中轴信仰，又保持对各种信仰的开放包容，和谐共生，因中有革，神道与人道协调，信仰以道德为重，形成多元通和生态模式。它是世界三大宗教模式之一（另两个模式：亚伯拉罕系三大一神教的一元分化模式与印度教多神一教的一元嬗变模式）。

二、几种误解和偏见

其一，"中国是一个没有宗教的国家"。西方基督教神学家认为，中国只有迷信，没有宗教。即使是佛教、道教也是非典型性宗教。儒学则是世俗性学问。[1]

其二，"中国宗教是个大杂烩"，是混合物，没有内在的一贯之道。[2]

其三，"儒学是中国的宗教"。中国是儒教的国家。韩、日和某些西方及中国人如是说。

---

[1] 参见杨庆堃：《中国社会中的宗教》，上海人民出版社 2007 年版。

[2] 参见［英］尼尼安·斯马特：《世界宗教》（第二版），高师宁、金泽、朱明忠等译，北京大学出版社 2004 年版。

三、误解和偏见产生的原因

其一，以西方高度制度化的基督教为模式看中国宗教。其背后是单线进化论，认为基督教是人类宗教发展的最高阶段和最后归宿，不承认多样性的宗教之间是平等的，各有自己的发展道路和独特价值，认为多神多教混合并存是庞杂不精的表现。

其二，用西方宗教学关于宗教的宽泛定义看中国宗教。如蒂利希用"终极关切"来定义宗教，把一切"穷根究底"和使人"安身立命"的学说皆视为宗教，那么儒学便被当成宗教。其实哲学也可以给人以信仰。宗教的特殊性在于崇信并依赖一个超自然超人间的"彼岸世界"。当然儒教在周边国家和地区存在，它是以宗教的形态出现的儒家，更易于凝聚族群，也便于与其他宗教平等对话。

其三，忽视少数民族宗教与民间信仰的调查研究。民国时期一批大学者提出各种"宗教取代论"（科学取代、美育取代、伦理取代、哲学取代）。原因：一是科学主义作怪；二是只看汉族不看少数民族；三是汉族之中只看知识分子不看下层广大民众。

中国此前落后，自己研究不够，在国际宗教学学术界声音不大。因此，澄清误解和偏见，关键在于中国要在比较宗教学视野中加强对自己宗教的研究，贡献出高水平的成果。

四、中国宗教发展的历史阶段

（一）原始崇拜阶段

自然崇拜、灵魂崇拜、图腾崇拜、祖先崇拜、天神崇拜。

龙凤文化是最伟大的成就。龙的形象以蟒蛇和闪电为躯干原型，融进鳄蛟、鬃豕，以及马、鹿、虎、鹰等多种动物要素，形成神圣优美、多姿多彩、矫健生动、飞腾变化的艺术形象和行云施雨的神灵形象。

三皇（燧人氏、伏牺氏、神农氏神话）五帝（黄帝、颛顼、帝喾、唐尧、虞舜传说），这是祖源认同上的文化整合，标志着中华民族文化共同体正在形成中。

（二）敬天尊祖的礼制宗教阶段（夏、商、周）

万物本乎天，人本乎祖。天是至上神，众神之长，又是善神。"民之所欲，天必从之"，"皇天无亲，惟德是辅"。其一，有利于宗教道德功能的加强；其二，有利于中央政权的良性转移和在不同民族间的转移。祭天以固君权，又限制君权。祭祖以固家族，又培育家族道德。祭社稷以示重农，加强对土地与五谷的感情。

宗法等级社会，政治、伦理、宗教三位一体。华夏与四夷一体多元，五方帝崇拜兴起（黄帝居中，太皞在东，少皞在西，颛顼在北，炎帝在南）。春秋战国诸子兴起，理性觉醒，礼崩乐坏，儒道并盛。除法家外，诸子对宗教(时称神道)或则保留，或则温和，或则提升。儒学的宗教观：其一，"敬鬼神而远之"；其二，"神道设教"；其三，"报本返始"；其四"事死如事生"。

（三）儒学与礼教并行阶段（秦汉）

多民族统一国家正式形成，除了强大的政治、经济、军事力量，"书同文"和中央集权及对边疆民族地区实行"因俗而治"，起了重要作用。

思想文化方面，重建民族主体性文化，同时包容多样性文化。儒学成为官学、指导意识形态，礼制宗教重建郊社宗庙制度。祭政结合，祭族结合。道教兴起，佛教传入，用以弥补儒家重现世不重来世的不足。道教的神仙崇拜和佛教的三世因果报应，满足人们超脱生死、追求社会合理性的愿望。

中国有了统一的主导的思想文化体系，同时具开放性。这个意义是伟大的，文化中华正式形成，中华民族作为文化共同体形成强劲的文化纽带，儒学有重大历史功绩。

（四）儒、佛、道三教会通与多教互动阶段（三国至清中叶）

儒学为主，佛道为辅。在制度层面、道德层面，儒家主导。"三纲五常"成为治国理世的基本原则。不论哪个民族入主中原，掌握中央政权，都认同纲常名教，和敬天法祖，治国之道礼主刑辅，助之以佛教道教。"三教合流"形成文化三角间架，出现三个理论高峰（唐代禅学、宋明道学、金元内丹学），成为维系中华民族不散不离的主要精神纽带，形成中华民族核心价值：慈爱、贵和、尚德、忠恕。从此，中华民族虽有暂时的政治分裂，却无文化分裂，并用文化的力量推动政治统一。

伊斯兰教和平传入，基督教三次传入，摩尼教、犹太教、琐罗亚斯德教等，皆在中国有生存空间。国家要求各教必须拥护中央政权，遵守国法，同时有益于劝人为善、道德教化。北魏文成帝说："助王政之禁律，益仁智之善性。"（《魏书·释老志》）与此同时，各民族保有自己特色信仰与民俗。"修文德，来远人"，"修其教不易其俗，齐其政不易其宜"（《礼记·王制》）。于是形成民族地区伊斯兰教、基督教、藏传佛教、南传佛教与儒学、汉传佛教、道教并存互融的局面。

中华文化在结构上呈"一、二、三、多"的态势。"一"指以儒学为主干或底色；"二"指以儒道互补为基脉；"三"指以儒、佛、道三教为核心；"多"指兼容其他宗教如伊斯兰教、基督教等。

"三教合流"经历了求同、会通、创新、扩散几个阶段，对各民族文化和外来宗教都有不同程度影响。

（五）基督教流布与中西文化交汇阶段（清后期至民国）

西方强势文化进入，包括基督教、自由经济、现代宪政以及现代科技。几次大的冲击波：鸦片战争后基督教传布，辛亥革命后西方科学与民主的传布，还有社会主义思想的传布。

儒、佛、道逐渐被边缘化。民国以后，科学与民主成为主流价值理念。儒学成为批判对象，宗教取代论流行。但在民间和少数民族地区，依然保持着宗教传统文化。

新中国成立以后，主流价值导向是社会主义。儒、佛、道进一步被边缘化。经历了"文化大革命"，文化虚无主义走到极端，尔后拨乱反正。改革开放，中国人走出文化自卑，走向文化自信和文化自觉，重新认识中华文化的价值。

中华民族信仰文化格局处在大变动、大调整之中，新的信仰文化生态正在重建，尚未完成。对中国宗教生态的多元通和模式的研究，可以增加我们对中国文化和国情的认识，以史为鉴，丰富智慧，更好地面向未来。

五、中国宗教的特点：多元通和生态模式

（一）多神多教并存，而多样性中有主体性存焉

中国从源头上没有一神教传统，一神教都是外来的。不仅多神，而且多教，各种品类的宗教应有尽有，无一教坐大统制他教，成为"宗教联合国"。在制度化宗教存在的同时，大量民间性、民俗性宗教存在。这种宗教的多样性适合中国各民族各阶层各行业各地域的需要，给予民众以广大选择空间。同时有基础性（"敬天法祖"）和主导性（儒学）信仰，贯通各教，整合为一体。

（二）宗教关系和谐是主旋律

没有宗教战争和宗教裁判所，没有对异端的残酷迫害、摩擦大致保持在思想言论层面。政治介入造成的暴力事件是暂时的，没有形成传统。宗教的温和主义与政府的温和主义是主流、宗教极端主义与战斗无神论皆不能流行。一神教进入后淡化了排他性，逐渐走上温和主义道路。

（三）宗教信仰的"混血"现象普遍存在

一人可兼信几教。在民间是三教"混信"。寺庙同奉三教神像，三教共用同一殿堂，皆以为常态。影响所及，伊儒兼信者有之，基儒兼信者有之，乃至不信教者也混有多种宗教观念。这在一神教发达地区是不可思议的，他们不仅宗教之间分明，教派之间亦分明，可以改信，但不能混信。

（四）神道依于人道，神权依于政权

神是善神，不是威神。爱人即是尊神，为民即是敬天。民之所欲，天必从之。皇天无亲，唯德是辅。人神相通：人皆可以成圣、成佛、成仙，而主要途径是净化心灵、行善积德。人文哲学与神道宗教互补，使哲学保留神圣性、神秘性，使宗教保持人文理性，不易偏激。在政教关系上，是政主教辅型，君权至上，只有教臣，没有教皇。"不依国主则法事难立"（释道安语）。三教与多教并奖，因俗而治。主流社会奉行温和主义、宽容态度。有僧官制度和管理机构，自东晋即有，专管僧事，但管而不死，放而不乱。宋有僧录司，元有宣政院，清有理藩院，民国有蒙藏委员会，兼管宗教与民族事务。但有时僧俗并用，相混生弊。

（五）包纳和改铸外来宗教

佛教与中华文化的融合最为成功，一方面使佛教中国化，另一方面使中国思想文化丰富化。伊斯兰教在明清之际出现与儒学融合的高潮，出现了四大回儒：王岱舆、马注、刘智、马德新。基督教的中国化较为曲折。当代基督教在本土化爱国运动中出现了吴耀宗、吴雷川、赵紫宸、丁光训等代表人物，他们致力于基督教与中国文化的结合，有许多成果，但社会影响不大。犹太教则消弭于无形。中国文化与外来宗教关系的基本走向：接纳而后转化，再综合创新。目前五大合法宗教，四个是外来的，可证中华信仰的包容性之大。

六、宗教多元通和模式形成的原因

其一，多民族迁徙、融合、混血，造成文化的混血与多样性。毛泽东说："汉族人口多，也是长时期内许多民族混血形成的。"[①] 汉族与许多少数民族也存在混血现象。民族格局是多元一体。

其二，中原发达的农业文明形成安定求实的文化性格并对周边文明吸引。农业有周期性，要深耕细作，以家庭为经营单位，要求社会稳定有序，追求安居乐业、乡里和睦。最忧虑战乱的破坏，而渴望和平。中原发达的农业文明对周边民族有强大吸引力。

其三，长期的家族社会形成丰富的礼制道德文化与和平群居的智慧。冯友兰说："家族制度过去是中国的社会制度。传统的五种社会关系：君臣、父子、兄弟、夫妇、朋友，其中有三种是家族关系。其余两种，虽然不是家族关系，也可以按照家族来理解。君臣关系可以按照父子关系来理解，朋友关系可以按照兄弟关系来理解。"[②] 这样的社会强调敬老爱幼、家道和顺，并视天下为一家。

其四，孔子儒家和老子道家思想长期的教化熏陶，其仁和、慈让、尚

---

① 《毛泽东文集》第七卷，人民出版社 1999 年版，第 33 页。

② 冯友兰：《中国哲学简史》，涂又光译，北京大学出版社 1985 年版，第 27 页。

德、重生的理念对中国人影响巨大，也影响了宗教文化。儒家讲仁爱忠恕之道，五常八德之教，和而不同之理，天下一家之心，天人一体之情。道家讲道法自然之道，柔慈俭让之教，重生贵养之理，有容乃大之心，性命双修之方。《易传》提出自强不息与厚德载物，铸就了中华精神。冯友兰提出："同不妨异，异无害同；五色交辉，相得益彰；八音合奏，终和且平。"[①] 费孝通提出："各美其美，美人之美，美美与共，天下大同。"

七、宗教生态多元通和模式的失衡与重建

（一）古代史上的几次大的干扰和冲击

1. 董仲舒提出"罢黜百家，独尊儒术。"

2. 南北朝至唐，发生"三武一宗灭佛"事件。

3. 清代乾隆朝及以后出现"文字狱"及对伊斯兰新教的镇压。

4. 韩愈提出"人其人，火其书，庐其居"（《原道》）的灭教方针，但未被采纳。

（二）近现史上几次大的冲击

1. 鸦片战争之后的"基督教帝国主义"，利用炮舰，迫签不平等条约，保护扩张性传教活动，于是激起反抗，教案屡屡发生。

2. "五四"以后的科学主义和宗教取代论，尤其是"打孔家店"，"汉字落后和取消"论，都对中华文化造成深层伤害。文化激进主义和民族虚无主义破坏有余，建设不足，不能批判地继承，更不会创造地转化，往往造成文化的断裂。

---

① 冯友兰：《西南联大纪念碑》，载《哲学人生》，天津人民出版社 2016 年版，第 272 页。

3.“文化大革命”要“消灭宗教”，使宗教转入地下。它背离了马克思主义，严重破坏文化，却并未消灭宗教，而只造成宗教在后来的反弹。宗教或被扭曲，或被边缘化，或转入地下，或比例失衡（如基督教过度发展）。

（三）中国宗教生态多元通和模式的重生

1. 主流社会回归马克思主义唯物史观的理性的温和的轨道。在社会主义与宗教的关系上，提出“适应论”与“引导论”、“和谐论”与“发挥论”。

2. 宗教学研究日益深入和丰富。摈弃“残余论”，推出“文化论”，提倡文化包容与文明对话。

3. 宗教界进行中国特色神学建设，提倡宗教理性，反对极端主义，加强教风建设，积极服务社会。

4. 宗教生态失衡存在的问题：基督教过度发展，宗教极端主义存在，地上教会与地下教会二元存在，民间宗教处于灰色地带，依法管理宗教事务尚未很好落实，“非常态管理”所在多有。

5. 探索新时代宗教生态的重建之路已经开始。

（1）国家管理宗教事务模式实现两个转变：由行政直接管理转变为依法间接管理，由防范型应急管理转变为服务型常态管理。

（2）探索宗教生态建设方略。如：多元通和，固本化外。

（3）对民间宗教进行调查研究，重新认识，纳入管理视野。

（四）在重建宗教生态中继承和发扬中国宗教的多元通和传统

1. 宗教的多元通和模式是一种良性模式，它是多民族共存共荣和多样性文化相依共处在宗教关系上的表现，最有益于宗教自身的健康发展。宗教冲突和宗教霸权使宗教异化，丧失劝善功能。

2. 宗教的多元通和有利于构建和谐社会，也是社会主义社会在宗教问题上的长治久安之道。五大社群关系——政党关系、民族关系、宗教关系、阶层关系、海内外同胞关系——都要走向和谐。

3.宗教的多元通和模式有益于一国两制，有益于两岸的和平统一，使宗教成为中华民族之间沟通的桥梁和文化的纽带。

4.宗教的多元通和模式有益于推动宗教对话与构建和谐世界。只有宗教之间实现了和平，才有世界的和平。中国是世界的缩影，中国宗教的多元通和模式会给世界以启示。三次佛教世界论坛和一次国际道德经论坛、一次国际道教论坛都证明中国宗教多元通和精神有益两岸四地的和谐，有益世界的和平与发展。

5.建设新的社会主义文化体系，以中国化的马克思主义为指导，把主导性与广泛性、先进性与多样性结合起来，发挥宗教在促进经济社会发展中的积极作用。

（在一次干部学习班上的讲课要点）

儒家的宗教观及其现实意义

一、儒学是人学（怎么做人、如何治世），不是神学（不引导人们向往天国），不是严格意义上的宗教（不以崇拜超人间的神秘力量为主轴），但保留宗教性（畏天命、重祭祀）

在儒家仁礼之学中，人学是基点，神道隶属于人道。"为仁由己，而由人乎哉"（《论语·颜渊》）是关键。人通过修养和教化，可以成为文明人，人皆可以为尧舜，不需要仰仗神的拯救。社会通过德政和礼义，可以成为文明社会，由乱世到大同，不需要等待神的恩赐。

二、夏、商、周三代是宗教文化，可以简称为尊天敬祖教

核心是三大崇拜：祭天、祭祖、祭社稷，形成郊社宗庙制度。周代强调"皇天无亲，惟德是辅"（《尚书·蔡仲之命》），出现重人轻神的萌芽。孔子的儒学是在超越三代传统宗教、发扬人文精神中形成的，它是一种"哲学的突破"，但它是"温和的突破"（余敦康语）。所谓"温和"，一是突出"人"，却不否定"神"，二是肯定"神道设教"，纳神道归于人道。尊天敬祖是礼文化的宗教形态，儒家学说是礼文化的哲学形态。

三、由孔子开创、继由《礼记》系统化的儒家主流派的宗教观的主要观点

一是"敬鬼神而远之",不热心神道,又保持敬意,取中庸的态度。二是祭祀报本论,"万物本乎天,人本乎祖",祭祀为"报本反始","不忘其所由",有功烈于民者,祭祀以资纪念,故"祭思敬,丧思哀",是情意的表达,并非为了得到神的护佑。三是"神道设教"(《周易·观卦·彖辞》)、"慎终追远,民德归厚矣"(《论语·学而》)、"祭者,教之本也"(《礼记·祭统》)、"事死如事生,事亡如事存"(《中庸》)。不是有神论,也不是无神论。

四、儒家非主流的宗教观的两种倾向

一是无神论倾向,如荀子、王充明确说"祭祀无鬼神",范缜主神灭论;二是有神论倾向,如董仲舒讲"天者百神之大君也"(《春秋繁露·郊祭》),讲天人感应,讲福瑞灾异,讲"屈民而伸君,屈君而伸天"(《春秋繁露·玉杯》)。后世有康有为孔教运动,当代有我国香港地区孔教、韩国儒教。前者反映了儒学向传统宗教的回归,着力于神学建设(神道教);后者反映了儒学对国际宗教环境的适应,看重宗教的形态(人道教)。儒学的人学传统将与儒学的宗教化现象长期并行存在。

五、儒家对外来宗教(佛教、伊斯兰教、基督教等)的态度

儒学有两个传统:一是和而不同、殊途同归;二是排斥异端、力辟杨

墨。佛教进入，拥佛与反佛争议，最后宽容派占上风。梁武帝主三教会通。傅奕、韩愈辟佛老，唐太宗三教并奖，柳宗元、李翱融合佛学。宋明儒学家口头上辟佛老，而理论上援佛纳老入儒，遂有新儒学之形成。三教渐行渐近，形成文化三角间架（西方亚伯拉罕系的三大一神教则渐行渐远）。伊斯兰教和平进入，基督教早期进入，皆无大阻力。伊斯兰教与儒学融合，利玛窦儒化天主教。中国五大宗教中外来宗教有其四，一神教进入中国，其排他性大减，包容性增加，儒家多元通和的文化观及其主导地位起了很大的作用。

六、儒家宗教观的社会管理学视野

儒家不仅关心自身的人道理想，而且关心他者的宗教信仰，以及从社会管理的角度如何应对神道，使神道在巩固社会秩序、促进群体和谐上发挥积极作用，这样的眼界超出了个人信仰的局限，是难能可贵的。

1.孔子不回答死后和鬼神有无的问题，但主张敬鬼神。曾子认为"慎终追远，民德归厚矣"，出发点是改良人性。

2.《易传》提出"神道设教"，出发点是社会教化。

3.荀子从"鬼神未知论"转为无神论，不认为天有意志（"天行有常"），不相信天人感应（"明于天人之分"），有鬼论是人的精神不清造成的（"感忽之间，疑玄之时"）。荀子的伟大不仅在于自己有科学理性精神，不信鬼神；更在于他讨论了如何以宽厚的态度和从社会管理的高度对待民众的鬼神崇拜问题。第一，确认敬天尊祖具有保持民族文化本源的意义（"礼有三本"）。第二，包括祭祀在内的礼仪文化可以"化性起伪"，丧葬祭祖之礼使人"敬始而慎终"，表达哀思敬爱之情，形成文明礼俗。第三，管理者不应崇信神道，治国要强本节用，制天命而用之，但不必强迫百姓抛弃神道，可以存异（"君子以为文，而百姓以为神"），荀子第一次提出"神道是文化"的概念。第四，管理者可以视神道为人道之一，承认其化民成俗的作用（"圣人明知之，士君子安行之，官人以为守，百姓以成俗。其在君子，以为人道也；其在百姓，以为鬼事也"）。荀子对鬼神之道从两个层面考察：一是鬼神的有无问题，他的回答是无鬼神；二是鬼神之道的社会定位和社会功能问题，他的回答是神道有文化认同功能和道德教化功能。荀子的无神论可以称为温和理性的无神论，因为他在申明个人无神论观点的同时，考虑到要尊重民众的有神论信仰。荀子一生致力于以礼为特色的制度文化的反思与探讨，有重要建树，而祭祀之礼是其中的有机组成部分。荀子及其后学的礼文化学说对汉以后历朝礼制运作有很大影响。

七、儒家宗教观对后世的影响

1.儒学作为汉以后的官学，其重人事、轻鬼神的精神直接影响了主流政治家和思想家，使他们有较强的人文理性，礼教治国，辅以法刑、鬼神，以人道兼神道；而不是相反。尊天敬祖作为基础性信仰不可动摇，但它不排斥其他宗教。所以中国历史上的王朝既无政教合一形态出现，也没有严格意义上的国教。中国是一个多民族多信仰多宗教的国家，却不是一个宗教占统治地位的国家（春秋以后）。历史上人文主义与神本主义未曾形成紧张对立，哲学与宗教相互吸收、并行发展，使理性与信仰趋向平衡。儒学与礼教（尊天敬祖）、佛学与佛教、道家与道教，彼此是哲学与宗教之间的差异，却又和而不流、相互包纳、各得其所。

2.历代的文化政策受儒家和而不同思想的影响，主流是多元和谐（"道并行而不相悖"）。有时有偏离（"独尊儒术"、"三武一宗"灭佛、"文字狱"），但主流是文化多元和开放。三教并奖、多教共存、因俗而治、兴黄教以安众蒙古等。中国不仅宗教种类多、外来宗教多，而且许多人可以共信几教，不信教者身上也有宗教的元素，没有宗教间的激烈冲突，中国人大都是宗教的"混血儿"。

3. 重视"神道设教"，使国家宗教政策与掌权者的信仰分离。唐太宗信仰周孔之道，不信佛教、道教，但在文化政策上兼容并包，说明他政治上的成熟。但宗教的存在与发展，一要爱国拥政，二要行善积德，如北魏文成帝所云："助王政之禁律，益仁智之善性"，这样各种宗教（本土的与外来的）都可纳入国家管理体系，使其成为社会调控力量和社会教育资源。中国的各种宗教都具有较强的道德宗教性质，宗教的道德功能得到彰显，对神的崇拜必须与对人的关怀相结合，这是受了儒家尚德的影响。

八、儒家宗教观的现实意义

1. 儒家包容神道并将神道纳入人道的观点和做法，符合宗教在社会生活中的位置并与当代人文思潮相通，是一种难得的睿智和远见。人类在很长的时期内离不开宗教，但宗教又必须受社会生活和现实条件的制约，向着服务社会、提升人生的方向发展。宗教是以神为本的，但归根结底它是社会历史的产物，是人的创造，并为满足人的精神需要而出现和发展的，因此神道本来就是一种特殊的人道。与宗教敌对的做法不符合新人文主义的包容精神；把宗教提到至高的位置，使其支配整个社会生活，也不符合时代的进步。宗教要在适当的位置上发挥作用。

2. 儒家提倡的"神道设教"，可以作为一种积极的社会管理智慧为中国社会主义者借鉴。儒家代表人物不是宗教家，儒学本质上是人学。社会主义者是不信宗教的，管理国家以人为本。两者的信仰不同，但都超越宗教，强调人文，同时都面临如何对待他人信教的问题，故有相近之处。儒家对宗教温和的宽厚的态度以及要借助宗教推动道德教化、巩固社会秩序的方略，是文明的、成功的，具有公共管理学的意义，值得中国社会主义者参考。中国社会主义者面对多民族、多宗教的国情和宗教的长期性、群众性、复杂性、民族性、国际性，必须尊重公民的宗教信仰，协调好宗教关系，保持社会的和谐稳定，在社会主义核心价值指引下，借重诸家众教的力量，共同建设中华民族共有精神家园。我们必须超越"与宗教作斗争"的"战斗无神论"，回归文化上和而不同、求同存异的东方传统，建设有中国特色的社会主义宗教理论体系和依法管理宗教事务体制，走出一条适合中国的道路。

3. 儒家视宗教为文化、以文化导宗教的理念具有现代价值，有益于宗教的健康发展。孔子和儒学认为宗教祭祀的意义在于敬诚感恩，不在于向神求报。荀子提出祭天祭祖是为了人们不忘"生之本"、"类之本"，丧葬追远是"称情而立文"，是可以"养情"的"礼义文理"，不应成为功利化的巫术之道。《礼记》谓"夫祭有十伦"，把祭祀的功能归纳为十种，为神道，为治国，为齐家，唯独没有求福消灾。儒家有意淡化宗教祭祀的神秘性，增强它的人文性。康有为倡导的孔教，自称为"人道教"，以与耶、佛、回诸教言神相区别。章太炎则看重佛教的哲理性，认为中国佛教之根本在"依自不依他"、"自贵其心，不以鬼神为奥主"，主张建立无神的宗教。这都带有儒家重人远神的色彩。宗教在今天和未来的发展，当然会保持其神灵崇拜，但重心会发生转移。从神学宗教向道德宗教转型，提高宗教的文化品位，使神性与人性接近，充分发挥其促进文明的功能，乃是一条正路。

（在一次干部学习班上的讲课提纲）

以道为教　多元通和

　　道教是中国土生土长的大教，有着中华民族的鲜明性格特征和传统文化的深厚积蕴，同时又有着海纳百川、会通众教的胸怀，正在以自己特有的柔性方式走向世界、影响世界。它不以扩大组织规模为目标，而以传播老子的智慧为己任。从比较宗教学的视野看，道教是多神宗教，在神灵崇拜、超世向往及相应的宗教活动、礼仪、组织与制度等方面，与其他宗教有共同点。但道教与别的宗教又很不一样，最独特的地方在于以老子为宗师，以老子阐扬的大道为教旨，这就为其神学及信仰方式增加了新的质素。大道不同于亚伯拉罕系统一神教的绝对唯一神，也不同于柏拉图的绝对理念，它生养万物（"道生一，一生二，二生三，三生万物"）又不主宰万物（"生而不有，为而不恃，长而不宰"）；它超越万物（"无状之状，无物之象"）又内在于万物（"道之在天下，犹川谷之于江海"）；它既是价值的源泉、信仰的对象（"渊兮似万物之宗"、"万物莫不尊道而贵德"），又是现象的本体、认知的对象（"无，名天地之始；有，名万物之母。故常无欲，以观其妙；常有欲，以观其徼"）。大道兼有宗教的神圣性、哲学的理智性、科学的真实性，成为三者的统一体。神道合一的结果，使信仰与理性相结合，具有了宗教的诚挚和哲学的沉思，又避免了宗教的狂热和哲学的冷峻，还能给科学研究从现象世界深入本质世界提供指导。当前的国际社会，人文主义与科学主义对峙，宗教与哲学分途，科学日益脱离信仰，民族宗教冲突不断发生。有识之士为此而忧虑，正在大力倡导文明与宗教对话，寻找文明转型的有效路径。在这样的时空交错点上，以道为教的道教，其信仰特质、文化内涵及优良传统，更显得珍贵难得，能够发挥其前所未有的积极作用。

一、以道为教，把尊生与敬神统一起来，是为生道

老子说，"万物得一以生"（《老子》第三十九章），他所阐扬的大道代表宇宙万物生命之活力与能量，乃是生命成长与持续之路。尊道必然尊生，关爱生命、护养生命、提升生命：从健全个体的生命到健全社会的生命和自然的生命；从优化今世的生命到追求"死而不亡"的生命。可以说道教"尊道贵德"的第一义就是以生为本，故强调"生道合一"，它不贬抑今生、只求灵魂得救，而是"我命在我"，炼养此生，性命双修，实现生命体的质的飞跃，用生本主义在此岸与彼岸之间修筑起一条直通道。道教的众神都是宇宙大道的化身，体现重生、护生、养生的宗旨，它的三清神乃是道气所化，是道成神身。因此敬神必须护生，护生即是敬神。在道教看来，大道与生命是一体的，生命是人间最高贵的事物，为了敬神而去损害他者的生命与健康，是对神灵最大的不敬和亵渎。由此出发，道教反对一切残害生命的行为，不论是自己和他人的生命、本族本教和他族他教的生命、人群和自然界动植物的生命，都要一体慈爱，善加保护，"辅万物之自然而不敢为"（《老子》第六十四章）。道教认为"兵者，不祥之器"（《老子》第三十一章），坚决反对不义战争，即使是正义战争也要适可而止，"战胜，以丧礼处之"（《老子》第三十一章），因为战争必有民众伤亡。非义之战皆由政治野心和物质贪心而引起，为此，必须消解人的贪欲，它是人间暴力争夺的根源，"罪莫大于可欲，祸莫大于不知足，咎莫大于欲得"（《老子》第四十六章）。道教的清静之道，不单是修道之要，也是改良人性、消弭人间抢掠杀戮之道。对于道教而言，若因信仰不同而发生对

抗乃至流血冲突，那是不可原谅的；只要是正信，一定会全力维护和平，维护和平就是慈爱生命。从慈生尊生出发，道教积累起内涵丰富的养生文化，为中华民族的繁衍昌盛作出了重大贡献。全真道领袖丘处机不顾年高路险，备尝艰辛，跋涉数万里，西行雪山与成吉思汗会见，劝其敬天爱民、清心寡欲，超越民族和宗教的界域，用大爱感动征战中的军事统帅，"一言止杀"，不知救活了多少生命，其大功大德，可歌可泣，这是以道为教、以生为本的生动体现。在今天，不论持有何种信仰的人们都应向丘祖学习，积极投身到世界和平事业中去，反对战争，反对暴力，反对屠杀，反对恐怖主义，反对一切危害人的生命与健康的行为，这是对信仰能否称为正信的一个重要考量因素。如果宗教被极端主义所绑架，就会变质，由和平的宗教变成暴力的宗教。面对地区性冲突不断发生和世界性族群严重对立的局面，各国宗教界要携手合作，像丘祖那样进入焦点地区进行"信仰干预"，息乱促谈，化解仇恨，达成谅解，并在推进和平事业的实践中建立世界宗教联合体，使之成为维和的重要力量。

二、以道为教，把行善与成仙统一起来，是为善道

老子说："上善若水。水善利万物而不争，处众人之所恶，故几于道。"道教秉承老子的教导，把劝善与仙道结合起来。得道成仙是道教的追求，为此要炼养各种道术，包括外丹与内丹，但根本途径是行善积德。基督教把爱上帝视为最高义务，伊斯兰教把"认主独一"作为信仰第一义，当爱主与爱人有矛盾时要服从前者，由此生出诸多排除异端的弊病。开明之士意识到这一点，试图对教义作出新的解释，强调爱主与爱人的统一、得救与行善的统一。对道教而言，爱人与得道始终是结合的，而且以济世救人为修道的第一义。葛洪说："欲求仙者，要当以忠孝和顺仁信为本。"（《抱朴子内篇·对俗》）张伯端说："德行修逾八百，阴功积满三千，均

齐物我与亲冤,始合神仙本愿。"(《西江月》)道教坚信,积善成仙,功德成神,而且要积大善大德,再加上必要的真功,就离仙界不远了。道是生道,也是善道,得道者如水之德,以利他为旨归,如老子所云:"圣人不积,既以为人己愈有,既以与人己愈多"(《老子》第八十一章),"圣人无常心,以百姓心为心"(《老子》第四十九章),"圣人常善救人,故无弃人"(《老子》第二十七章)。丘处机祖师把全真道之精要归纳为八个字:"外修阴德,内固精神。"(《玄风庆会录》)努力做到"功行两全",功即性命双修,行即苦己利人。以善道为教的道教,在凸显宗教的道德功能的同时,自然而然地淡化了与其他宗教在信仰上的差异,易于同各种信仰形成道德上的联盟。在中国历史上,道教认同儒家的"五常八德",吸收佛家的"五戒十善",在推行社会道德教化和慈善救济事业中,与儒佛两家结成亲密合作的伴友。

三、以道为教,用包容的态度做救世的事业,是为公道

老子说:"知常容,容乃公,公乃全,全乃天,天乃道,道乃久"(《老子》第十六章),"万物归焉而不为主,可名为大,以其终不自为大,故能成其大"(《老子》第三十四章),"天之道,损有余而补不足"(《老子》第七十七章),"天之道,利而不害;圣人之道,为而不争"(《老子》第八十一章)。老子的大道包纳天地万物而不做主宰,得道者要体现天道之公,以天下为己务,统筹兼顾、关心弱者,只做好事而不争夺私利。在这种大公思想指导下,道教以济世利人为教务之先,要求道徒暗中多积阴德,不以救世英雄居功自傲,不只为部分人的利益服务,而要博爱济众,施恩不求报;还要在道德教化上汇合儒、佛、道三教,兼综诸子百家,集各教修功、各家美德于一身,形成合力为大众服务,以体现大公之道。道教吸收儒家忠孝之德和仁义礼智信"五常"作为自己的主要伦理准则。全

真道祖师王重阳劝人读《孝经》，其立论多引"六经"为论证。道教又以佛教"五戒"为道戒，以戒、定、慧为"三要"，又兼修儒墨之德。金代辛愿赞扬丘处机"其逊让似儒，其勤苦似墨，其慈爱似佛。"（《陕州灵虚观记》）元代高道李道纯说："引儒释之理证道，使学者知三教本一。"（《三天易髓》）由此可知，道教在修道与弘道上是多元开放的态度。大道普遍存在，为诸子百家所共有，各家皆对阐扬大道有所贡献，只不过道家对大道有宏观上的整体性把握而已。渐渐地，大道超越了所有教门，成为全体中国人表达真理观的普适性话语，成为中国人心目中真理的代名词。人们把追求真理称为学道、求道，把有所收获称为闻道、体道，把有所践行称为行道、弘道，把明辨是非称为讲道理，把品行优良称为有道德，并以公道追求社会公平正义，由此，大公之道深入人心，世代奉行。

四、以道为教，协调各种关系，使人间臻于纯朴，是为和道

老子说："有无相生，难易相成，长短相形，高下相盈，音声相和，前后相随"（《老子》第二章），"多言数穷，不如守中"（《老子》第五章），"万物负阴而抱阳，冲气以为和"（《老子》第四十二章），"知和曰常，知常曰明"（《老子》第五十五章），"挫其锐，解其纷，和其光，同其尘，是谓玄同"（《老子》第五十六章）。大道承认事物矛盾的普遍存在，但是与贵斗哲学不同，老子从贵和哲学出发，指出：第一，矛盾对立面的关系是相反相成、互相依存，而非互不相容；第二，矛盾对立面的不断统一是事物发展的规律，新生事物由此而出；第三，当矛盾对立面的差异激化为冲突、对抗时，得道者要"挫其锐，解其纷"，用大道的智慧加以化解，避免斗则两伤，实现和则两利。道教依据老子的大道，用对立统一的和谐理念来修道和弘道。在修道方法上，道教吸收儒、佛、阴阳各家的智慧，视

个体生命为阴阳结合体，主张形神抱一、神气不离、动静相宜、性命双修、取坎填离、内外互补、功行两全，使生命体内部实现动态的和谐，同时形成生命体与自然界在物质与信息交换中的和谐，和生命体与社会在互动中的和谐，如此便可体道、悟道。在弘道实践中，道教发扬老子慈和的精神，以柔性的方式推动人与人的和谐、人与自然的和谐。在民生问题上提倡均和，"损有余以补不足"，实行"修仁蕴德，济贫救苦"，而且着力建设生产生活互助合作的社区组织，以利民生。从早期天师道的和谐社区、义舍，到后期全真道在胶东的三州五会，都是民间成功的自治组织。在生存的社会环境方面提倡祥和，反对战争，息兵止杀，力促世道太平，百姓能过上"甘其食，美其服，安其居，乐其俗"（《老子》第八十章）的生活。在保护自然生态上提倡天和，以"道法自然"为指导，强调"仙道贵生"，不仅慈爱人类，还要保护动植物的生命，"天道恶杀而好生，蠕动之属皆有知，无轻杀伤用之也"（《太平经》），"一切含识乃至畜生、果木、石者，皆有道性"（《道教义枢》），都要加以尊重。道教理想的仙境，是山清水秀的和乐世界，道教的宫观所在，都是绿树成荫、花木繁盛的风光美丽之地，故有洞天福地之称。道教提倡少私寡欲、返璞归真的节俭生活方式，反对贪欲不止、挥霍奢侈。这种生活理念和方式，一方面易于消解人间的争夺残杀，另一方面也减轻了环境资源的负担，有益于生态的保护。

五、以道为教，会通各种信仰和文化，是为通道

老子说："古之善为道者，微妙玄通，深不可识"（《老子》第十五章），"有物混成，先天地生。寂兮寥兮，独立而不改，周行而不殆，可以为天地母"（《老子》第二十五章），"大道泛兮，其可左右"（《老子》第三十四章），"道常无为而无不为"（《老子》第三十七章），"天下之至柔，驰骋天下之至坚"（《老子》第四十三章）。庄子说："道通为一。"（《齐物论》）大

道在生养万物的同时，具有了周行、遍通的特点，无物而不入，无事而不成。从现象看，宇宙万物五光十色；从本质上看，皆是大道的呈现，故道通为一。道教依据大道通于万物、使多元世界成为一体的性能，在自身的发展中不断会通各种文化，使之不断汇聚又扩展。历史上道文化不局限于一家一派一地，看起来没有强势，也不显耀，却能汇合众流、通向万家，而无处不在。道教之兴，源自上古文化，会通民间信仰、秦汉神仙方术、黄老道家、阴阳五行学说、儒家伦理、传统健身养生学，在老子五千言指导下融成一体。后来又陆续吸纳天文地理学、医学化学与各种科技，以及墨家、杂家，内涵丰盛，遂使《道藏》成为比佛教的《大藏经》、儒学为主的《四库全书》在学科类别上要宽泛得多的全景式的中国文化大型丛书。道教与道家形影不离，与儒家密切合作，与佛家日益接近。道文化是接引佛教进入中国的重要中介力量，也是佛教中国化的思想营养；它自身也不断吸收佛教的义理、仪式以及寺院设置的质素，用以创新发展；道教又与民间信仰血肉相连，在中国多数普通百姓的精神文化生活中都有道文化的身影。从教内说，道教出现过众多教派，但彼此间无严格界限，清修与金丹可以兼行，正一与全真亦互相融摄。全真祖师王重阳之后有"北七真"各立一派，而弟子师承可以互相交错，共师共徒。从教外说，道教恬淡谦和，易于与其他宗教和平相处，从未发生流血冲突。道教与佛教有过摩擦，但只要没有政治势力介入，甚易化解，而且全真道倡导三教一家，其高道皆精熟佛典。道教从开始就是多民族的宗教，例如五斗米道在巴蜀汉中一带汉夷共信之。后来，道教在汉族地区流行的同时，也在北方信仰萨满教的少数民族地区和南方信仰各种巫教的少数民族地区流传，与当地的文化相结合。例如壮族地区有壮化道教，彝族地区的毕摩教含有大量道教的内容，瑶族和白族地区道教广泛流行。在侗、苗、羌、土家、纳西、布依等民族中也都有道教流存。

大道是生道、善道、公道、和道、通道的统一。在当代，视老子为精神旗帜的道教正在以新的姿态在世界上传播重生、尚德、贵和、大公、会通的道文化，给人类应对各种社会危机和生态危机提供道家的智慧。《道德经》以空前速度在世界各地出版发行，受到普遍欢迎。2007年中国举办的国际道德经论坛，主题是："和谐世界，以道相通"，突出了大道的通融性，发挥了道文化联络各国人民致力于和平发展事业的纽带作用，取得了极大的成功。大道有指向宇宙本源的超越性，可以与各种一神教相通；大道有潜存于天地万有的奥妙性，可以与各种多神教相通；大道有宇宙本体的定位和明体达用的功能，可以与各种哲学相通；大道讲究以物观物、洞察真实，可以与各种科学相通；大道以"道法自然"为根本精神，不尚诡秘浮论，可以与各种无神论相通。中华文化由于有老子"尊道贵德"和孔子"忠恕仁和"的引指，而形成了多元通和模式；今后世界文化如能以道为尊、以仁为贵，也必将克服不是"一元独尊"便是"多元冲突"的局面，逐渐走向多元通和的道路。以道为教的道教，应当也能够成为世界多元文化接近相亲的使者；以道为归的道文化应当也能够成为多元文化沟通对话的桥梁。

（原载于《中国道教》2011年第5期）

回首新中国成立六十年的风雨历程

——宗教问题的理论开拓与经验总结

一、我国自古就是一个统一的多民族多宗教的国家

民族与宗教问题在社会生活、民族关系、国家政治中占有举足轻重的地位。中国宗教不同于西方亚伯拉罕体系三大一神教（犹太教、基督教、伊斯兰教）的传统，形成自己的传统与特色。主要是在宗教生态上形成多元通和模式，多教多神之间、上层宗教与下层宗教之间、本土宗教与外来宗教之间大致能和谐相处（外国势力利用除外），互相渗透，温和主义占上风，没有发生宗教战争，也没有出现宗教裁判所；在政教关系上形成政主教从的模式，政权处于主导地位，但给予宗教以适当生存空间，没有教皇，只有教臣。秦汉以后的历代中央政权，确立儒家的德治和礼教为治国原则，不以宗教神学为政治意识形态，但整个社会以传统的"敬天法祖"为全民的基础性信仰。为了社会的稳定和多民族国家的巩固，在儒家"神道设教"与"和而不同"的文化理念指导下，中央政权在宗教问题上大都采取"多教并奖"和"因俗而治"的政策，把各种宗教包括外来宗教纳入社会调控与道德教化的系统之中，以"助王政之禁律（爱国拥政），益仁智之善性（行善积德）"作为各种宗教合法存在的基本条件。应当说，这样的国策总体上是行之有效的，它在保持多民族多地域信仰文化的丰富多彩和维系的国家政治与主权的统一的过程

267

中发挥了积极作用。

但是儒学毕竟是一种伦理型的东方人学，道德理性很强。虽然也具有一定的宗教性（畏天命），而重点却在今世的"修己安人"上，不热心追寻死后灵魂、天堂地狱与鬼神之事，也不强烈反宗教，即所谓"敬鬼神而远之"，与宗教保持距离，态度是温和的。影响所及，中国知识界重人文，轻神道，重哲学，轻宗教。进入宗教界的精英，则习惯于把神学转化为哲学。

近代以来，西方列强入侵，中华帝国沦为半殖民地，面临山河破碎、民族危亡、内忧外患。先进的中国人主要精力专注于救危存亡，争取民族独立与解放。于是实用理性大行其道。学习西方强国之道以救中国成为当务之急。无论是自由主义者还是社会主义者都致力于社会政治经济制度改革，而对于民众心灵深处的世界有所忽略。在中国由半殖民地半封建社会进入向现代社会转型时期，中国在民族宗教领域的传统格局改变了吗？宗教在未来社会中有何种地位？传统社会的宗教及文化政策要不要延续或变革？这就有分歧发生了。在争论中，革新派占了绝对优势。在哲学上，唯物论和辩证法最吸引人，因为它对社会革命运动最具指导意义。科学与民主成为先进分子心目中最神圣的理念。看起来与科学对立的宗教，被视为秕糠刍狗；与民主对立的儒家礼教，成为新文化批判的主要对象（"打倒孔家店"）。于是各种"宗教取代论"流行，如美育取代宗教（蔡元培），伦理取代宗教（梁漱溟），科学取代宗教（陈独秀），哲学取代宗教（冯友兰）。民国年间社会精英受文化激进主义思潮影响，对待传统文化和宗教的态度从温和的变为批判的、激进的。对于西方的经验，只看到其现代化进程中的科学与民主的作用，忽略了改革后的基督教的功能。主流意识认为，凡有益于民族独立和复兴的思想学说则取之，凡无益于此的或则冷落或则抛弃，他们主要从社会实践的层面看文化的价值。鲁迅说："要我们保护文化，首先文化要能够保护我们"，这

句话最能反映当时精英们的心态。新文化运动配合社会改革运动，取得
了伟大的成功——在中国共产党领导下，新中国终于诞生了。同时，文
化激进主义也留下许多问题有待后人去解决。

二、从新中国成立到 1956 年，是中国民族宗教工作第一个黄金时期，理论与政策是英明的，实践成果是辉煌的

　　中国革命成功是马克思主义与中国实际相结合的结果。中国共产党
在革命年代确立的民族平等和尊重、保护宗教信仰自由的政策，新中国
成立之后不仅继承下来，而且加以发扬。尤其在和平解放西藏、进军新
疆、实现全国统一的过程中，解放军和党的干部忠实执行民族宗教政策，
起了关键作用。1951 年 5 月，毛泽东对主持西藏工作的张国华说："你们
在西藏考虑任何问题，首先要想到民族和宗教问题这两件事，一切工作
必须慎重稳进。"①从而"慎重稳进"成为党处理民族宗教问题的基本方针。
《十七条协议》明确规定：实行宗教信仰自由政策，保护喇嘛寺庙，尊重
西藏人民的宗教信仰自由和风俗习惯。1952 年 10 月毛泽东接见西藏代
表团时说："共产党对宗教采取保护政策"，"今天对宗教采取保护政策，
将来也仍然采取保护政策"。②周恩来说："宗教在教义上有某些积极作用，
对民族关系也可以起推动作用。"③"我们要造成这样一种习惯：不信教的
尊重信教的，信教的尊重不信教的，和睦相处，团结一致。"④由于民族
宗教政策符合马克思主义和中国国情，特别是对藏传佛教和伊斯兰教作
了正确处理，在短时间内，中国顺利实现了统一大业（台湾地区除外），

① 逄先知、冯蕙主编：《毛泽东年谱》(1949—1976) 中央文献出版社 2013 年版，第 346 页。
② 《毛泽东文集》第六卷，人民出版社 1999 年版，第 239 页。
③ 《周恩来统一战线文选》，人民出版社 1984 年版，第 308 页。
④ 《周恩来统一战线文选》，人民出版社 1984 年版，第 309—310 页。

结束了历史上由于帝国主义插手和旧中国政府腐败无能而长期存在的新疆、西藏等民族地区的不稳定、多动乱状态，民族感情达到空前融洽程度，建设事业发展很快。

在基督教、天主教方面，主要是开展反帝爱国运动，清除帝国主义势力和影响，建立中国教徒自办的爱国教会团体，如基督教"三自"爱国会，天主教爱国会。在汉地佛教和道教方面主要是革除封建制度影响，提倡自食其力，参与社会建设。

三、1957年至1965年，民族宗教工作在理论上实践上既有开拓，也有失误，是在曲折中前进

从怎样看待和怎样处理宗教问题的角度，可以把中国特色的宗教理论与实践概括为"两论"，即"五性论"和"统战论"。时任中央统战部部长的李维汉同志代表中央提出宗教"五性论"：群众性、长期性、复杂性、民族性、国际性。已经不仅仅把宗教视为一种世界观和精神文化，而且充分看到了它的社会属性，宗教是一种活生生的影响很大又很稳定的社会力量与社会文化，因此宗教工作绝不能简单化，要严肃认真对待。宗教的群众性，使我们懂得，对待宗教的态度就是对待信教群众的态度，必须给予尊重，不能强迫命令。宗教的长期性，使我们自觉克服急躁症，不要把宗教看成旧文化残余而急于消灭它，因为宗教的根源将长期存在，宗教工作必须做长远打算。周恩来在1957年说过："将来进入共产主义社会，（宗教）是不是就完全没有了？现在还不能说得那么死"，"只要人们还有一些不能从思想上解释和解决的问题，就难以避免会有宗教信仰现象"。宗教的复杂性，要我们认识宗教自身的多重结构和多样形态，它与社会政治、经济、文化的多方面关系，以及它的社会功能的两重性，我们对它要有充分的研究和了解，才可能做好宗教工作。宗教的民族性，

告诉我们宗教问题与民族问题交织。在我国，宗教问题是民族问题的重要组成部分，宗教工作关乎民族团结和国家统一。宗教的国际性，使我们关注世界三大宗教的跨国影响和宗教的国际交往，由此宗教工作与中国的外交事业联系起来。统战论是中国共产党处理与宗教界爱国人士关系的方针。鉴于中国宗教界大多数在革命与建设中有良好表现，中国共产党把宗教界作为团结对象，是朋友不是敌人。李维汉1958年说："我们的方针，就是要争取、团结民族、宗教上层的大多数。"周恩来1962年说："我们只是希望，爱国的宗教界人士，热爱祖国，愿意为社会主义服务，也愿意努力学习。这样，他们思想上还有宗教信仰，这并不妨碍我们整个人民民主统一战线的扩大和团结，并不妨碍我们祖国的社会主义建设。"[1]

毛泽东在1957年发表的《关于正确处理人民内部矛盾的问题》中指出："我们不能用行政命令去消灭宗教，不能强制人们不信教。不能强制人们放弃唯心主义，也不能强制人们相信马克思主义。"[2] 他肯定了宗教信仰是思想问题和人民内部问题，不能用强制方法解决。李维汉还指出："不论信教不信教，也不论信仰什么宗教，都不受国家强力的干涉。"

这一时期强调宗教信仰自由政策并明确反对用行政命令消灭宗教，坚持了马克思主义宗教观。而宗教问题的"五性论"和"统战论"，则是马克思主义宗教论中国化的重要成就。

从1957年反右斗争起，经过1958年"大跃进"，到1962年"反右倾"斗争，强调千万不能忘记阶级斗争，再到1963年起开展的"四清"运动，"左"倾思潮逐渐抬头，民族宗教领域不断受到冲击。1958年藏传佛教和伊斯兰教实行民主改革运动。一方面革除封建特权制度及其他不符合社会

---

① 《周恩来选集》下卷，人民出版社1984年版，第401页。
② 《毛泽东文集》第七卷，人民出版社1999年版，第209页。

主义原则的各种规定和陋习，使喇嘛、阿訇从事劳动努力自养，肃清宗教界敌对势力的活动，取得积极成果。另一方面，受"大跃进"和"左"倾思想影响，改革出现严重失误。一是强调"民族问题实质是阶级问题"，把宗教领域阶级斗争扩大化，对敌斗争扩大打击面，严重混淆两类不同性质的矛盾，制造了一系列冤假错案。二是未能准确区分封建特权与宗教制度仪轨，宗教自身的改革上犯了包办代替和急躁病。三是大量关闭拆除宗教寺庙，粗暴限制宗教正常活动。

1962年十世班禅大师有七万言上书，对工作中失误提出中肯批评，遭到打击迫害。1963年、1964年开展对李维汉的批判，指责他犯了右倾投降主义路线的错误。这些重大失误造成了极大的思想混乱，民族宗教工作被引向歧路。

四、1966年至1976年"文化大革命"时期，领导人错误地贯彻"以阶级斗争为纲"的路线，林彪反革命集团和"四人帮"加以疯狂利用

马克思主义民族观宗教观及基本政策被彻底践踏，民族宗教工作遭到全面破坏，宗教活动停止，宗教场所和文物被大量毁坏，宗教界人士作为"牛鬼蛇神"遭到横扫和迫害。这是中华民族的一场大浩劫，也是民族宗教领域的一场大灾难。它的教训告诉我们，社会主义走上极端路线是可怕的，"左"倾错误给党和国家带来的损失比其他的错误要严重得多，付出的代价要大得多，但它往往打着"彻底革命"的旗帜，极不易纠正。马克思主义一向反对向宗教宣战，"文化大革命"反其道而行之，用蛮横的手段打击宗教，结果证明，危害极大，宗教只是转入地下，而社会主义事业却受到巨大损失，社会主义信仰受到重创，沉痛的教训要永远记取。

五、从 1977 年到现在，改革开放时期的民族宗教工作取得伟大成就，在理论和实践上不断开拓出新局面，走出一条中国特色的社会主义道路，是民族宗教工作第二个黄金时期

（一）认识宗教、研究宗教，推动宗教学全面兴起

1963 年 12 月毛泽东有批示："世界三大宗教（耶稣教、回教、佛教）至今影响着广大人口，我们却没有知识，国内没有一个由马克思主义者领导的研究机构。"[①] 翌年，成立世界宗教研究所。但由于"四清"与"文化大革命"，研究工作未能正常进行，但种下了种子。1976 年"文化大革命"结束，1977 年中国社会科学院成立，1979 年 2 月在昆明举行全国宗教学研究规划会议，标志宗教学在中国大陆正式兴起。认识和研究宗教，正确处理宗教与社会主义及共产党的关系，对于中国共产党人和社会主义者来说，在某种程度上是一个新的课题与挑战。以往的经验与教训告诉我们，我们的马克思主义宗教观水平不高，与中国实际相结合更难，很多观点比较陈旧，很多知识我们都不具备，而作为社会管理者单凭老经验是远远不够的。执政党要懂宗教，还要有一支研究宗教的专业理论队伍。

（二）1980 年邓小平接见十世班禅时说：对于宗教，不能用行政命令办法，但宗教方面也不能狂热，否则同社会主义、同人民的利益相违背

这就为宗教工作和宗教发展定下基调：社会主义者对宗教的态度是温和的，宗教界也要走温和主义的路，不能搞极端主义。

[①] 《毛泽东文集》第八卷，人民出版社 1999 年版，第 353 页。

1982 年，中共中央下发《关于我国社会主义时期宗教问题的基本观点和基本政策》，即"十九号文件"。它全面科学地总结了新中国成立以来宗教工作正反两面的经验，完成了宗教问题上指导思想的拨乱反正，不仅重新阐明了马克思主义宗教理论，而且结合中国情况阐明了中国共产党关于宗教问题的基本经验和基本政策，是中央第一个专门性的宗教问题的文件，成为后来宗教工作步入正轨的指导性文件，标志中国特色社会主义宗教理论的原则已经确立，具有里程碑的性质。

1.关于宗教的本质、根源和长期性。文件根据唯物史观指出，宗教是社会历史的产物。宗教观念的产生，最初是原始人对自然现象的神秘感。阶级社会中人们又受社会盲目的异己力量支配而无法摆脱。社会主义社会中，宗教存在的阶级根源基本消失，但是，由人们意识的落后性，由于物质财富、民主建设、教育科技的高度发达需要长期奋斗，由于天灾人祸带来的困苦，以及复杂的国际环境，宗教将在社会主义社会长期存在，对此要有足够的认识。用行政命令消灭宗教的想法是完全错误和非常有害的。

2.关于宗教的复杂性、群众性和它的变化以及宗教工作的重要性。文件指出，我国是一个有多种宗教的国家，宗教的历史作用是复杂的。现在我国宗教的状况已发生根本变化，宗教问题上的矛盾主要属于人民内部矛盾。宗教工作关乎国家安定和民族团结，具有重要意义，要特别慎重、十分严谨、周密思考。

3.关于宗教信仰自由。文件指出，尊重和保护宗教信仰自由，是党对宗教问题的基本政策，要长期执行。信不信教的差异是比较次要的差异，而使全体信教和不信教的群众联合起来，把他们的意志和力量集中到建设现代化的社会主义强国这个共同目标上来，是处理宗教问题的根本出发点和落脚点。

4.关于宗教界爱国统一战线。文件肯定我国宗教界人士绝大多数是爱国守法拥护社会主义的。马克思主义的世界观与有神论对立，但在政治行动上，马克思主义者可以与爱国的宗教信徒结成统一战线。宗教团体要在宪法和法律范围内开展有益的工作，成为党和政府联系宗教界的桥梁。

5.关于共产党员与宗教的关系。共产党员不得信仰宗教，不得参加宗教活动。在基本上全民信教的少数民族中的党员要按照具体情况，区别对待，在生活中尊重和随顺民族的风俗习惯，以利于联系群众。

6.关于打击犯罪。保障正常的宗教活动，打击宗教外衣下的犯罪活动，坚持独立自主、自办教会的原则，开展对外友好交往。

7.关于学习马克思主义宗教理论、建设理论队伍。文件强调，宗教工作干部要系统学习马克思主义宗教理论。建设一支用马克思主义武装起来的宗教理论研究工作队伍，努力办好用马克思主义研究宗教问题的研究机构和大学有关专业，是党的理论队伍建设不可缺少的重要方面。

（三）1993 年中央提出"积极引导宗教与社会主义社会相适应"

李瑞环强调处理党与宗教界的关系，坚持"政治上团结合作，信仰上互相尊重"的原则。江泽民指出："民族、宗教无小事。"[①] 又概括出宗教工作三句话："全面正确地贯彻执行党的宗教政策，依法加强对宗教事务的管理，积极引导宗教与社会主义社会相适应。"[②] 这最后一句话是中国共产党人对马克思主义宗教观创造性发展，在国际共运史上，第一次从正面肯定了宗教与社会主义社会有共通点，可以相适应，不适应的部分要加以引导，不是与之斗争。列宁曾写过一篇《社会主义与宗教》，但苏联没有做好这篇文章，中国人开始用大手笔做好这篇大文章。我们的目标不是限制和压制宗教，而是使宗教成为社会主义社会一个正常的相协调的部分。与"以阶级斗争为纲"的路线相比，这是一个根本性的变化。

---

① 《江泽民文选》第三卷，人民出版社 2006 年版，第 149 页。
② 《江泽民文选》第二卷，人民出版社 2006 年版，第 539 页。

（四）2001 年，江泽民强调了宗教的"三性"（长期性、群众性、复杂性）及宗教问题与民族问题、国际问题的联系

宗教走向最终消亡可能比阶级、国家的消亡还要久远，宗教的群众性决定了宗教往往构成一种非常强大的社会力量，而且总是同政治、经济、文化、民族等方面历史和现实的矛盾相交错，常常与现实的国际斗争和冲突相交织。正式提出四句话作为党的宗教工作基本方针。1. 全面正确地贯彻宗教信仰自由政策。这是解决好宗教问题的基础，保护宗教信仰自由是维护人民利益、尊重保护人权的体现。2. 国家依法管理宗教事务。宗教方面涉及国家利益和社会公共利益的事项和活动，要纳入依法管理范围，目的是保护合法，制止非法，打击犯罪。3. 坚持独立自主、自办的原则。同时开展对外交往，抵御渗透。4. 积极引导宗教与社会主义社会相适应。调动宗教中的积极因素为社会发展和稳定服务。这需要党和政府积极引导，也需要宗教界自身不断努力。

（五）以胡锦涛为总书记的党中央提出"以人为本"、"构建和谐社会与和谐世界"的执政理念，党的十七大要求继续解放思想，坚持改革开放，推动科学发展，促进社会和谐，促进政党关系、民族关系、宗教关系、阶层关系、海内外同胞关系的和谐。在宗教问题上强调全面贯彻党的宗教工作基本方针，发挥宗教界人士和信教群众在促进经济社会发展中的积极作用

社会主义和谐论的提出，明确把宗教工作纳入促进社会和谐与发展的大局，更加着眼于宗教的积极方面，使宗教界自身的主动性创造性得到更好的发挥，使宗教成为社会和睦关系的成员和建设事业的重要力量，体现了中国特色社会主义"尊重差异、包容多样"的精神。

2007 年 12 月 18 日，中共中央政治局进行第二次集体学习，内容是当代世界宗教和加强我国宗教工作。胡锦涛在讲话中指出："我们要正确认识和全面把握宗教工作面临的新情况新问题，积极主动做好宗教工作，促进宗教关系和谐，努力把宗教界人士和信教群众紧紧团结在党和政府周围，共同为全面建设小康社会、加快推进社会主义现代化而奋斗。"[①]胡锦涛强调了宗教问题和宗教工作的重要性，关系党和国家工作全局，关系社会和谐稳定，关系全面建设小康社会进程，关系中国特色社会主义事业发展。提出，全面认识宗教在社会主义社会将长期存在的客观现实，全面认识宗教问题同政治、经济、文化、民族等方面因素交织的复杂状况，全面认识宗教因素在人民内部矛盾中的特殊地位。指出，全面贯彻党的宗教工作基本方针，发挥宗教界人士和信教群众在促进经济社会发展中的积极作用，是做好宗教工作的根本要求，做好信教群众工作是宗教工作的根本任务。

六、中国理论界的探索与开拓

在马克思主义指导下，中国宗教学界在宗教理论上勇于探索和开拓，建设起中国式的宗教学理论体系，提出一系列创新性观点，对宗教工作有积极推动作用。

1. 马克思主义宗教观的核心不是"鸦片论"，而是"唯物反映论"（"异化论"）。马克思说过"宗教是人民的鸦片"[②]，是就宗教的一种社会功能而言，不是论述宗教的本质。恩格斯说："一切宗教都不过是支配着人们日常生活的外部力量在人们头脑中的幻想的反映，在这种反映中，人间的力量采取了超人间的力量的形式。"[③] 这是对宗教本质和根源的深刻说明，人

---

① 《胡锦涛文选》第三卷，人民出版社 2016 年版，第 22 页。
② 《马克思恩格斯文集》第 1 卷，人民出版社 2009 年版，第 4 页。
③ 《马克思恩格斯文集》第 9 卷，人民出版社 2009 年版，第 333 页。

们被异己的力量（命运）所支配，便把它当作神来崇拜，神在形式上是超人间的，内容上却根植于社会生活。宗教是"颠倒的世界观"，因为存在着"颠倒的世界"。[①] 因此社会主义者反对向宗教宣战，而要致力于改造社会的事业。

2. 宗教的要素和结构是多层次立体化的，因此它既是世界观，也是一种社会力量。吕大吉《宗教学通论新编》提出"宗教四要素"说：宗教观念、宗教体验、宗教行为、宗教体制。王雷泉提出"宗教三层面"说：精神层面、社会层面、文化层面。牟钟鉴提出"宗教四层次"说：宗教信仰、宗教理论、宗教实体、宗教文化。这超出了认识论的视角，把心理学、社会学、文化学的视野融摄进来，对宗教的观察从教义教理拓展到宗教界及其活动。

3. 宗教有正负两重社会功能，而且是多方面的。宗教至少有其政治功能、心理功能、道德功能、公益功能、文化功能，而且各种功能都有正负两重价值。例如政治上能整合族群，也能分裂族群；心理上能安抚痛苦，也能使人安于现状；道德上能劝人为善，也能使人不问是非。我们的责任是最大限度地发挥它的正面功能，消解它的负面功能。这就是"引导"要做的工作。

4. 宗教是一种社会文化体系和生活样式。宗教不仅仅是有神论，它还拥有丰富的文化内涵，如哲学、伦理、文学、艺术（雕塑、绘画、音乐、舞蹈）及许多自然和社会知识，积淀着人们对生命和宇宙奥秘的思考与智慧，体现人们对真善美的追求，它们构成整个人类历史文化的重要组成部分，并与非宗教文化互动互渗，成为推动文化发展的重要力量，也是世界上大部分人的生活方式，与民俗文化紧密联系在一起。宗教文化论打开了研究者的视野，拓宽了宗教学的范围，也拓展了引导宗教适应社会主义社

---

① 《马克思恩格斯全集》第1卷，人民出版社1956年版，第452页。

会和发挥宗教积极作用的渠道，受到政、教、学三界的欢迎。

5.总结出中国宗教生态的多元通和模式。中国自古就是一个多民族多宗教的国家，但多民族没有使国家分裂，多宗教没有造成流血战争。由于民族格局是多元一体，再加上核心思想是儒、道、佛三家，皆主慈爱，尚中和，有包容性，便形成中国宗教生态的多元通和模式。但近代宗教学话语权在西方，以亚伯拉罕系三大一神教为正宗，视中国宗教为"大杂烩"，或谓中国没有宗教（非典型），中国自己也缺少研究。其实中国宗教有自己的模式和优点，不容小觑。多元通和模式的特点：一是多神多教并存，而以敬天法祖为基础；二是和谐是宗教关系的主旋律，宗教温和主义是主流；三是儒、佛、道三教合流，民间三教混信，信仰的"混血"现象普遍存在；四是神人相通，神权依于政权；五是包纳、改铸外来宗教，使其中国化。这种宗教模式没有一神教的独尊性和强烈排他性，有益于建设和谐社会与和谐世界，是优良传统，应当继承发扬，并使其影响世界。

6.把民族学与宗教学结合起来，建构民族宗教学。民族宗教学阐释民族与宗教的互动关系和宗教在民族发生、演变和民族关系中的地位和作用。其主旨是"族教和谐，多元互补"，使学科发展有益于民族团结、宗教和睦。民族宗教学丰富了民族学和宗教学，已经产生良好的社会影响。

七、几条基本经验

1.从唯物史观出发深刻准确地把握马克思主义宗教观，并结合中国实际，建设中国特色社会主义理论。关键是摒弃把宗教作为异己力量的观点，用贵和哲学解决好宗教界与社会主义者之间的关系，原则是："政治上团结合作，信仰上互相尊重。"这符合马克思主义关于创立人间的天堂更重要和信教是公民的私事的基本观点，也符合中国历史上政教关系和而不同的传统，更符合当今维护民族团结、社会和谐、国家统一、改革开放、科学发展的大局。

2.坚决贯彻宗教信仰自由与依法管理宗教事务不可分割，目的是有效保护宗教信仰自由和正常的宗教活动，使社会自由平等、和谐有序。同时反对一切利用宗教进行的违反法律规定、损害人民利益、破坏民族团结和国家统一的行为和活动，不管来自国内还是来自国外，都要坚决加以制止。《宗教事务条例》要加以全面落实。

3.充分认识宗教的各种社会属性，包括它的群众性、长期性、复杂性、民族性、国际性。宗教的群众性告诉我们，尊重和保护信教自由就是尊重和保护群众信仰自由选择的权利；宗教可以成为强大的社会力量，必须加以正确引导，使之发挥积极作用。宗教的长期性告诉我们，宗教将与社会主义社会长期共存，宗教是一种常态的现象和社会正常的子系统，应纳入社会常态管理。宗教的复杂性告诉我们，宗教关涉人的心灵世界，属于文化敏感区；宗教与社会政治、经济、文化有多重联系，成为社会关系交错地带，因此要采取特别慎重、十分严谨、周密思考的态度。宗教的民族性告诉我们，宗教问题与民族问题交织，在中国少数民族信教人口比重大，宗教的民族性较强，宗教对民族文化和日常生活影响深广，因此要把宗教问题作为民族问题的一部分来处理，把执行民族政策与宗教政策紧密结合起来。宗教的国际性告诉我们，宗教问题是国际问题的重要组成部分而且往往成为国际政治的热点；我们既要坚持独立自主、自办教会的原则，反对境外敌对势力利用宗教进行"西化"、"分化"的图谋，又要运用宗教的渠，开展文明对话和文化友好交流，促进世界和平与发展。

4.要在积极引导宗教与社会主义社会相适应和发挥宗教在促进经济社会发展中的积极作用上下大功夫，做大文章。不仅使宗教关系达到和谐，而且要充分调动宗教界人士和信教群众的积极性，开发宗教文化中的文明健康成分，提高教团、寺观教堂自我管理的意识和能力，为科学发展服务；同时善于及时化解宗教领域的矛盾和各种消极因素，把宗教的负面作用降到最低限度。为此，政府要健全法制，优化体制，宗教界要加强教团建设，勇于改革和创新，政、教、学三界要有更密切的合作。

5.建设一支爱国爱教的有影响力的宗教界骨干人才队伍和一支懂得理论、熟悉政策、勇于实践的高水平的宗教事务管理干部队伍，是解决我国宗教问题的关键所在，这项事业做好了，其他问题便容易处理了。为此，要鼓励宗教界加强政治素养、宗教学识、道德品性、文化知识的修习，为宗教领袖人物的成长创造宽松环境；加大宗教事务管理干部的理论、政策、知识培训的力度，鼓励干部研究宗教问题，学点民族学与宗教学，使更多的干部成为学者型的官员。

八、新趋势新问题和我们的责任

1.信教人口在继续增长，教徒结构在发生变化，更加知识化、年轻化和多层化。

2.宗教流动性加大：一是流动人口中的教徒的宗教生活如何正常化，二是藏密东渐，天基西行，各种宗教交叉传布，加快了步伐。

3.传教方式多样化：商贸传教、旅游传教、留学传教、网络传教，空前活跃。

4.由于利益主体的多元化，宗教领域的矛盾与纠纷增多。

5.由于阶级身份的淡化，民族身份、宗教身份凸显，民族宗教问题日益重要。

6.民间宗教与新兴宗教在抬头，拥有巨大的潜在的信仰市场，但仍处在灰色地带。这个问题要探讨应对。

7.一些宗教出现过度商业化和过度世俗化的倾向，正在失去其神圣性。有些宗教领袖忙于应酬和社交，没有时间研经和修习，宗教素质下降，在信众和民众中没有威望。高僧大德非常缺乏。有些佛道寺观在名山胜地，门票价高，把普通信众阻挡在山外，不能进香朝拜。

8.基督教过快发展，造成素质下降，成员复杂，冲击宗教多元平衡格局。基督教的家庭教会和天主教的地下教会的长期存在，极易被境外势力利用，有碍和谐社会建设。

9.宗教极端主义、民族分裂主义、暴力恐怖主义相结合，在国际敌对势力支持下，进行破坏活动，损害民族团结、社会稳定和国家统一。主要发生在新疆和西藏。

10.一些党政干部认识上存在着片面性。有些人把信仰上的差别上升为政治上的对立，视宗教界为异己的力量，对宗教采取简单粗暴的态度；另一些人对宗教放弃引导和管理，甚至热衷于"宗教搭台，经济唱戏"，官办寺庙助长宗教热，对境外利用宗教进行渗透丧失警惕。

上述问题有其历史根源，也有其新的时代条件和国际环境，因而近期显现出来。如何应对挑战，正确处理新的问题，是对中国共产党执政能力的新的考验。江泽民指出："既不能用行政的力量去消灭宗教，也不能用行政的力量去发展宗教，而要积极引导宗教与社会主义社会相适应。"①

我们的责任是积极引导，一方面认真执行党的宗教工作的基本方针，解决好宗教问题的"怎么样"、"怎么看"、"怎么办"这三个层次的问题；另一方面要对包括宗教在内的社会主义文化的大发展大繁荣，开展战略性长远研究。这里提出八个字：多元通和，固本化外。在社会主义思想引导下，重建多元通和的宗教生态，弘扬中华文化和而不同的精神，便能防止一教坐大，抑制宗教极端主义，有益于国家长治久安。对一切外来宗教，特别是一神教，促使其与中华传统文化相结合，尽早完成教理、神学中国化的进程，减弱其排他性、独尊性，加强其包容性、和谐性。

---

① 《江泽民文选》第三卷，人民出版社 2006 年版，第 381 页。

这就是"固本化外"的战略。宗教工作要变被动防范为主动进取，把长远目标与当前要务结合起来，把处理实际问题与研究深层规律结合起来。宗教工作不仅是一项很重要的工作，而且是一门很深的学问，我们要不断努力。

（2009 年在全国政协民宗委干部班上的讲座提纲）

中国宗教学三十年

一、历史的起点

中国近代意义上的宗教研究，按照吕大吉先生的见解，起始于戊戌变法之后的启蒙思潮，而真正学术性的成果首见于以陈寅恪、陈垣、汤用彤为代表的宗教史学。陈垣的《南宋初河北新道教考》和汤用彤的《汉魏两晋南北朝佛教史》可称为中国宗教史研究的经典之作，至今享有盛誉。但受到当时西方科学主义大潮的影响，中国学术界主流人士对于不合于科学理性标准的宗教信仰普遍持否定或忽视的态度，提出各种"宗教取代论"（如蔡元培的"美育取代宗教论"，陈独秀的"科学取代宗教论"，梁漱溟的"伦理取代宗教论"，冯友兰的"哲学取代宗教论"），认为在未来中国新文化建设中没有宗教的位置。由此之故，中国学界在引进西方民族学（或人类学）的同时，拒绝引进与人类学同步发展的西方宗教学理论，致使中国长期没有宗教学这门学科。新中国成立以后，我们引进了马克思主义宗教理论，并作为宗教工作的指导思想。中国共产党人结合中国的国情，提出宗教"五性论"（群众性、长期性、复杂性、民族性、国际性）和宗教工作的"统战论"，确定了宗教信仰自由和团结宗教界人士的政策，1956 年以前执行得比较认真。但由于受到苏联阶级斗争扩大化模式的影响，在宗教问题上受到苏联"鸦片基石论"和"与宗教作斗争论"的影响，1957 年以后，主导的意识形态强调"以阶级斗争为纲"，马克思主义宗教理论受到"左"的思潮的曲解，视宗教为旧文化的残余，片面强调宗教是地主资产阶级麻痹人民的思想工具，对之采取越来越严厉的批判、限制甚至打击的态度和做法，直到"文化大革命"中把宗教作为"四旧"、作为"牛鬼蛇神"加以横扫，完全偏离了马克思主义的唯物反映论和不应向宗教宣战的教导。在这种情况下，宗教信仰自由政策不能执行，学术性的宗教研究更难进行。在大学的教学科研领域，在人文社会科学研究领域，宗教学术研究基本上是空白，人们不敢也不愿涉足其中。

在这种思想沉闷的氛围里，却响起了一声春雷。1963 年底毛泽东作了一个重要批示，指出世界三大宗教"影响着广大人口，而我们却没有知识"，肯定任继愈用历史唯物主义写的几篇论佛学的文章"有如凤毛麟角"，认为"不批判神学就不能写好哲学史，也不能写好文学史或世界史"。[①]他正式提出了研究宗教的任务，并指出宗教研究对于中国了解世界和推动历史文化研究的重要性。当时即使人们对于"批判神学"是否有简单化的理解，毕竟研究宗教被列为国家最高层领导正式认可的理论工作。以毛泽东当时的崇高权威，宗教研究的任务一经他提出，当然成为一项重要工作，并很快得到启动。翌年，世界宗教研究所成立，开始组织研究队伍，进行资料建设。虽然由于"四清"运动和"文化大革命"的接踵而至，使得世界宗教研究所的业务工作尚未正式开展便被迫中断，但却种下了一颗种子，等待着春暖花开季节的到来，以便萌芽生长。

二、奋进的历程

1976 年"四人帮"垮台，"文化大革命"结束。1978 年底党的十一届三中全会召开，吹响了改革开放的新号角。它不仅极大地解放了生产力，

---

① 《毛泽东文集》第八卷，人民出版社 1999 年版，第 353 页。

打破了政治上经济上的封闭状态，激活了社会生活，也解放了人们的思想，迎来了文化发展繁荣的春天。随着哲学社会科学的复苏与开展，宗教研究也活跃起来，宗教学的名称开始见于文件和报刊。刚刚成立的中国社会科学院（前身为中国科学院哲学社会科学部）联络全国的学者，陆续在各地举办人文社会科学各学科研究规划会议，重新组织学术队伍，全面开展学术研究。1979 年 2 月，全国宗教学研究规划会议在昆明召开，与会者有一百三十余人，包括老、中、青三代学人，世界宗教研究所承担了会议组织工作。中国社会科学院领导梅益出席会议。老一辈人士与学者中有丁光训、任继愈、季羡林、蔡尚思、罗竹风、陈国符、徐怀启、侯方岳、严北溟、方国瑜、陈泽民、姜椿芳、徐梵澄、纳忠、王神荫、马贤、谷苞、熊德基、王怀德、郭朋、石峻、马学良、张德光等，还有一批当时处在壮年的学者，如罗冠宗、韩文藻、王尧、卿希泰、丁汉儒、马兆椿、勉维霖、多杰才旦、高振农、肖志恬、朱德生、黄心川、赵复三、郑建业、耿世民、马耀、朱天顺、唐明邦、陈修斋、徐如雷、尹大贻等。当时处在中青年的学者，有吕大吉、金宜久、何耀华、王友三、陈启伟、戴康生、闫韬、李富华、牟钟鉴、张义德等。这次会议实现了政、教、学三界的联合，成立了中国宗教学会，决定创办《世界宗教研究》，号召在全国各地开展宗教研究。会上发言批判宗教"鸦片基石论"，提出要清除"文化大革命""左"倾思想影响，重新解释马克思主义宗教理论，认为宗教信仰自由是人民群众的神圣权利，必须坚决维护。虽然观点上有分歧，但理性的态度是主导性的。这次会议是中国宗教学正式兴起的标志，它的历史功绩将载入史册。从此，宗教学研究在全国各地蓬勃开展起来。

1982 年，中共中央发布了《关于我国社会主义时期宗教问题的基本观点和基本政策》，即"十九号文件"。文件将马克思主义宗教观与中国国情和社会主义时期的实际相结合，从正反两面总结了历史经验和教训，系统阐明了中国共产党人对宗教的基本观点。指明了宗教在社会主义社会存在的长期性，中国宗教在新时期所发生的根本变化，尊重和保护宗教信仰自由是一项长期的基本政策，团结信教和不信教的群众，把他们的意志和力量集中到社会主义现代化事业上，是宗教工作的根本出发点和落脚点。文件还提出："建设一支用马克思主义武装起来的宗教理论研究工作队伍，努力办好用马克思主义研究宗教问题的研究机构和大学的有关专业，是党的理论队伍建设的一个不可缺少的重要方面。"① 这个文件的颁布，不仅使宗教工作开辟出新局面，宗教信仰自由政策得到逐步落实，也极大地推动了宗教学研究的深入发展。

20 世纪 90 年代以来，中央提出"积极引导宗教与社会主义社会相适应"的理论观点，在马克思主义发展史上，首次从正面阐明了宗教与社会主义社会的相容关系，创造性地发展了马克思主义宗教观，为宗教工作和宗教研究开辟了广阔的空间。

21 世纪以来，中央又提出以人为本的科学发展观，主张发挥宗教在构建和谐社会和经济社会发展中的积极作用，为宗教工作和宗教学研究指明了主导性的建设性的方向。

改革开放以来，社会科学系统从世界宗教研究所一个宗教研究机构，发展出许许多多研究机构，大多数省、自治区的社会科学院都陆续建立了宗教研究所或研究室；一大批有影响的大学如北京大学、中国人民大学、中央民族大学、复旦大学、武汉大学、中山大学、山东大学、厦门大学、南京大学、四川大学、浙江大学等，纷纷成立了宗教学系、宗教学专业或宗教研究所，设置宗教学专业的本科点、硕士点、博士点，培养出一批又一批宗教学专业人才，不断充实相关领域的教学、科研和管理的力量。目前，仅中央民族大学宗教学专业就有在读博士生 26 名，硕士生 24 名，本科生 135 名。宗教研究刊物也多了起来，如《世界宗教研究》、《中国宗教》、

---

① 《三中全会以来重要文献选编》（下），人民出版社 1982 年版，第 1239 页。

《宗教学研究》、《当代宗教研究》、《中国宗教学》（集刊）、《宗教》、《世界宗教文化》、《宗教与民族》（集刊）、《佛学研究》、《佛教文化》、《法音》、《中国道教》、《中国穆斯林》、《回族研究》（部分宗教学内容）、《金陵神学志》、《天风》、《中国天主教》等。宗教学界的刊物提倡理性的研究，宗教界的刊物当然在教言教，也不乏学术性的文章。还有一大批地方性宗教研究刊物，如《福建宗教》、《上海道教》等，约数十种。各地宗教学研究在共同发展中又形成各自的特色。如世界宗教研究所一直保持着它的学科分支齐全、承担国家项目众多的传统，中国人民大学佛学与宗教学理论基地的特色在佛学与基督教研究，中央民族大学哲学与宗教学系的特色在民族宗教学研究，四川大学宗教研究所的特色在道教与宗教学研究，浙江大学基督教与跨文化研究中心的优势在基督教与宗教对话研究，山东大学犹太教与跨宗教研究基地的特色在犹太文化研究，上海社会科学院宗教研究所的特色在当代宗教研究，宁夏社会科学院回族伊斯兰教研究所的特色在伊斯兰教研究，等等。

国家社会科学基金自 1983 年设立以来，宗教学学科组评审资助了许多宗教研究项目课题，并向青年项目倾斜，鼓励青年学者探讨宗教。三十年来，宗教学学术专著大量出版，发表的论文数量庞大，在流通市场中呈现出一派繁荣的景象，作者和读者的队伍同时迅速壮大了。根据国家图书馆、北京大学图书馆、中国社会科学院图书馆和中央民族大学图书馆四家资料统计，至 2006 年 5 月馆藏宗教类中文图书 1700 余种，包括专著、论集、译著、文献注讲与选编、工具书等，作者以大陆学者为主，兼顾港澳台地区学者，其中大部分书籍是改革开放以来出版的，并且增加很快。国内唯一专业性的宗教文化出版社成立十三年来共出版宗教类图书 1000 余种。《中国民族报》创办了"宗教周刊"，深受社会各界的欢迎。与此同时，国内外宗教学学术交流和研讨活动频繁，规模也在不断扩展。中国与海外宗教学者互访，"请进来"、"走出去"，通过对话交流相互促进。西方宗教学的经典著作和当代名著的翻译工作得到空前的发展，系统性强，涵盖面大，消除了不少文化交流中的文字障碍。大陆宗教学的活跃，得益于吸收海外国外的研究成果，反过来也促进了海外国外学界对中国宗教及研究的关注。海峡两岸的宗教学交流成为两岸文化交流中的活跃的组成部分，它和两岸宗教界的交流汇合起来，推进了两岸和平统一事业。

近三十年里，宗教学已发展成为人文社会科学领域里的显学，它在为国家制定社会发展规划和宗教事务管理工作提供理论咨询、繁荣人文学术研究、培训宗教知识和培养专业人才、推动国内外友好交往等方面发挥了积极的作用；它的研究成果不断流布，促使社会各界以更加开放的心胸了解宗教，以更加理性的态度对待宗教，增加了宗教知识，学会与它正常相处，推动了民族团结、社会和谐和宗教对话，也有益于各宗教自身的健康发展。

三、丰硕的成果

改革开放三十年来，中国宗教学研究成果获得了全面丰收。宗教学原理与马克思主义宗教理论、宗教史学、五大宗教(佛教、道教、伊斯兰教、天主教、基督教)、民间宗教与萨满教、当代宗教、宗教法规与政策，还有宗教学各分支如宗教人类学、宗教社会学、宗教哲学、宗教文化学，质量和数量上都有可观的成果问世。外国宗教学著作的评介、汉译与出版也更加系统和及时。

中国宗教学在许多领域取得重大的突破性的成就。

(一)宗教学原理和马克思主义宗教理论研究

以吕大吉主编的《宗教学通论》(1989年)和他独撰的《宗教学通论新编》(1998年)为标志，中国人创建了自己的宗教学理论体系，其特点是把中国化的马克思主义宗教理论与西方宗教学成果及中国国情结合起来，提出"宗教四要素"说和宗教是一种"社会文化体系"、"信仰要尊重，研究要理性"等重要观点，影响巨大。罗竹风与陈泽民主编的《宗教学概论》（1991 年）"总序"指出："宗教学的根本目的不在于证明宗教信仰命题的真伪，而在于通过对宗教现象的探索、研究去认识人和人的社会。"陈麟书编著的《宗教学原理》（1986 年）和吕大吉主编的《宗教学纲要》（2003 年）作为大学文科教材在培养宗教学人才中发挥了重要作用。卓新平的《宗教理解》（1999 年）和张志刚主编的《宗教研究指要》（2005年）都从世界文化的视野介绍外国宗教学的成就，并与中国宗教文化连接起来，推动了宗教学的发展。罗竹风主编，阮仁泽、肖志恬副主编的《中国社会主义时期的宗教问题》（1987 年）阐释了宗教与社会主义社会相协调的问题。此后，施船升（高师宁）的《马克思主义宗教观及其相关动向》（1998 年），王作安的《中国的宗教问题和宗教政策》（2002 年），龚学增的《社会主义与宗教》（2003 年），叶小文的《宗教问题怎么看怎么办》（2007年），何虎生的《中国共产党的宗教政策研究》（2004 年），魏琪的《马克思主义宗教观的形成与变迁》（2008 年），都对马克思主义宗教理论作了新的解释，从正面探讨了宗教与社会主义社会的相容性及实践途径。

关于宗教的本质，学者们突破了宗教"鸦片基石论"的苏联模式，提出宗教是文化的"宗教文化论"，从根本上改变了过去视宗教为异己力量的观念。先是赵朴初强调宗教的文化性，而后吕大吉、方立天、卓新平、牟钟鉴等一大批学者从不同角度阐释宗教的社会文化功能，并认为提高文化品位是宗教发展的健康方向。于是，宗教研究超出"教义宗教"的狭小范围，进入广阔的天地。

关于宗教的结构和功能，学者们打破以往平面化的视野，揭示宗教立体化多维度的结构和各种社会功能。有吕大吉的"宗教四要素"说（宗教观念、宗教体验、宗教行为、宗教体制），牟钟鉴的"宗教四层次"说（宗教信仰、宗教理论、宗教实体、宗教文化），王雷泉的"宗教三层面"说（精神层面、社会层面、文化层面）等。关于宗教的功能，除以往较多关注宗教的政治功能外，更多地关注宗教的心理功能、道德功能、公益功能、文化功能，其正负价值则要视具体的情况而定。

（二）世界与中国宗教史研究

综合性宗教史和各大教专史都有重要成果问世。如：牟钟鉴、张践著《中国宗教通史》（2000 年），周燮藩、牟钟鉴等著《中国宗教纵览》（1992 年），郭朋著《中国佛教思想史》（1995 年），任继愈主编，杜继文、杨曾文主撰《中国佛教史》三卷（1993 年），方立天著《中国佛教哲学要义》（2002 年），洪修平著《禅宗思想的形成与发展》（2000 年），刘成有著《近代居士佛学研究》（2002 年），陈兵、邓子美著《二十世纪中国佛教》（2000 年），卿希泰主编《中国道教史》四卷本（1988—1995 年），任继愈主编《中国道教史》（1990 年），牟钟鉴、胡孚琛、王葆玹主编《道教通论——兼论道家学说》（1991 年），金宜久主编《伊斯兰教史》（2006 年），李兴华、秦惠彬、冯今源、沙秋真合著《中国伊斯兰教史》（1998 年），赵敦华著《基督教哲学 1500 年》（1994 年），唐逸主编《基督教史》（1993 年），段琦著《奋进的历程——中国基督教的本色化》（2004 年），马西沙、韩秉方合著《中国民间宗教史》（1992 年）等，都在社会上产生了较大的影响。乐峰主编《俄国宗教史》上下卷（2008 年），是目前中国学者撰写外国宗教全史难得的作品。

道教史的研究，包括经典、教义、教派、人物、道术、文化等研究，在佛教、道教、伊斯兰教、天主教、基督教五大教中，以往基础是最薄弱的。近三十年则异军突起，后来居上，成为最活跃、成果最多的研究领域，已居国际领先地位，一大批老、中、青道教学学者如李养正、卿希泰、汤一介、胡孚琛、卢国龙、王卡、李刚、陈耀庭、刘仲宇、詹石窗、樊光春、李远国、朱越利、许抗生、张广保、王宗昱、孙亦平、吕锡琛、强昱、陈霞、谢路军、赵卫东等，努力开拓，为道教学发展作出了积极贡献。《中华道藏》49 册（张继禹主编、王卡常务副主编，2003 年）的编纂出版成为中国文化界一大盛事。

（三）宗教社会学及其应用研究

研究宗教在社会结构、社会生活与社会发展中的地位和作用，进而与中国社会相结合，这是中国宗教社会学学者和社会各界共同关心的问题。这些年，学界引进西方宗教社会学，并用以考察中国宗教的社会功能，出现了一批有广泛影响的著作。如：戴康生等著《宗教社会学》（1999 年），孙尚扬著《宗教社会学》（2001 年），李向平著《中国当代宗教的社会学诠释》（2006 年），何光沪主编《宗教与当代中国社会》（2006 年）。2008年春夏之交，北京大学成立了中国宗教与社会研究中心。

（四）宗教人类学的引进与民族宗教学的诞生

随着人类学民族学的复兴和发展，宗教人类学也日渐活跃起来，为中国宗教学增添了一个新的分支。金泽的《宗教人类学导论》（2001 年），张桥贵、陈麟书的《宗教人类学》（1993 年），是两部代表性作品。以民族与宗教互动关系为研究主轴的民族宗教学，作为一门宗教学分支新学科出现在中国学术界。与其相关的著作有，张声作主编《宗教与民族》（1997年），李德洙、叶小文主编《当代世界民族宗教》（2003 年），张践著《宗教·政治·民族》（2005 年），张践、齐经轩著《中国历代民族宗教政策》（1999 年），王志平主编《硝烟中的沉思——当代世界武装冲突中的民族宗教问题研究》（2003 年），曹兴著《民族宗教和谐关系密码：宗教相通性精神中国启示录》（2007 年）。牟钟鉴主编《民族宗教学导论》（2009 年）。牟钟鉴主编《宗教与民族》一、二、三、四、五辑（2002 年、2003 年、

2004 年、2006 年、2007 年）成为民族宗教学研究交流的一个重要平台。

（五）宗教与文化的研究

世界宗教是人类文化的组成部分，中国宗教是中国文化的组成部分，因此文化研究必须与宗教研究结合起来。在"宗教是文化"理念的带动下，宗教文化研究有了长足的进步。综合性的有：赵林著《西方宗教文化》（2005 年），马焯荣著《中西宗教与文学》（1991 年），吕大吉、余敦康、牟钟鉴、张践合著《中国宗教与中国文化》四卷本（2005 年），王文东著《宗教伦理学》（2006 年）。佛教文化方面有方立天著《中国佛教与传统文化》（1988 年），楼宇烈著《中国佛教与人文精神》（2003 年），葛兆光著《禅宗与中国文化》（1986 年），邢莉著《观音：神圣与世俗》（2000 年）。道教文化方面有卿希泰著《道教文化与现代社会生活研究》（2007 年），詹石窗著《道教文化十五讲》（2003 年）。伊斯兰教文化方面有杨怀中、余振贵主编《伊斯兰与中国文化》（1995 年），马启成著《回族历史与文化暨民族学研究》（2006 年），冯今源著《三元集》（2002 年），马明良著《伊斯兰文化新论》（1997 年）。基督教文化方面有杨慧林著《基督教的底色与文化延伸》（2002 年）。西方的宗教文化学理论比较发达，进入中国的时间还不够长，张志刚著《宗教文化学导论》（1993 年）予以推动。

（六）宗教哲学与宗教对话研究

西方宗教哲学进入中国时间不长，已有几部中国学者的专著出版。如张志刚著《宗教哲学研究——当代观念、关键环节及其方法论批判》（2003 年），单纯著《当代西方宗教哲学》（2004 年）。关于宗教对话的研究在西方形成新的学术思潮，其代表人物有约翰·希克、雷蒙·潘尼卡、保罗·尼特、孔汉思等人。国内学者中研究宗教对话最多的是浙江大学的王志成，他先后出版了《解释与拯救：宗教哲学多元论》（1996 年）、《宗

教、解释与和平》（1999 年）、《和平的渴望：当代宗教对话理论》（2003 年）
等书。何光沪、许志伟主编《对话：儒释道与基督教》（1998 年），分专题
将儒教、佛教、道教、基督教四家观点并列，以利于读者比较参照。刘小
枫著《拯救与逍遥》（1988 年），游斌著《希伯来圣经的文本、历史与思
想世界》，都在推动中西方宗教与哲学的对话。

（七）当代宗教研究

关注当代国内外宗教现状与重大宗教问题，是中国宗教学界形成的好
传统。许多学者致力于研究当代宗教的新趋势、宗教与民族主义运动、宗
教极端主义、宗教学的发展、新兴宗教、宗教与国际政治、宗教与社会
主义现代化等问题。相关的著作也很多，如：卓新平著《当代西方新教神
学》（1998 年），李养正著《当代中国道教》（1993 年），范丽珠著《当代
世界宗教学》（2006 年），徐以骅主编《宗教与美国社会》四辑（2004 年、
2005 年、2007 年），于歌著《美国的本质》（2006 年），傅友德著《近现
代犹太宗教运动：解放与调整的历史》（1997 年），吴云贵、周燮藩著《近
代伊斯兰教思潮和运动》（2000 年），金宜久、吴云贵著《伊斯兰与国际
热点》（2001 年），金宜久主编《当代宗教与极端主义》（2008 年），何希
泉主编《周边地区民族宗教透视》（2002 年），许涛、何希泉主编《世界
宗教问题大聚焦》（2003 年），戴康生主编《当代新兴宗教》（1999 年），
高师宁著《新兴宗教初探》（2006 年），蔡德贵著《当代新兴巴哈伊教研究》
（2001 年），段琦著《当代西方社会与教会》（2007 年），陈村富著《转型
期的中国基督教——浙江基督教个案研究》（2005 年），李平晔著《信仰
与现实之间》（2004 年），等等。

在中国基督教界，有两位思想家在深入进行当代基督教神学建设的
思考，并结集成书。一是丁光训的《丁光训文集》（1998 年），二是陈泽
民的《求索与见证——陈泽民文选》（2007 年），都具有很高的学术含量。

佛教界则有赵朴初居士，他的当代人间佛教思想见于《佛教常识答问》（2003年）、《赵朴初文集》（2007年），更多地体现在他的诗词中，见《赵朴初韵文集》（2003年）。

（八）中国各民族宗教研究

中国是一个多民族多宗教的国家，各民族的宗教、哲学、道德、文艺、民俗共同组成中华民族精神家园。在文化复兴和保护非物质文化遗产活动推动下，学界在探讨中华民族宗教文化的多元通和模式，各民族宗教研究也取得丰硕成果。

一是原生型宗教研究成果。如吕大吉、何耀华主编《中国各民族原始宗教资料集成》多卷本（1993年、1996年、1999年、2000年），林河著《中国巫傩史》（2001年），陶阳、牟钟秀著《中国创世神话》（2006年），何星亮著《中国图腾文化》（1992年），富育光著《萨满论》（2000年），孟慧英著《中国北方民族萨满教》（2000年），郭淑云、王宏刚著《活着的萨满——中国萨满教》（2001年），李国文著《东巴文化与纳西族哲学》（1991年），杨福泉著《纳西族文化史论》（2006年），覃乃昌主编《布洛陀寻踪》，巴莫阿依著《彝族祖灵信仰研究》（1994年），吉合蔡华著《道教与彝族传统文化》（2005年），时国轻著《壮族布洛陀信仰研究》（2008年），等等。

二是创生型宗教（主要是藏传佛教与伊斯兰教）研究成果。藏传佛教研究方面有：王森著《西藏佛教发展史略》（1987年），丁汉儒等著《藏传佛教源流及社会影响》（1991年），班班多杰著《藏传佛教思想史纲》（1992年），周炜著《佛界：活佛转世与西藏文明》（2000年）等。伊斯兰教研究方面有：马通著《中国伊斯兰教派与门宦制度史略》（2000年），勉维霖主编《中国回族伊斯兰宗教制度概论》（1997年），米寿江、尤佳著《中国伊斯兰教简史》（2000年），周燮藩、沙秋真著《伊斯兰教在中国》（2002

年），杨桂萍著《马德新思想研究》（2004 年）。

综合性民族宗教研究有：宝贵贞著《中国少数民族宗教》（2007 年）。民族地区宗教研究有：林建曾等著《世界三大宗教在云贵川地区传播史》（2002 年），佟德富主编《蒙古语族诸民族宗教史》（2007 年），李进新著《新疆宗教演变史》（2003 年），杨学政主编《云南宗教史》（1999 年）。民族宗教交流史研究有：孙悟湖著《汉族　藏族　蒙古族宗教思想文化交流研究》（2006 年）等。

（九）西方宗教学成果的介绍与翻译

改革开放以后，学术的国际交流畅通起来。西方宗教学经典和当代著作大量被译介到中国。吕大吉著《西方宗教学说史》（1994 年），第一次向中国读者系统介绍西方宗教学的发展演变及其主要学派，影响广泛。与此同时，原典的翻译加快了步伐。吕大吉、何光沪、高师宁、金泽、王志成等学者翻译了一系列西方宗教学原典。如：麦克斯·缪勒的《宗教学导论》（陈观胜、李培荣译，1989 年）和《宗教的起源与发展》（金泽译，1989 年），埃里克·J.夏普的《比较宗教学史》（吕大吉、何光沪、徐大建译，1988 年），约翰·麦奎利的《二十世纪宗教思想》（高师宁、何光沪译，1989 年），彼得·贝格尔的《神圣的帷幕——宗教与人类生活》（高师宁译，1991 年），菲奥纳·鲍伊的《宗教人类学导论》（金泽、何其敏译，2004 年），爱弥尔·涂尔干的《宗教生活的基本形式》（渠东、汲喆译，1999 年），约翰·希克的《宗教哲学》（何光沪译，1988 年），雷蒙·潘尼卡的《宗教内对话》（王志成、思竹译，2001 年），马凌诺斯基的《文化论》（费孝通译，2002 年），保罗·蒂利希的《文化神学》（陈新权、王平译，1988 年），韦伯的《新教伦理与资本主义精神》（于晓、陈维纲译，1987 年），约翰·B.诺斯、戴维·S.诺斯的《人类的宗教》（江熙泰等译，2005 年），伊利亚德的《宗教思想史》（晏可佳译，2004 年），汤因比、池田大作的

《展望二十一世纪——汤因比与池田大作对话录》（1985 年），秦家懿、孔汉思的《中国宗教与基督教》（吴华译，1990 年），孔汉思、库舍尔的《全球伦理——世界宗教议会宣言》（何光沪译，1997 年），唐·库比特的《上帝之后——宗教的未来》（王志成、思竹译，2002 年），保罗·尼特的《一个地球 多种宗教》（王志成、思竹译，2002 年）和《全球责任与基督信仰》（王成志译，2007 年），等等。此外，刘小枫主编《20 世纪西方宗教哲学文选》（1991 年），孙亦平主编《西方宗教学名著提要》（2002 年），为读者查阅提供了方便。

（十）大型工具书和资料汇编

宗教学研究成果的积累，加上研究工作的需要和社会人士想要了解宗教的需要，推动了宗教学工具书撰著和文献资料编辑的工作，其成果也是显著的。

综合性的辞书有：任继愈主编《宗教大词典》（1998 年），罗竹风主编《中国大百科全书·宗教卷》（1988 年）。分类的辞书有：全根先、张有道主编《中国佛教文化大典》五册（1999 年），闵智亭、李养正主编《道教大辞典》（1994 年），胡孚琛主编《中华道教大辞典》（1995 年），宛耀宾主编《中国伊斯兰百科全书》（1994 年），文庸、卓新平、乐峰等编写《基督教词典》（1994 年），蓝鸿恩、王松主持编写《中国各民族宗教与神话大词典》（1990 年）等。

大型的宗教资料汇编有数种，除已提到的《中国各民族原始宗教资料集成》、《中华道藏》外，还有：周燮藩主编的《中国宗教历史文献集成》120 册，包括"藏外佛经"（佛教）、"三洞拾遗"（道教）、"东传福音"（基督教）、"清真大典"（伊斯兰教）、"民间宝卷"（民间宗教）五个部分（2005 年）。任继愈主编的《中华大藏经（汉文部分）·正编》106 册（2004 年），已出齐。这里要单独提一下，马坚译的《古兰经》（汉文译本，1981 年）

对于当代中国伊斯兰教研究起了重要作用。

以上宗教学十类专著成果只是粗略的分类和选列，限于本人见闻和文章篇幅，遗缺一定很多，也可以说是挂一漏万，不过已经能够窥见中国大陆宗教学研究三十年的波澜壮阔局面。港、澳、台地区的研究成果亦相当可观，由于本人力有不逮，暂付阙如。至于宗教学学术论文，数量巨大，难以统计整理。宗教文化出版社出版了《宗教研究四十年》上下册（中国社会科学院世界宗教研究所编，2004年），其中有十篇论文具有总结性质，包括宗教学综合发展、宗教学理论、宗教文化、当代宗教、佛教、道教、伊斯兰教、基督教、儒教、民间宗教在近四十年间研究的回顾，内含丰富的学术资料信息。民族出版社（2008年1月）推出一套"当代中国宗教研究精选丛书"，共八卷，精选各领域有代表性的学者的论文，汇集成册。作品时间跨度较大，但以近三十年间文章为主，能够在一定程度上展示大陆学者自改革开放以来的宗教研究成就。它们是：《宗教学理论卷》（吕大吉主编）、《马克思主义宗教观与当代中国宗教卷》（吕大吉、龚学增主编）、《佛教卷》（楼宇烈主编）、《道教卷》（牟钟鉴主编）、《伊斯兰教卷》（金宜久主编）、《基督教卷》（卓新平主编）、《民间宗教卷》（马西沙主编）、《原始宗教与萨满教卷》（孟慧英主编）。

四、未来的重任

中国宗教学三十年的发展速度在人文学科领域已属罕见，成绩骄人，但与时代的要求和长远目标相比，只能算是初级阶段。不仅许多问题争议不休，而且存在着薄弱和空缺地带，一些领域未来开拓的空间仍然很大，而宗教学与其他学科的交叉研究则刚刚开始。例如：全球化过程中世界宗教发展新趋势及对我国影响的研究亟须加强，苏联宗教理论与实践的经验教训总结做得不充分，中国特色社会主义宗教理论体系有待充实深化，儒学是否是宗教的问题长期聚讼纷纭，民间宗教在文化发展中的地位未获明确认识，宗教立法与当代政教关系研究尚需大力进行，宗教与民族之间的复杂动态关系还要全方位加以揭示，传统宗教的研究还有许多领域有待拓展，其现代转型研究成果不足，以及宗教心理学、宗教生态学、宗教文化学都需要着手建立中国特色的理论体系，等等，总之用得上《论语》的一句话，宗教学尚"任重而道远"。我们还要不断努力，继续保持和加强已有的学术活力，使中国的宗教学产生出更多的创新理论。

（原载于《宗教与民族》第六辑，宗教文化出版社 2009 年版）

中国社会主流宗教观的历史变迁与当代创新

一、宗教的现状

今天有机会到中国人民大学来与宗教界各位朋友见面并交换意见是很高兴的。现在中国政、教、学三界关系和谐，五大宗教人士能聚在一起学习、谈心交流，这大概只有中国能办得到。

2015 年 5 月 20 日，习近平总书记在中央统战工作会议上的讲话中指出："民族工作、宗教工作都是全局性工作。""宗教工作本质上是群众工作，要全面贯彻党的宗教信仰自由政策，依法管理宗教事务，坚持独立自主自办原则，积极引导宗教与社会主义社会相适应。积极引导宗教与社会主义社会相适应，必须坚持中国化方向，必须提高宗教工作法治化水平，必须辩证看待宗教的社会作用，必须重视发挥宗教界人士作用，引导宗教努力为促进经济发展、社会和谐、文化繁荣、民族团结、祖国统一服务。"讲话高度概括了宗教工作的重要性、党的宗教工作方针政策的内涵，尤其阐明了积极引导宗教与社会主义社会相适应的"四个必须"，并首先强调"必须坚持中国化方向"，其中很有深意在焉。这不仅是对新中国成立以来宗教工作经验的最新的精辟总结，也包含了中华文明对待宗教问题的历史智慧，政、教、学三界都要认真学习领会并加以落实。

宗教的影响力是很大的。宗教是人类历史文化的重要组成部分，也是当今世界的主要信仰。据统计，全世界信教人数约有 52 亿，占地球总人口数的 80% 以上，无宗教信仰者是少数。在国际生活中，一方面宗教是推动世界和平与文化交流的重要力量，是许多国家社会道德的主要支柱和历史文化的精神依凭；另一方面从中世纪直到今天，在很多地区宗教流血冲突一直不断，它或者是民族、国家冲突的表现形态，或者是民族、国家冲突的背后要素。当前中东地区伊斯兰国为代表的极端主义与暴恐活动的猖獗以及宗教之间、教派之间的对抗往往成为国际政治的焦点和热点，大家有目共睹。但与此同时，中国则完全是另一幅情景，宗教关系的主流是和谐的，宗教与社会的关系也比较顺和，我们要加以珍惜并引以自豪。我这里以一个学者的身份，侧重于从中华文明历史智慧的角度谈一谈在宗教问题上的中国模式和中国经验，有益于深刻理解习近平总书记说的"必须坚持中国化方向"。

中国自古就是一个多民族多宗教的国家，又是一个人文主义发达、宗教处于辅助地位的国家。中国现有五大合法宗教：佛教、道教、伊斯兰教、天主教、基督教。中国有多少信徒？ 20 世纪 50 年代周恩来总理曾谈到过一个数字，说有 1 亿人信教。现在过去了半个多世纪，人口增加了一倍多，有人估计现在中国的宗教信徒约有 3 亿。很多中国人虽没有宗教徒的身份却有宗教的观念、鬼神的观念，而且这些观念都是混合的，有佛教的、道教的，也有一点其他宗教的，特别是汉族民众往往是"宗教的混血儿"，信仰杂而多端。中国少数民族中信教人数的比重较大，宗教在民族地区的影响也大。概略地讲，有十个民族基本全民信仰伊斯兰教，藏族信仰藏传佛教，傣族信仰南传佛教，北方许多民族信仰萨满教，南方许多民族信仰各种巫教。因此宗教问题与民族问题交织，宗教政策与民族政策紧密相连。

改革开放后，随着宗教政策的落实，宗教从地下走到地上；宗教的国际性传播和道德缺失带来的信仰需求，使信教者人数增加。人们认识到，在社会主义社会，宗教仍将长期存在，其自然根源、社会根源、认识根源、心理根源，都不容易消除。由于中国大多数人不信教，便有一个主流群体如何正确对待宗教、掌握宗教基本知识的问题。1963 年，毛泽东主席曾有一个关于宗教的批示，指出：世界三大宗教影响着广大人口，而我们却没有知识，因此要开展研究。[①]1964 年建立了世界宗教研究所，为中国宗教研究播下了种子，但研究工作为尔后到来的"文化大革命"耽搁了。改革开放以后的 1979 年 2 月，全国宗教学研究规划会议在昆明举行。此后宗教学正式兴起，至今三十多年，已经成为人文社会科学领域一门显学，对于推进中国特色社会主义宗教理论的形成、为宗教事务管理提供咨询、推动文化大繁荣、促进民族宗教关系和谐及开展国际文明交流与互鉴，发挥了重要作用。当然，中国宗教学仍在初期阶段，许多重大问题有待研究，还要继续大力开拓创新。

二、中国历史上主流的儒家宗教观

中国历史上主流社会、政治家如何看待宗教呢？主要受儒家的指导。孔子有句名言："敬鬼神而远之。"（《论语·雍也》）他不热衷于鬼神之道，但却对老百姓的宗教信仰采取"敬"也就是尊重的态度。孔子的学生曾子讲："慎终追远，民德归厚矣。"（《论语·学而》）慎终追远就是祖先崇拜，其功能是使老百姓的道德风尚归于淳厚，就是今天所说的宗教的道德功能。后来，《易传》就把这种功能概括为"神道设教"，就是视鬼神之道为道德教化的手段。这是儒家思想对待宗教的态度。在孔子的影响下，中国的主流社会对待宗教是"温和的"。中国历代的王朝虽然在政治上专制，但在文化政策和宗教政策上却是多元的、包容的。中国人不排斥外来宗教，但是它必须遵守中国的法律，而且中国人也会用自己的文化去改造

---

① 参见《毛泽东文集》第八卷，人民出版社 1999 年版，第 353 页。

它。佛教、伊斯兰教传入中国后，内容形式都有所改变。比如中国佛教出现了禅宗，提倡人间佛教；中国伊斯兰教并不追求政教合一，排他性也大大减弱。孔子的思想是不是宗教？我的观点是儒家基本上不是宗教，它是东方的伦理型人学，因为孔子不讲死后的问题、鬼神的问题，而没有神灵和彼岸的观点不能称为宗教。孔子一生讲的都是如何做人、怎样治国，《大学》将这些观点归纳为：修身、齐家、治国、平天下。孔子是一位思想家、教育家，不是宗教家。当然，孔子的思想里面也有宗教性，例如，"畏天命"，对宗教祭祀也很重视。

另外，儒家讲"和为贵"、"和而不同"、"道并行而不相悖"，和谐的观念在儒家思想中最为丰富。这使中国能容纳多种宗教。魏晋以后形成了儒、佛、道三教并行和多教共生的状态。佛教传播到中国，也有反对的，但社会主流是接受的；道教兴盛起来后，也有其存在的空间；后来的基督教、伊斯兰教也都传播到中国，成为中国多元宗教中的一部分。只要相关宗教是爱国的、守法的、劝人为善的，在中国都有它合理合法的存在空间。由于中国主流的儒家思想是包容的温和的，所以中国的宗教品类众多，形成多元通和模式，这在全世界都属罕见。世界三大宗教及其主要教派在中国都有传播，又有民族宗教如道教，还有大量的民间宗教及各种原始崇拜，因此有人说中国是"宗教的联合国"。今天，中国有道教、佛教、伊斯兰教、基督教、天主教等五大宗教，除道教是土生土长的宗教外，其他四种都是外来宗教，说明了中国宗教文化的包容性。各宗教之间，和谐是主旋律，你中有我、我中有你。各种宗教的教义主体是温和的，极端主义难以发展。中国宗教在长期历史发展中，形成深厚的优良传统，主要有：爱国与爱教高度统一，以行善积德为第一义，与时俱进、勇于创新，共生共荣、互尊互学，政主教辅、教不干政，文化兴教、文明交往，民族主体、内外交融。两千多年来中国人有一个普遍的基础性信仰，即敬天法祖，但它不排斥其他宗教。中国信仰文化的核心是儒、佛、道三教。儒家不是宗教，但起到了西方基督教的功能。佛教进入中国，与儒道成功会通，而有中国化的禅宗。中国伊斯兰教也在中国化方向上取得巨大成就。中国基督教（广义的）的中国化进程面临种种困难，但也在稳步推进。中国历史上，各宗教之间基本上维持了和平与和谐，没有发生宗教战争，也没有宗教裁判所，彼此可以成为好邻居。虽然也有摩擦，也有"三武一宗"灭佛事件，但历时短暂，宗教对抗不能成为传统。历史上宗教从来未给社会改革进步制造巨大障碍，反而是一种助力。

三、民国时期主流宗教观的变迁

近代以来中国主流社会的宗教观有所改变，对待宗教不再是温和的、包容的，而是激进的、否定的，特别是辛亥革命后，宗教不断受到冲击。这是因为中国近代社会较为落后，受西方屈辱太多，要独立解放，振兴国家，人们认为中国文化缺少民主与科学，应该向西方学习，用科学与民主救国。中国需要民主与科学，但民国的学者没看到西方在发展民主、科学时，基督教没有被取代，而是改革它，使之为现代化服务。当时在学术界就流行"宗教取代论"，认为在中国未来的文化建设中没有宗教的地位。蔡元培提出美育取代宗教，陈独秀、胡适提出科学取代宗教，梁漱溟提出伦理取代宗教，冯友兰提出哲学取代宗教，宗教都可以被取代。所以那个时候，大家很忽视宗教的研究。民国时期，对佛道教还提出"庙产兴学"，国民政府把很多庙产都没收了，美其名曰办学校，其实是对佛教道教看不起，要限制它；同时还发生了"非基运动"，全盘否定基督教，态度很激烈。当时学界主流为科学主义所支配，以"不科学"为理由贬低宗教。事实上，各大宗教主体在抗日战争和民主革命中表现是很好的，值得称赞。

四、从新中国成立到 1956 年当代新宗教观的建立和实践

这一时期的宗教观体现了唯物史观与中国实际的结合，理论上有所创新，政策健康，实践成果辉煌，是新中国宗教工作的黄金时期。中国共产党在革命年代确立的民族平等和尊重保护宗教信仰自由的政策，新中国成立之后不仅继承下来，而且加以发扬。尤其在和平解放西藏、进军新疆、实现全国统一的过程中，解放军和党的干部忠实执行民族宗教政策，起了关键作用。1951 年 5 月，毛泽东对主持西藏工作的张国华说："你们在西藏考虑问题，首先要想到民族和宗教这两样事，一切工作必须慎重稳进。"从而"慎重稳进"成为党处理民族宗教问题的基本方针。《十七条协议》明确规定：实行宗教信仰自由政策，保护喇嘛寺庙，尊重西藏人民的宗教信仰自由和风俗习惯。1952 年 10 月毛泽东接见西藏代表团时说："共产党对宗教采取保护政策"，"今天对宗教采取保护政策，将来也仍然采取保护政策"。① 周恩来说："我们要造成这样一种习惯：不信教的尊重信教的，信教的尊重不信教的，和睦相处，团结一致。"② 由于民族宗教政策符合马克思主义和中国国情，特别是能够对藏传佛教和伊斯兰教加以正确对待，在短时间内，中国顺利实现了统一大业（台湾除外），结束了历史上由于帝国主义插手和旧中国政府腐败无能而长期存在的新疆、西藏等民族地区的不稳定、多动乱状态，民族感情空前融洽，建设事业发展很快。

在基督教、天主教方面，主要是开展反帝爱国运动，清除帝国主义势力和影响，建立中国教徒自办的爱国教会团体，如基督教"三自"爱国会，天主教爱国会。在汉地佛教和道教方面主要是革除封建制度影响，提倡自食其力，参与社会建设。

---

① 《毛泽东文集》第六卷，人民出版社 1999 年版，第 239 页。
② 《周恩来统一战线文选》，人民出版社 1984 年版，第 309—310 页。

从怎样看待和怎样处理宗教问题的角度，可以把当时主流宗教理论与实践概括为"两论"，即"五性论"和"统战论"。时任中央统战部部长的李维汉同志代表中央提出宗教"五性论"：群众性、长期性、复杂性、民族性、国际性。不仅视宗教为一种世界观和精神文化，还充分看到了宗教的社会属性，是一种活生生的影响很大又很稳定的社会力量与社会文化，因此宗教工作绝不能简单化，要严肃认真对待。宗教的群众性，使我们懂得，对待宗教的态度就是对待信教群众的态度，必须给予尊重，不能强迫命令。宗教的长期性，使我们自觉克服急躁症，不把宗教看成旧文化残余而急于消灭它，因为宗教的根源将长期存在，宗教工作必须做长远打算。周恩来在 1957 年说过："只要人们还有一些不能从思想上解释和解决的问题，就难以避免会有宗教信仰现象。"[①] 宗教的复杂性，要我们认识宗教自身的多重结构和多样形态，它与社会政治、经济、文化的多方面关系，以及它的社会功能的两重性，我们对它要有充分的研究和了解，才可能做好宗教工作。宗教的民族性，告诉我们宗教问题与民族问题相交织，在中国，宗教问题是民族问题的重要组成部分，宗教工作关乎民族团结和国家统一。宗教的国际性，使我们关注世界三大宗教的跨国影响和宗教的国际交往，由此宗教工作与中国的外交事业联系起来。"统战论"是中国共产党处理与宗教界爱国人士关系的方针。鉴于中国宗教界大多数在革命与建设中有良好表现，故中国共产党把宗教界作为团结对象，是朋友不是敌人。

五、1957 年至 1976 年民族宗教理论的进展与失误

这一时期，民族宗教工作在理论与实践上既有开拓，也有失误和倒

---

① 《周恩来选集》，人民出版社 1984 年版，第 267 页。

退。毛泽东在 1957 年发表的《关于正确处理人民内部矛盾的问题》中指出：
"我们不能用行政命令去消灭宗教，不能强制人们不信教。不能强制人们
放弃唯心主义，也不能强制人们相信马克思主义。"[①] 他肯定了宗教信仰是
思想问题和人民内部问题，不能用强制方法解决。这一时期强调宗教信仰
自由政策并明确反对用行政命令消灭宗教，坚持了马克思主义宗教观。

从 1957 年反右派斗争起，经过 1958 年"大跃进"，到 1962 年"反右倾"
斗争，强调千万不能忘记阶级斗争，再到 1963 年起开展的"四清"运动，
"左"倾思潮逐渐抬头，民族宗教领域不断受到冲击。一是强调"民族问
题实质是阶级问题"，把民族宗教领域阶级斗争扩大化。二是大量关闭拆
除宗教寺庙，有些地方粗暴限制宗教正常活动。三是坚持正确路线的李维
汉同志遭到批判，造成思想混乱，民族宗教工作开始走偏。

1966 年至 1976 年"文化大革命"时期，领导人错误地贯彻"以阶级
斗争为纲"的路线，林彪反革命集团和"四人帮"加以疯狂利用，各项工
作包括民族宗教工作遭到全面破坏，宗教活动停止，宗教场所和文物被大
量毁坏，宗教界人士被当作"牛鬼蛇神"加以横扫和迫害。这是中华民族
的一场大浩劫，也是民族宗教领域的一场大灾难。

"文化大革命"企图消灭宗教的极左思想与行为来源于苏联模式，主
要是"宗教鸦片基石论"（认为"宗教是人民的鸦片"乃是马克思主义宗
教观的基石）和"与宗教作斗争论"（认为要建成社会主义社会必须使宗
教消亡）的影响，都背离了马克思主义宗教观。

六、改革开放以来中国特色宗教理论的创新

改革开放后，我们进行了反思，认为"文化大革命"的做法完全违背

---

① 《毛泽东文集》第七卷，人民出版社 1999 年版，第 209 页。

了马克思主义。恩格斯说："一切宗教都不过是支配着人们日常生活的外部力量在人们头脑中的幻想的反映，在这种反映中，人间的力量采取了超人间的力量的形式。"① 他指出了宗教存在的深刻根源，因此反对向宗教宣战。这种唯物史观是马克思主义宗教观的理论基石。

通过拨乱反正，宗教工作回到了马克思主义轨道上来。有如下几个标志：

其一是 1982 年"十九号文件"，总结了党和政府在宗教问题上的经验教训，指出宗教在社会主义社会将长期存在；宗教进入社会主义社会后，它的功能发生了根本的变化，主要是人民内部矛盾；宗教工作的根本任务是把信教群众与不信教群众团结起来致力于社会主义现代化建设。这是我们党对宗教的新的认识。

其二是 1993 年中央提出"积极引导宗教与社会主义社会相适应"。我认为宗教适应论的提出意义重大，它第一次从正面肯定宗教与社会主义社会有共同点，可以相适应。这是对马克思主义宗教观的新发展，突破了把宗教与社会主义社会对立起来的苏联模式。在宗教适应论指导下，我们的宗教工作越来越健康。

其三是 21 世纪以来中央提出要发挥宗教在构建和谐社会中的积极作用，强调建设宗教和谐理论，发挥宗教界人士和信教群众在促进文化繁荣、经济社会发展中的积极作用。于是，宗教文化论、宗教和谐论、宗教促进论兴起。宗教文化论阐述宗教的文化属性和功能，揭示了宗教满足人们心灵情感需求的深层本质，展示了宗教在精神文化领域影响社会的特殊作用，为引导宗教健康发展和更好地适应当代社会开辟了广阔的空间，于是它取代"宗教鸦片论"而成为新时期宗教本质论的中国式表述。宗教和谐论是对苏联式宗教斗争论的反思与超越，也是对中华宗教文化多元和谐

---

① 恩格斯：《反杜林论》，《马克思恩格斯选集》第 3 卷，人民出版社 2012 年版，第 703 页。

传统的继承和发展，同时体现科学发展观以人为本、全面协调、统筹兼顾的要求，推动宗教多元平等、和谐共生、政教协调、文明对话，促进民族团结、社会稳定、和平发展，成为引导宗教关系走向的主要理论。而宗教促进论则表现出主流社会对宗教界的尊重和信任，突出信教群体的主体地位，从而有益于发挥宗教界人士的积极性、主动性。从中我们可以看出，党的宗教理论和宗教政策发展有阶段性，随着改革开放的进展，向着更开放、更现代、更文明的方向发展。宗教的社会作用有其两重性，但是完全可以通过引导，尽量缩小消极作用，充分发挥积极作用，这正是习近平总书记所强调的"必须辩证看待宗教的社会作用"。今天，主流社会对待宗教的态度是温和的，其宗教观是社会主义与中华文明的有机结合，因此才有民族宗教关系的和谐。

七、贯彻党的宗教工作基本方针的几个认识问题

第一，贯彻宗教信仰自由政策与温和无神论。保护宗教信仰自由是宗教工作基本方针中最重要、最根本的一条，现在我们已经把它提到了尊重和维护人权的高度。外国有人说中国共产党是无神论政党，中国社会主义意识形态是无神的，共产党不可能贯彻宗教信仰自由政策。我认为这里面有很多误解和偏见。无神论有多种。18世纪法国战斗无神论影响很大，有其历史功绩，但其哲学是旧唯物论，不了解宗教存在的根源和发展规律，简单否定和激烈反对宗教，认为宗教是"傻瓜遇到骗子的产物"。而马克思主义者应该是温和的无神论者，他懂得社会发展规律和宗教演化规律，不会人为地去消灭宗教；他同时维护群众的权益，其中就包含选择信仰的权益。我们真心实意维护宗教信仰自由，它是社会主义思想体系所决定的，是社会主义宗教观、民主观、平等观所决定的。社会主义的平等观里有政治平等、经济平等、法律平等和文化权利平等。从这样的平等观出

发，就一定会尊重别人的信仰，就不会强迫别人信仰自己的世界观，如果是强迫就不是社会主义。我们是唯物史观支持下的无神论，它不信神，但能尊重别人的宗教信仰，这是它高于战斗无神论的地方。因此社会主义者应该是宗教信仰自由政策最坚定的维护者。中央提出："信仰上互相尊重，政治上团结合作"，体现了温和无神论的平等、包容精神。

第二，依法管理宗教事务与宗教事务的常态化。这是建立现代民主法治国家所需要的。我们过去管理宗教事务比较习惯用行政的方式，或者单纯依靠政策来管理，今后我们要转变为依法管理宗教事务。一是宗教立法要健全，二是法制观念要加强，三是执法体制要完备。我们的法制还不健全，目前国务院出台的《宗教事务条例》是全国性的综合行政法规，尚需完善。管理宗教事务不是干预宗教界的内部事务，而是管理与公共利益、国家利益相关的事务。管理的目的是保护正常的、合法的活动，制止非法的活动，打击犯罪的活动。目前管理工作正在实现两个转变：从行政直接管理转为依法间接管理，由防范型的非常态管理转变为服务型的常态管理。宗教是中国社会中很正常的现象，我们要把它看成是常态的。我们的政府要建成服务型政府，不断提高宗教工作的法治化水平。国家宗教事务局提倡的"保护、管理、引导、服务"，是管理工作的旨要。

第三，坚持独立自主自办原则与宗教的本土化。这主要是处理天主教和基督教问题。从历史上看，鸦片战争后，天主教和基督教确实受帝国主义的控制，一度成为西方列强侵略中国的工具，而且今天，西方敌对势力还在利用宗教试图演变中国的政权。因此，强调独立自主自办非常重要。我们要切断中国教会与外国势力的联系，把天主教和基督教办成中国爱国教徒自办的事业。这既有利于维护我们的民族尊严和国家主权，也有利于天主教和基督教的健康发展。在独立自主自办原则的前提下，在互相尊重、平等互惠的基础上，开展宗教方面的国际友好交往，积极参与世界宗教对话与文明对话，推动世界和平与发展。不仅在教务上要独立自主，还要吸收中华文化仁和思想，建设中国特色的神学，使天主教基督教中国化，在教义上走出自己的路来。

第四，积极引导宗教与社会主义社会相适应与多维度引导。适应是多层次、多方面的，不能仅仅满足于爱国守法，这是法律层面、政治层面的适应；同时，在经济上、文化上、社会建设上要全方位展开。适应是双向的——宗教界要适应我们在现代化过程中的社会主义社会；我们的干部和学者也有一个重新学习、重新认识宗教的功能、积极主动地引导宗教与社会主义社会相适应的问题。现在是中国宗教正常存在和活动最宽松的历史时期。教界要树立健康教风，严守教规，建设好教职人员队伍，继承和发扬中华仁恕通和精神，远离和抵制极端主义，以自己的方式为社会提供更好的服务，不辜负这个伟大的时代，不辜负党、政府和社会各界对宗教界的殷切期望。学界则要继续参与中国特色社会主义宗教理论的建设，这是我们的责任和担当。

（2015 年 11 月 16 日，在中国人民大学"宗教界人士研究班"讲座的内容。收入本书时有修改）

附录

神圣的使命

最近中共中央办公厅、国务院办公厅印发了《关于实施中华优秀传统文化传承发展工程的意见》（以下简称《意见》），并发出通知，要求各地区各部门结合实际认真贯彻落实。这是我国文化建设征途中具有里程碑性质的一件大事，令各界人士欢欣鼓舞。朋友们相互传递初学心得，禁不住内心的兴奋和喜悦，都说百余年中国主流社会文化自卑的状态，此后可望根本改观；博大精深、源远流长、独一无二的中华文化正在通过全国性系统文化工程全面复兴与创新，推动着社会主义文化强国建设大踏步地向前进行，大大增强了中国人的文化自信、自觉和自豪感。《意见》第一次以中央文件的形式专题阐述中华优秀传统文化传承发展工作，把此项工作明确提升到国家重大战略任务的高度，指出在经济社会深刻变革和对外开放扩大的新形势下，迫切需要深化对中华优秀传统文化重要性的认识，深入挖掘其价值内涵并激发其生机与活力，构建其传承发展体系，在中国社会各领域各层面全方位推动中华优秀传统文化的继承发扬、转化、创新，以便深度适应现代社会与新文化建设。《意见》既有宏观的高瞻远瞩，又有工程实施的一系列具体要求，有利于纠正各种错误偏向，把全国人民的认识与行动统一到正确的轨道上。《意见》根据习近平总书记关于中华文化一系列重要讲话的精神和内涵，精辟论述了中华优秀传统文化的重要意义，工程的指导思想、基本原则，中华文化的核心思想理念、传统美德、人文精神，提出各项重点任务，包括学术研究、立德树人、保护遗产、滋养文艺、融入生产生活、加大宣教、推动中外文化交流互鉴，还规定了各项组织实施和保障措施。《意见》强调指出，"加强党的领导，充分发挥政府主导作用和市场积极作用，鼓励和引导社会力量广泛参与"，"推动形成党委统一领导、党政群协同推进、有关部门各负其责、全社会共同参与的中华优秀传统文化传承发展工作新格局"，说明"传承发展中华优秀传统文化是全体中华儿女的共同责任"，要"形成人人传承发展中华优秀传统文化的生动局面"。作为中国社会的子系统的宗教界人士、信教群众和相关的宗教工作干部与宗教研究学者，当然义不容辞地要积极参与这项伟大文化工程建设，并视之为神圣的使命和历史的机遇，把自身应做好的事情担当起来。

中国宗教与中华文化密不可分，它是中华文化的一个重要的有机组成部分。敬天法祖的礼教、土生土长的道教、从印度传入并高度中国化了的佛教、元以后兴起的伊儒相结合的伊斯兰教、明代正式进入并历经曲折而逐步向本土化推进的基督教（广义）以及草根性的民间信仰，都为中华文化共同体的延续与发展，作出了各自的贡献，成为中华民族文化血脉中的基因要素和人民精神家园中的花木。中华传统思想文化以儒学为主导，以儒道互补为基脉，以儒、道、佛三教合流为核心，同时又能包纳其他本土和外来的各种宗教信仰、人文学说，彼此之间的关系以和谐、互学为主旋律，形成多元通和的文化生态。当然任何文化包括宗教文化都有精华与糟粕两种成分，其社会功能具有积极与消极两重性，包含着常道（普遍性）与变道（时代性）两个方面，需要具体分析，推陈出新。《意见》明确规定，纳入传承发展工程的中华文化，一是优秀文化，二是传统文化，就是说它是合乎当代文明健康发展的文化，是进入中华民族血脉、深入骨髓的文化，我们要焕发它的生命活力，为中华民族的伟大复兴提供精神动能。中国宗教曾为中华优秀传统文化的繁荣发展出过力，而今在新的时代条件下，必须以社会主义核心价值观为指导，取其精华，弃其糟粕，进行创造性转化、创新性发展，才能为中华文化新的辉煌继续发出正能量，同时使自身得到健康的发展，为社会各界和人民大众所赞许。

一是要紧紧把握中华优秀传统文化的核心思想理念，就是《意见》所概括的："革故鼎新、与时俱进的思想，脚踏实地、实事求是的思想，惠民利民、安民富民的思想，道法自然、天人合一的思想"，"大力弘扬讲仁爱、重民本、守诚信、崇正义、尚和合、求大同等核心思想理念"。以此为精神导向、价值追求，在保持宗教基本信仰、核心教义、礼仪制度的同时，深入挖掘教义教规中有利于弘扬中华文化核心思想理念的内容，作出符合中华优秀传统文化的新阐释。尤其要以宗教特有的神道设教的方式，大力弘扬中华传统美德，包括担当意识、爱国情怀、向善风习、八德观念，体现自强不息、敬业乐群、扶危济困、见义勇为、孝老爱亲等中华传统美德。中国宗教很早就形成以行善积德为第一义的优良传统，尊重生命、去恶从善、苦己利人、爱国孝亲等是丝毫不可动摇的信条戒律，否则便不是真信仰。宗教领袖必须是高道大德，宗教场所和宗教聚居区应成为道德高地，如同东晋朝官赞扬高僧慧远所在庐山乃"道德所居"，这一优良传统要发扬光大。我国宗教坚持中国化方向，就是要成为中华优秀传统文化当代的忠诚传承发展者，下苦功夫学习中华经典，不断提高宗教群体的中华文化素养和道德水平，认真克服各种不良习气，整顿教规，刷新教风，走文化兴教、道德弘教的道路。

二是要大力弘扬中华人文精神，建设健康和谐的宗教关系，就是《意见》所阐述的"讲仁爱、重民本、守诚信、崇正义、尚和合、求大同等核心思想理念"与"求同存异、和而不同的处世方法"，用于推进宗教与政治、宗教与社会、宗教与宗教、教派与教派、中国宗教与外国宗教、信教群众与不信教群众之间关系的和谐化，发扬团结进步、和平宽容的优良传统，为建设和谐社会与和谐世界做贡献。当今世界一些地区，民族宗教流血冲突不断，霸权主义与极端主义横行肆虐，搅得人类很不安宁，多少民众因此而家破人亡、流离失所、成为难民。反观中国，民族团结和宗教和睦的大局十分稳定，虽在边疆有民族分裂主义、宗教极端主义、暴力恐怖主义的干扰，但遭到各民族儿女、各宗教人士一致的谴责和反对，弘扬中道精神、远离极端、坚持正信正行，一直是宗教界主流并不断在壮大力量。我国宗教界有数千年中华仁爱中和的文明传统和大智慧，能够在参与实施中华优秀传统文化传承发展工程过程中进一步发展宗教的和谐关系，为世界作出榜样。在中央统战部指导安排下，中国人民大学开办五大宗教人士研究班已有多年，各教一批又一批中青年骨干相聚在一起，共同学习，交流思想，增进友谊，亲如兄弟姐妹，这在世界各国是仅见的。最近，在国家宗教事务局领导下，全国性宗教团体联席会议制度正式建立，它为各大宗教的对话、交流、互学、合作提供了一个很好的平台，彼此协商沟通就更方便了。我国各宗教之间的关系不仅没有激烈冲突，而且渐行渐近，逐步形成中国特色宗教共同体，展示出中华文明的魅力，我们为此而自豪。我相信，在党和政府的引导和支持下，我国宗教的多元通和生态会进一步得到完善和丰富，成为中华民族文化共同体延续发展的一方沃土。

三是要继承发扬中国宗教开放包容的传统，如《意见》所要求的那样"加强港澳台中华文化普及和交流"，通过宗教渠道，加固中华民族共同体文化纽带，"增强国家认同、民族认同、文化认同"；同时"吸收借鉴国外优秀文明成果"，"加强对外文化交流合作，创新人文交流方式"，"助推中华优秀传统文化的国际传播"，"加强'一带一路'沿线国家文化交流合作"，"讲好中国故事、传播好中国声音、阐释好中国特色、展示好中国形象"，为世界宗教对话、构建人类命运共同体，发挥自己的优势作用。宗教在中国大陆、港澳台和世界上影响着广大人口，我国宗教正是在内外交流与互学中成长发展出多样性和谐的模式，丰富了中华文化，而且在历史上积累起中外宗教文明对话、交融的成功经验，产生了追求学问、仁厚爱民、大慈大勇的宗教思想家、实践家与和平使者。玄奘西行印度取经，鉴真六次东渡日本，丘祖远赴雪山止杀，郑和七下西洋惠邻，在中外文化史上留下了可歌可泣的感人事迹，我们要使他们的故事传遍全世界，让各国人民了解中华民族爱好和平的深厚传统，打破别有用心者散布的"中国威胁论"的谰言。历史上"一带一路"不仅是商贸之路，同时也是文化之路和宗教之路。当前中国建设新的"一带一路"的倡议得到有关国家热烈的响应，加强中国与沿线国家文化交流合作，各大宗教都能从中发挥积极作用，它为我国宗教展示中华文明、创新民间人文交往方式提供了难得机缘。中华文化强调天下一家、天人合一，这是建设人类命运共同体、维护人类持续发展生态环境必不可少的智慧和理念，我国宗教要深入发掘和认真传承宗教文化中"博爱之谓仁"、"人与天地万物为一体"的思想资源，推动人类的和平与发展事业。此外，宗教界还可以参与保护传承宗教性文化遗产、发掘整理宗教文献典籍、兴办公益慈善事业、建设乡土与社区文化、发展宗教特色文化旅游等，总之我国宗教在《意见》提出的各项任务范围内应该和能够做的事情是很多的。

宗教工作部门在实施中华优秀传统传承发展工程中，依据习近平总书记在全国宗教工作会议上讲话的精神，在引导宗教适应社会主义社会特别是支持宗教坚持中国化方向方面下功夫，必有周密安排，不待多言。在宗教研究领域，我认为宗教学学者的主要任务是做好学术研究工作，如《意见》所要求的那样："深入阐发文化精髓"，"着力构建有中国底蕴、中国特色的思想体系、学术体系和话语体系"，"推出一批研究成果"；要重点结合宗教问题，阐释马克思主义宗教观中国化的途径，讲述中国宗教文化的优良传统与当代价值，丰富与发展中国特色社会主义宗教理论，展示宗教领域的中国经验并使之走向世界，推出高水平的能吸引世界目光的学术论著，加强政、教、学三界的团结协作，用明体而达用的成果迎接中华民族文化繁荣昌盛的光明前景。

2017 年 2 月

丰富和发展中国特色社会主义
宗教理论是学者的神圣使命

习近平总书记在全国宗教工作会议上的讲话中，提出不断丰富和发展中国特色社会主义宗教理论的战略任务，宗教研究学者要认真领会讲话的精神，积极主动地参与宗教理论建设，与政界相配合，有效承担起这一历史责任和神圣使命，引导我国宗教在健康文明大道上前行，更好地适应社会主义社会的当代发展。

回顾历史，中国共产党在抗日战争中就已经开始探索如何把唯物史观与中国国情相结合，提出了共产党员在世界观上与宗教徒不同，但在反帝爱国的政治行动上可以建立统一战线，要注意团结宗教界上层人士，尊重少数民族宗教信仰与风俗习惯。这与苏联共产党把东正教当作敌对势力明显不同。新中国成立之初，中国共产党延续和发展了这一中国特色的统战理论和保护各民族宗教信仰自由的政策，处理民族宗教问题实行"慎重稳进"的方针，使之在和平解放西藏、顺利进军新疆、实现全国统一的过程中发挥出巨大的实效。在 20 世纪 50 年代社会主义建设时期，统一战线不断扩大，包括了五大宗教爱国人士。统战理论凝练出处理共产党与宗教界之间关系的两句名言："政治上团结合作，信仰上互相尊重。"毛泽东明确表示"共产党对宗教采取保护政策"[1]，将来也是。他还在《关于正确处理

---

① 《毛泽东文集》第六卷，人民出版社 1999 年版，第 239 页。

人民内部矛盾的问题》中指出："我们不能用行政命令去消灭宗教，不能强制人们不信教。不能强制人们放弃唯心主义，也不能强制人们相信马克思主义"[①]，这是人民内部思想性质的问题，只能用民主的方法去解决。周恩来说："宗教在教义上有某些积极作用，对民族关系也可以起推动作用"[②]。李维汉代表党中央提出宗教"五性论"，第一次阐明了宗教在中国新制度下的主要社会属性，有很强的理论建构价值和对宗教工作的指导意义，是马克思主义宗教观中国化的重要成果。

社会主义与宗教是什么关系？相容还是相斥？苏联共产党人提出了社会主义与宗教的问题，却未能正确解决，认为两者不能相容，认为宗教对社会主义只有负面作用，企图用战斗无神论去改造信教者的世界观，结果未能成功。"文化大革命"把宗教作为"牛鬼蛇神"加以横扫，在认识上就是把宗教与社会主义对立起来，在行动上采用向宗教宣战的粗暴手段。改革开放三十多年来，在党中央正确指引下，从中国国情和宗教实际出发，认真总结新中国成立以来正反两面经验教训，中国特色社会主义宗教理论和基本方针逐步成型。1982 年"十九号文件"的巨大功绩就是第一次从理论上系统阐明了中国共产党关于社会主义时期宗教问题的基本观点和基本政策，用唯物史观揭示了宗教在社会主义社会长期存在的自然根源、社会根源和认识根源，明确指出尊重和保护宗教信仰自由是党对宗教问题的基本政策，要长期执行；宗教进入社会主义社会后其状况已经发生根本性变化，宗教问题上的矛盾主要属于人民内部矛盾；宗教工作的根本出发点和落脚点是团结全体信教和不信教的群众致力于建设现代化社会主义强国。从此，中国特色社会主义宗教理论树立起鲜明的旗帜，构建起坚实的理论基础。20 世纪 90 年代，党中央提出"积极引导宗教与社会主义社会相适应"，并于 21 世纪初把"贯彻宗教信仰自由政策、依法管理宗教

---

① 《毛泽东文集》第七卷，人民出版社 1999 年版，第 209 页。
② 《周恩来统一战线文选》，人民出版社 1984 年版，第 308 页。

事务、坚持独立自主自办原则、积极引导宗教与社会主义社会相适应"四句话明确为党的宗教工作基本方针。这就使中国特色社会主义宗教理论建设向前迈出一大步，确立了宗教适应论，又在实践层面为宗教管理论设计了依法管理和引导工作的原则。2010 年全国宗教工作会议提出"探索宗教和谐理论，树立宗教和谐理念，推广宗教和谐价值"，这是对西方宗教斗争论的超越，为新时代宗教关系的健康发展指明了方向。党中央强调要发挥宗教在构建和谐社会、促进文化繁荣、促进经济社会发展中的积极作用。于是，宗教和谐论、宗教文化论、宗教促进论兴起，进一步丰富发展了马克思主义宗教观，体现了党和政府对宗教积极因素的高度重视和对宗教界人士与信教群众主体地位的尊重。这也使得中国特色社会主义理论更加具有鲜明中国风格，体现出中华文明的智慧，已经在宗教工作中发挥着积极的作用。在这一过程中，宗教工作干部和宗教研究学者携手合作，对马克思主义宗教观进行深入研讨，对世界与我国宗教历史、义理、现状进行比较研究，不断总结实践经验，在构建中国特色社会主义宗教理论中作出了应有的贡献。

习近平总书记的讲话，为丰富和发展中国特色社会主义宗教理论提出了新的目标和任务，也开拓了理论研究和宗教工作的新境界、新视域，意义重大。我的体会主要有以下几点。

第一，讲话明确要求我们坚持和发展中国特色社会主义宗教理论。我国宗教学学者要把这面旗帜举得更高，无论做哪一具体分支研究，都要把马克思主义与宗教实际相结合，体现中国特色，形成中国模式，具有较高学术价值。能够在吸收外国宗教学成果的同时，显现自身的优势，为中国政界和教界所看重，为国际宗教学界所关注，用中国智慧参与世界文明交流与互鉴，赢得尊重，克服盲目追随西学的偏向，增强中国在宗教问题上的话语权。这是中国宗教学学者应有的担当。

第二，讲话深刻指明了宗教工作在党和国家工作全局中具有特殊重要性，关系中国特色社会主义事业，关系党同人民群众的血肉联系，关系社会和谐、民族团结，关系国家安全和祖国统一。学者对宗教工作特殊重要性的"四个关系"要系统阐释：充分说明宗教工作是中国社会主义事业不可分割的有机组成部分，充分说明宗教工作本质是群众工作，充分说明宗教工作要服务于社会和谐、民族团结大局，充分说明宗教工作在维护中华民族命运共同体中的特殊地位和作用，有益于纠正社会上存在的忽视宗教、观点偏颇、知识缺乏的现象，使习近平总书记对新形势下加强和改进宗教工作的全面部署受到高度重视，得到认真落实。

第三，讲话要求我们坚持用马克思主义立场、观点、方法认识和对待宗教，遵循宗教和宗教工作规律。中国宗教学学者一定要用马克思主义宗教观来指导宗教研究，目的是揭示宗教在当代的发展规律和宗教工作的客观规律，用以指导我们正确处理宗教问题。我理解马克思主义宗教观的精要：一是用社会存在、人间力量说明宗教的根源和本质，如马克思所说："人们的社会存在决定人们的意识"，"宗教里的苦难既是现实的苦难的表现，又是对这种现实的苦难的抗议"[1]，如恩格斯所说："一切宗教都不过是支配着人们日常生活的外部力量在人们头脑中的幻想的反映，在这种反映中，人间的力量采取了超人间的力量的形式。"[2] 二是说明政治、法律、哲学、宗教、文学、艺术的发展是以经济发展为基础的同时，"它们又都互相作用并对经济基础发生作用"[3]，"更高的即更远离物质经济基础的意识形态，采取了哲学和宗教的形式"[4]（恩格斯），传统是一种巨大的保守力量。三是指明宗教会随着社会的发展而演变，"随着每一次社会制度的巨大变革，人们的观点和观念也会发生变革，这就是说，人们的宗教观念

---

[1] 《马克思恩格斯文集》第 1 卷，人民出版社 2009 年版，第 4 页。
[2] 《马克思恩格斯文集》第 9 卷，人民出版社 2009 年版，第 333 页。
[3] 《马克思恩格斯文集》第 10 卷，人民出版社 2009 年版，第 668 页。
[4] 《马克思恩格斯文集》第 4 卷，人民出版社 2009 年版，第 308 页。

也要发生变革"① (恩格斯)，至于将来，只有"当谋事在人，成事也在人的时候"②，宗教才能消亡(恩格斯)。四是主张"彻底实行政教分离"③ (马克思、恩格斯)，主张"宗教信仰自由，所有民族一律平等"④ (列宁)。五是反对向宗教宣战、用法令来取消神，"在我们的时代唯一能替神帮点忙的事情，就是把无神论宣布为强制性的信条，并以禁止一切宗教来超越俾斯麦的文化斗争中的反教会法令"⑤ (马克思、恩格斯)，要团结劳动人民"为创立人间的天堂"而斗争，它比人们"关于天堂的意见的一致更为重要"⑥ (列宁)。根据以上马克思主义宗教观的基本原理，我们看待宗教必须透过"神"的文化符号把握其背后的现实人间的矛盾和本质，看到信教者面临着生死、命运等人生困惑而去寻求宗教安慰，因而要给以同情的理解；研究宗教在社会主义社会将长期存在的种种根源，和中国宗教发展的新特点、宗教功能的新变化，消除"宗教残余论"的急躁症和用行政手段打压宗教的粗暴行为；坚定实行政教分离、宗教信仰自由、民族一律平等的方针，明确宗教工作要服务于社会主义建设的大局，不人为地加剧有神与无神的分歧。

第四，讲话要求我们深入研究和妥善处理宗教领域各种问题，结合我国宗教发展变化和宗教工作实际，不断丰富和发展中国特色社会主义宗教理论，用以更好指导我国宗教工作实践。宗教理论研究一定要理论联系实际，把马克思主义宗教观创造性地运用来说明和解决我国宗教领域新形势下的新问题，努力使"具体问题具体分析"这一马克思主义活的灵魂得到充分体现，这样的理论研究才有针对性和生命活力，才能在实践中发挥其

---

① 《马克思恩格斯全集》第 7 卷，人民出版社 1959 年版，第 240 页。
② 《马克思恩格斯文集》第 9 卷，人民出版社 2009 年版，第 334 页。
③ 《马克思恩格斯全集》第 5 卷，人民出版社 1958 年版，第 4 页。
④ 《列宁专题文集 论无产阶级政党》，人民出版社 2009 年版，第 3 页。
⑤ 《马克思恩格斯文集》第 3 卷，人民出版社 2009 年版，第 362 页。
⑥ 《列宁全集》第 10 卷，人民出版社 1958 年版，第 65 页。

引领作用。目前有许多重大理论和实际问题需要进一步研究和解决。如：怎样理解社会主义核心价值观与宗教义理的关系问题，怎样辨析马克思主义无神论与战斗无神论的异同问题，如何把宗教管理纳入社会管理体系从而实现宗教在法律范围内的自主自治的问题，如何深入阐明民族问题与宗教问题相交织的关系、进一步发展民族宗教学的问题，如何尽快消除地下教会和私设聚会点、使天主教、基督教内部统一并有效抵御境外恶意渗透的问题，如何加快推进基督教、天主教神学建设、传创丁光训等老一辈神学家中国化神学成果的问题，如何培育高素质的佛教道教骨干队伍、抵制商业化倾向、加强教风建设并创新教义理论的问题，如何发扬中国伊斯兰教中道传统、抵制和消解境外极端主义的渗透问题，如何对民间信仰依法进行属地分散管理、兴利除弊、推动民俗文化建设的问题，如何重建中国宗教多元通和生态、用中国智慧推进两岸四地文化文流并积极参与世界宗教文明对话的问题，等等。政界与学界要密切合作，并取得教界认同，一边探讨一边实践，一边总结一边开创，不断用实在的成果拓展中国特色社会主义宗教理论的广度和深度。

第五，讲话的重点是阐明积极引导宗教与社会主义社会相适应，一个重要的任务就是支持我国宗教坚持中国化方向。要用社会主义价值观引领，要弘扬中华民族优良传统，支持各宗教在保持基本信仰、核心教义、礼仪制度的同时，深入挖掘教义教规中的健康文明内容，对教规教义作出符合时代进步、和平宽容和中华优秀传统文化的解释。这是中国特色社会主义宗教理论的创新性发展，从理论和实践相结合的高度，深刻阐述了引导宗教的要求、内涵和途径，关键是在"导"上想得深、看得透、把得准，做到"导"之有方、"导"之有力、"导"之有效。而引导工作的重中之重是坚持中国化方向，它能把整个宗教工作带动起来，凝聚信教群众的力量，与全国人民一道，为实现中华民族伟大复兴的中国梦而奋斗。宗教学学者要从社会主义与宗教的主辅关系，中华文明"仁恕中道"、"多元通和"的民族精神，中国宗教爱国爱教、敬生劝善、互尊互学、与时俱新、固本化外的优良传统等方面说明坚持中国化方向的内容；从中国特色社会主义理论的内在要求，从宗教实现当代文明转型、打造人类命运共同体的长远目标等方面，说明坚持中国化方向的必要；从借鉴古代政主教辅管理经验、建立中国式政教和谐关系，大力推动各宗教尤其外来宗教的神学深度融入中华孔子儒学贵仁、老子道学尚柔的传统之中，总结历史上佛教、伊斯兰教中国化的成功经验，加强理论人才队伍建设和中华经典培训等方面，说明如何坚持中国化方向。既要有理论高度，又要有可操作性。讲话强调坚持中国化方向，是对中华文明的尊重和认可，是对中华文明在人类文明发展中有重要作用的自觉和自信，是相信宗教坚持中国化方向不仅有益于中国特色社会主义事业，也是宗教生根中国、建康发展的必由之路。尚未充分中国化的中国基督教和天主教固然要努力推进中国化事业，就是在历史上中国化比较成功的佛教和成绩很大的伊斯兰教，乃至土生土长的道教，也需要不断创新以适应正在全面深化改革中奋进的当代中国社会主义社会，民间信仰也要除旧布新才能跟上时代的步伐。

第六，讲话强调要构建积极健康的宗教关系。我国宗教关系包括党和政府与宗教、社会与宗教、国内不同宗教、我国宗教与外国宗教、信教群众与不信教群众的关系，目标是促进宗教关系和谐。必须牢牢把握坚持党的领导这个根本，必须坚持政教分离、教不干政，坚持政府依法管理宗教涉及国家和公共利益的事务，提高宗教工作法治化水平，保护信教群众合法权益。这是中央领导对宗教关系的外延、目标和促进和谐途径的首次明确表述，它使宗教和谐论成为中国特色社会主义宗教理论的重要构成，也是马克思主义宗教观中国化的成果。在西方的历史上宗教冲突不断，至今一些地区宗教对抗十分激烈，反映在宗教学上便是宗教冲突论流行。中华文化是贵和文化，认为"天下一致而百虑，同归而殊途"、"道并行而不相悖"，故在宗教关系上和谐成为主流。当代社会主义现代化事业的发展强调全面协调、统筹兼顾，用中华贵和智慧促进社会和谐、民族团结，调动一切积极因素致力于改革和建设，宗教关系和谐是其中必要的一环。宗教和谐论还有世界意义，它可以把宗教信仰自由扩大为包括个人和群体的信仰自由，在不同宗教信仰群体之间互相尊重而不是彼此排斥，只有这样，宗教信仰自由才能在更大范围内得到保证；同时用宗教之间的和平促进整个人类的和平，因此西方有识之士是欢迎宗教和谐论的，如孔汉思就把孔子体现互尊原则的恕道"己所不欲，勿施于人"作为普世伦理的黄金规则写入《世界宗教议会走向全球伦理宣言》。促进我国宗教关系和谐，根本的保证是坚持党的领导，以政府为主导，建立起和谐的政教关系。要严格依法管理宗教事务，依法正确而及时地处理宗教领域各种矛盾和问题，最大限度发挥宗教的积极作用，最大限度抑制宗教的消极作用。我们要继续支持宗教界坚守发扬温和的中道教义，远离极端主义；总结宗教界创建和谐寺观教堂活动的经验，举办好五大宗教人士学习研究班，推动宗教文化共同体建设；鼓励宗教场所建立义工队伍，开展社会公益慈善事业，以自己的方式为社会提供文化服务；并支持宗教界在平等互尊的基础上开展国际宗教间友好交往，积极参与宗教对话，推动世界和平，展示中国宗教文化的仁和形象。中国宗教学学者要从理论上深化宗教和谐论的内涵，使之体系化，增强其社会影响力。

2016 年 5 月

坚持中国化方向是我国宗教发展的康庄大道

一

习近平总书记在全国宗教工作会议上的讲话指出，积极引导宗教与社会主义社会相适应，一个重要的任务就是支持我国宗教坚持中国化方向。这是中国特色社会主义理论与实践的丰硕成果之一，包含着中华文明的历史智慧与经验。

自秦汉以来两千多年中，中华思想文化逐步形成以儒学为主导、以儒道互补为基脉、以儒道佛三教合流为核心、以多种宗教和诸子百家为园地的既有凝聚中心又向外开放的文化体系，从而保证了中华五千年文明共同体在内忧外患中不曾断裂，而能更新发展，延续至今。这在世界几大文明中是仅见的。中国是一个多民族多宗教的国家，从宗教史的角度看，宗教之间、宗教与社会之间，虽有摩擦和短期冲突，却没有发生欧洲中世纪那样惨烈的宗教战争（新疆曾受域外影响除外），也没有迫害所谓"异端"的宗教裁判所，而以和谐为主旋律，且彼此渐行渐近。这在世界宗教史上也是仅见的。考其缘由，在于引领社会思想主流的儒、道、佛三教文化具有博爱、中和的精神。儒家讲仁民爱物、和而不同，道家讲道法自然、慈让柔和，佛家讲慈悲平等、普度众生，皆以尊重生命、互敬互爱、行善积德为信仰第一义。由此形成中华文明核心价值：仁恕中和刚毅之道，并铸成多元通和模式。其仁爱之道不分民族与阶层，一体皆爱。其恕道是"己所不欲，勿施于人"，具有相互尊重、平等共处的精神。其中和之道体现兼容并包、温和不偏的胸怀。其刚毅之道在于坚守正义、不与邪恶妥协的性格。以此价值追求来处理多样性文化之间的关系，必然构建起多元通和模式，即多种信仰之间不仅能够平等相待、共生共荣，进而能够亲近互学、交流会通，"五色交辉，相得益彰；八音合奏，终和且平"①。中国历代中央政权对宗教事务的管理，主流模式是：在爱国守法、劝善止恶的前提下，实行政主教辅、多教并奖、因俗而治、以教安边，统筹监督。中国多种宗教在历史上形成的优良传统，概括地讲便是：爱国爱教、敬生劝善、和谐互补、与时俱新、内外交融、固本化外。只要遵循上述模式和传统，就会呈现宗教关系和睦；只要离开上述模式，便会出现动荡混乱。佛教从印度进入，与儒道结合，成功实现了中国化，成为中华传统文化的核心组成部分之一，为中华文化增添了光彩。伊斯兰教从阿拉伯与波斯传入中国，实行伊儒会通，也在很大程度上实现了中国化，成为中国十个民族的基本信仰和其他宗教的好邻居，已经深深扎根于中华沃土。天主教、基督教传入中国，几经风雨，一度与近代西方列强对中国的侵略相联系，中国化的道路曲折漫长，后来开展爱国自治运动，也在稳步推进中国化，取得一些可喜成果。伊斯兰教、天主教、基督教都是一神教，其原教旨主义有较强排他性，在中国化过程中，受儒、道、佛慈爱中和文化的熏陶，大大弱化了排他性，增强了包容性，不追求信仰文化"以我为中心"的一体化，而是学会在多元文化中与其他宗教友善相处，共同做好社会服务，教义上坚持中道理念，不使极端主义得到发展。它们坚持中国化方向的结果，是克服了自身的弱点，提升了文明的程度，更好地适应了中华民族多元一体格局的巩固和发展。天主教和基督教由于种种原因，尚未完全摘掉"洋教"的帽子，却也在保持核心信仰的同时使教义教理与中华文化相融通，作出

---

① 冯友兰：《西南联大纪念碑》，载《哲学人生》，天津人民出版社 2016 年版，第 272 页。

许多新的阐释。如基督教神学家赵紫宸、吴雷川、谢扶雅、吴耀宗、丁光训、陈泽民、汪维藩等进行神学建设，都吸纳了大量的中华文化元素。

习近平总书记指出，我国宗教工作在党和国家工作全局中具有特殊重要性，要积极引导宗教与社会主义社会相适应，践行社会主义核心价值观，支持宗教界对教规教义作出符合当代中国发展进步要求、符合中华优秀传统文化的阐释，构建积极健康的宗教关系，促进宗教关系和谐。我的理解，这都是支持我国宗教坚持中国化的当代新要求新发展。尚未充分中国化的宗教固然要大力推动自身中国化进程，就是历史上中国化做得比较成功的佛教和伊斯兰教，以及土生土长的道教，也面临着如何继续创新以适应正在和平崛起、全面深化改革中的社会主义中国的新态势。保守就要落伍，松懈就会变质，这是丝毫马虎不得的。

二

我国宗教如何在新形势下坚持中国化方向，我以为要解决好下面几个问题。

第一，认识问题。对于我国宗教坚持中国化方向的问题，首先要澄清一些模糊、错误的认识，做到准确全面理解。有的基督教人士担心，坚持中国化方向会不会使作为世界宗教之一的基督教的跨国性受到损害。这是误解。世界三大宗教（佛教、基督教、伊斯兰教）的跨国流布，都是在与当地国家民族习俗文化相融合的过程中进行的，并没有统一的模式，这是文化传播的规律。违背这一规律，就会出现水土不服，不能健康发展。世界三大宗教在中国的传布，凡是中国特色鲜明的就受到欢迎，而且会有创新性发展，否则就处于疏离状态，甚至发生冲突。有的伊斯兰教人士受域外保守思想的影响，认为中东某些国家的宗教激进主义是伊斯兰教的"正宗"，认为与中华文化深度结合的中国伊斯兰教派是"偏离"。他们不了解，任何宗教都有"不变"与"变化"两个部分：其经典与核心教义是不变的，其经典、教义的解释是变化的，这是宗教不断与时俱进、得以延续发展的必然要求，否则就会被社会淘汰。所谓"原教旨主义"，其实就是一种宗教教条主义和唯我独尊，封闭守旧，拒绝开放包容，很容易导致宗教极端主义，成为宗教冲突的根源，是一种需要警惕的弊害和对伊斯兰教的偏离。中国伊斯兰教走的是仁慈、忠厚、和平的道路，得到广大穆斯林的认同，高扬了伊斯兰教博爱的真精神，是值得自豪的。还有人担心，提倡中国化会不会影响宗教基本信仰的传承。这种担心不必要。习近平总书记讲得很清楚：支持各宗教在保持基本信仰、核心教义、礼仪制度的同时，深入挖掘教义教规中有利于社会和谐、时代进步、健康文明的内容，对教规教义作出符合当代中国发展进步要求、符合中华优秀传统文化的阐释。显然，支持各宗教对教义的新阐释应在保持各教基本信仰的基础上进行，它非单不影响宗教的核心教义，反而能使之结合时代需要与中国实际更好地发挥其社会正功能，有益于展现宗教关心中国和平发展的形象，从而取得中国社会的信任。还有人以为，坚持中国化方向会使我国宗教与国际社会脱节，形成内顾自闭状态，这是不了解中国宗教文化具有对外开放的深厚传统。中华民族具有海纳百川的阔大胸怀，历史上不断接纳各种外来文化包括宗教文化，"一带一路"既是商贸之路又是文化之路、宗教之路，进行着跨国的文化来往，又以和平方式将各种文化传布到东亚、东南亚地区乃至欧洲。中国宗教是世界文明交流互鉴的一支积极力量，玄奘西去印度取经，鉴真东渡日本，丘祖西行雪山，便是其中的范例。因此，我国宗教坚持中国化方向，就是要坚持开放包容的优良传统，主动参与和推动世界宗教文明对话，为打造人类命运共同体作出贡献。

第二，政治层面的国家认同和制度认同问题。热爱中国，拥护共产党的领导和社会主义制度，是我国宗教坚持中国化方向的政治基石。宗教徒有三大认同：宗教认同、民族认同、国家认同，而国家认同是最高认同，它统领民族认同与宗教认同。"热爱祖国是信仰的一部分"（西道堂教长敏生光语），因此，热爱祖国是教民的神圣义务，爱国才能真正爱族爱教。在今天，爱国就是热爱共产党领导下的社会主义中国，坚定地走中国特色社会主义道路，为实现中华民族伟大复兴的中国梦而努力，这是全体中国人民包括信教群众和不信教群众过上美好幸福生活的根本保证。党的宗教工作基本方针体现尊重宗教信仰自由、依法管理宗教事务、独立自主自办教会、积极引导宗教与社会主义社会相适应的中国特色社会主义宗教理论宗旨，最有益于祖国统一、社会和谐、民族团结、宗教和睦、经济社会发展、文化繁荣，也是我国宗教健康发展的指南，宗教界要主动配合，接受引导，把广大信众凝聚在党和政府周围，投身于社会主义现代化建设事业。社会主义核心价值观是社会主义价值理想与中华文明价值理念、人类文明成果的综合创新，它是全国各族人民共同价值追求的同心圆的圆心，也是各宗教人士和信教群众向往的社会目标和道德境界，因此宗教坚持中国化要用社会主义核心价值观来引领教团事业，形成强大的向心力。境外敌对势力往往利用宗教"去中国化"的手段进行渗透，欲"西化"、"分化"中国；而我国宗教坚持中国化方向便能有效抵制这种恶意渗透，维护爱国爱教的优良传统。

第三，社会层面的教际关系、社教关系、民族与宗教关系问题。支持我国宗教坚持中国化方向的任务之一，就是继承发扬中华文化多元通和的优良传统，构建积极健康的宗教关系，促进政教之间、教际之间、教社之间、宗教与民族之间、国内宗教与外国宗教之间的和谐共处、互尊互学。政教关系上构建政教分离、政主教辅的和谐关系。教际关系上构建多元平等、友好来往的和谐关系，它也包括教派之间的和谐。教社关系上构建宗教与当地社会（包括民间团体、社区管理、社会习俗、民生日用等）的良性互动关系，使宗教成为社会建设的积极力量，如兴办公益慈善事业，帮助政府化解民间纠纷，参与文明生态小区建设，改善社会道德风尚，建立教职人员、寺庙教堂、在家信众、义工队伍、基层民众之间多层次沟通管道，使宗教更好地为社会大众服务，由此而融入中国社会。宗教民族关系上，确立平等合作、族教和谐、多元互补的理念，实行"各美其美，美人之美，美美与共，天下大同"的文明规则，使宗教成为民族关系的桥梁，展现多姿多彩的民族文化，巩固中华民族多元一体格局。国内宗教与外国宗教关系上，以独立自主、平等互尊为基础，开展宗教文化交流，发展民间友好关系，推动宗教与文明对话，使宗教成为友谊的纽带、和平的动力。在内外交往中，我国宗教要坚决拒绝并远离极端主义，标举仁恕、温和、中道的旗帜，用兼爱、贵和的中国智慧去化解民族怨仇、宗教冲突，推动世界和平事业，这是我国宗教义不容辞的国际义务。

第四，宗教神学建设与中华优秀传统文化相结合的问题。在思想文化层面推动中国特色宗教神学建设，是我国宗教坚持中国化方向最根本也是最艰巨的任务。其关键是把中华儒道两家优秀传统文化和它们铸造的中华文明精神，融会到各宗教神学中去，形成中国式的神学，这需要长期的不懈努力，需要有兼通儒、道、佛三教和中西文化的大师级的宗教思想家来实现这一目标。有了这样的神学，自然就具有了中华仁恕通和精神，宗教对社会主义社会的适应就能做到稳定的长久的高层次的协调，而且能不断发挥积极的作用。历史上佛教在唐代有慧能大师创立禅宗，在近代有太虚法师创立人间佛教，使佛教高度中国化从而进入中华思想文化的内层，中国人不再觉得佛教是印度的而是中国文化的有机组成部分。伊斯兰教在明清两代有伊斯兰教学者王岱舆、马注、刘智、马德新进行汉文译述，用儒、道、佛三教思想特别是程朱理学来解说伊斯兰教"清真言"和"五功"、"六信"，取得很大成功，使伊斯兰教从教义教规到组织制度都逐步实现了中国化，成为十个民族稳定的信仰，也逐渐为中国主流社会所接受，并为中华民族文明共同体的延续发展，作出了许多贡献。甘南伊斯兰教西道堂，一向坚持中国化方向，在敏生光教长领导下，成为当今西北民族团结、宗教和睦的先进单位。近现代中国基督教（广义的）在摆脱了西方列强的支配、实现了独立自治以后，爱国的神学家在爱国守法的基础上融合中华文化进行神学创新。如赵紫宸吸收儒家"天人合一"与孝道，构建"伦理神学"；丁光训融会儒家仁爱思想，构建"博爱神学"；陈泽民接纳中华贵和文化，构建"和好神学"；汪维藩吸收中国人文主义精神，构建"生生神学"。他们对基督教神学精义有透彻把握，对中华传统文化有较深造诣，故能进行综合创新，摆脱"基督以外无拯救"的独尊意识，而能"美人之美"，为基督教中国化事业开拓了前进的道路。中国基督教和天主教只有构建起为中华文化浸润过的中国特色新神学并为广大信众所认同，它才能消解与中国主流社会之间某些间隔别扭，成为中华多元宗教的好邻居、好伙伴，共同服务于现代中华文明建设和人类文明进步。天主教在理论层面尚未形成中国式神学体系，但在某些基层教区的弘教和活动中，已经走上与民间中华信仰传统相结合的道路，如太原、石家庄教区在礼仪和庆典中容纳了传统祭祖、婚礼、葬礼仪式。神学家要去总结他们的经验。敬天尊祖是大多数中国人的基础性信仰，外来宗教如不加以尊重和调适，是难以在中国扎根的。

我国宗教中国化永远是进行式。以历史上中国化比较成功的佛教而言，太虚法师提倡人间佛教并成为佛教主流之后，赵朴初居士继续推进人间佛教事业，取得辉煌业绩。赵朴初有一颗赤子佛心，一生广结善缘，情系大众，谊连五洲，成为道德楷模、和平使者。道教是中国土生土长的宗教，其对中国社会的适应也是动态的。为了与时代同行，唐代出现"重玄"学，宋以后内丹学兴起，金元之际则有全真道流行，近现代道教学大师陈撄宁创立新仙学，综合儒、道、佛三家，又引进西方自然科学成果，打造适应当代社会的道家养生学。时代在变，中国在变，各宗教只有不断创新，才能继续坚持中国化方向。而这项中国化事业能否顺利进行并取得成功，关键因素是能否形成一支对国家和民族有深沉大爱、宗教经典和中华经典素养兼通、勇于综合创新的、老中青相衔接的教界理论队伍。他们有志气有担当，愿意在政府引导下、在学界协助下，以至诚不息的精神，致力于中国特色神学的创建。这是一项固本强基的工作，只要夯实了信仰层面的根基，宗教适应社会主义社会、发挥积极作用的问题就好解决了。为此，在宗教院校和为宗教人士举办的高校培训班中，应加强中华经典训练与讲授，把研读《周易》、《论语》、《孟子》、《老子》、《庄子》、《礼记》等元典作为中国宗教高层人士的基本功，逐渐形成体制化、常态化宗教教育模式。同时提倡不同宗教间经典互读，鼓励教界与学界加强交流与合作，在信仰上互相尊重，在学术上互相切磋，这既是中国历史上宗教关系和谐的好传统，也是我国宗教在中国化道路上健康发展的重要条件。

2016 年 10 月

责任编辑：段海宝

责任校对：刘　青

图书在版编目（CIP）数据

当代中国特色宗教学十二论／牟钟鉴 著 . —北京：人民出版社，2018.12

ISBN 978 - 7 - 01 - 018946 - 8

I.①当⋯　II.①牟⋯　III.①宗教学 - 研究 - 中国 - 现代　IV.① B929.2

中国版本图书馆 CIP 数据核字（2018）第 274854 号

当代中国特色宗教学十二论

DANGDAI ZHONGGUO TESE ZONGJIAOXUE SHIER LUN

牟钟鉴　著

人民出版社 出版发行

（100706　北京市东城区隆福寺街 99 号）

北京中科印刷有限公司印刷　新华书店经销

2018 年 12 月第 1 版　2018 年 12 月北京第 1 次印刷
开本：710 毫米 ×1000 毫米 1/16　印张：22
字数：300 千字

ISBN 978 - 7 - 01 - 018946 - 8　定价：59.00 元

邮购地址 100706　北京市东城区隆福寺街 99 号
人民东方图书销售中心　电话（010）65250042　65289539